本专著是教育部2017年国家社会科学基金项目“公立高等教育问责运行机制研究”
（项目批准编号：17BGL171）的研究成果

公立高等教育

问责运行机制研究

刘淑华 著

U0870684

西安交通大学出版社
XI'AN JIAOTONG UNIVERSITY PRESS

图书在版编目(CIP)数据

公立高等教育问责运行机制研究 / 刘淑华著. — 西安 ：西安交通大学出版社，2024.4

ISBN 978-7-5693-2299-6

Ⅰ.①公… Ⅱ.①刘… Ⅲ.①公立学校—高等学校—学校管理—研究—中国 Ⅳ.①G647

中国版本图书馆 CIP 数据核字(2021)第 199360 号

书　　名 公立高等教育问责运行机制研究
GONGLI GAODENG JIAOYU WENZE YUNXING JIZHI YANJIU

著　　者 刘淑华

责任编辑 赵怀瀛

责任校对 李逢国

封面设计 任加盟

出版发行 西安交通大学出版社
(西安市兴庆南路 1 号　邮政编码 710048)

网　　址 http://www.xjtupress.com

电　　话 (029)82668357　82667874(发行中心)
(029)82668315(总编办)

传　　真 (029)82668280

印　　刷 西安日报社印务中心

开　　本 720mm×1000mm　1/16　**印张** 19.375　**字数** 290 千字

版次印次 2024 年 4 月第 1 版　2024 年 4 月第 1 次印刷

书　　号 ISBN 978-7-5693-2299-6

定　　价 98.00 元

如发现印装质量问题，请与本社市场营销中心联系。

订购热线：(029)82665248　(029)82667874

投稿热线：(029)82668133

读者信箱：326456868@qq.com

版权所有　侵权必究

序

高等教育发展至今，已经蔚为壮观，不仅规模巨大，而且影响深远。今日之大学既是现代社会的“轴心机构”，同时也是一个典型的利益相关者组织。正如有学者所言，“高等教育越卷入社会的事务中，就越有必要用政治观点来看待它”。因此，时下从高等教育管理走向高等教育治理，推进治理体系与治理能力现代化，是规律使然、时代所需。

高等教育问责，作为高等教育治理体系与治理能力现代化的组成部分，在高等教育大众化和普及化中越来越受到重视，并在许多国家和地区以不同方式施行。2010 年，《国家中长期教育改革和发展规划纲要(2010—2020 年)》明确提出，“加强教育监督检查，完善教育问责机制”，自此我国加快了教育问责规范化、体系化、机制化进程。高等教育问责实践，对于高等教育回应社会的利益诉求，改善自身的运行状况发挥了积极作用，同时也面临许多理论困惑和实践难题，催生了高等教育问责研究。近些年来，关于高等教育问责的论著不断问世，其中刘淑华教授基于国家社会科学基金项目撰写的《公立高等教育问责运行机制研究》，是一部有分量的著作。举要而言，有三大特点。

首先，研究视野开阔。高等教育问责是一个涉及多主体、多层级、多维度的开放复杂系统，解析其运行机制，需要具有国际视野和系统思维。《公立高等教育问责运行机制研究》从世界高等教育发展进程中审视高等教育问责的内外动因，从多国比较分析中阐释高等教育问责的共性与差异，跳出教育看教育，跨出教育学科论教育，有助于对高等教育问责的由来发展和模式特征有更加全面清晰的认识。

其次，理论研究深入。做好运行机制研究，既要有适切的理论基础，也要有通彻的洞察力。《公立高等教育问责运行机制研究》基于社会契约理论、委托代理理论和新公共管理理论，建构了公立高等教育问责运行的分析框架，将问责主体、问责客体、问责内容、问责方式和责任追究统整起来，较好地从整体上揭示公立高等教育问责的运行过程和作用方式。此外，《公立高等教育问责运行机制研究》进一步对文化语境与制度选择，外部问责与内部问责，自治与问责，信任与问责，事前问责、事中问责和事后问责等诸多关系进行辩证分析，便于动态把握高等教育问责的复杂性。

再次，理论联系实际。《公立高等教育问责运行机制研究》没有止步于历史考察、比较分析和理论探讨，而是具有强烈的现实关照和家国情怀，以建构和完善我国高等教育问责运行机制为旨归，针对我国高等教育问责运行机制存在的突出问题，从问责主体、内容、程序、文化等方面提出了优化路径和行动策略。尽管问题剖析未必都中肯，对策建议也未必都精准，但无疑具有批判精神和实践意义。

经过修订完善，该书对公立高等教育问责运行机制的研究更深入，论述更严谨，与现实联系更紧密。我和作者共事多年，对她致力于理论的比较研究尤为赞赏，该书就是她不懈追求的成果。开卷有益，相信广大读者，特别是高等教育利益相关者，能够从中获得知识和启迪，更好地理解公立高等教育问责及其运行机制，携手推进高等教育治理体系与治理能力现代化，助力教育强国建设。

是为序。

2023 年初夏

目 录

1　高等教育问责的内涵与缘起

作为一个理论概念，高等教育问责内涵丰富，然而，时至今日，无论是理论工作者，还是实践倡导者，都未就其内涵和外延达成共识。因而，在理论阐释和实践操作上还存在着众说纷纭、边界不明、逻辑混乱等问题。由此，在对公立高等教育问责运行机制进行系统研究之前，有必要对高等教育问责的内涵与外延做出框定。本章从对高等教育问责概念的界定入手，探讨公共高等教育问责缘起的实践现实和理论基础。

1.1　高等教育问责的内涵

公立高等教育问责是一个组合性的概念与术语。有鉴于此，本节将从对问责的界定出发，经由对教育问责的界定，最终达成对公立高等教育问责概念的理解与把握。

1.1.1　问责

问责(accountability)是现代政治学、伦理学、公共管理学的核心词。问责思想产生于西方并扩展至全球，广泛存在于社会各领域，深刻影响着企业、政府、教育等领域的实践，成为学术研究的热点。财政问责最早出现，企业问责于 20 世纪 50 年代出现，政府问责、教育问责等 20 世纪 70 年代以来被越来越多地提及。然而，目前流行使用的“问责”缺乏明确的界定，导致理论“概念的模糊”和实践“多重问责的失序”①。正如彭诺克(Pennock)所言：“在我们科学分析本该有清晰概念的地方，我们面对的却是，未经探索的模糊的思想基础构成了对谬误的长期纵容——可以补充的是，这一纵容应该得到很好的回应”②。因此，作为本研究的逻辑起点，对“问责”这一概念的界定是非常重要的。

1.1.1.1 问责的词源演进

词源学的考证不仅可以让我们了解围绕某一词的发展过程，还能够帮助我们追溯该词的本源内涵和初始词义③。问责在英文中对应的词是 accountability。从词源考证的角度追根溯源，accountability 来源于同根动词 count。count 这一词随着时间的推移，其形式有所改变，其词义也被不断赋予新的内涵。其词义的演进路线如图 1-1 所示。count 的本意是“计算、计量”，后发展为 account，其意义为“解释、说明”，其后又发展为 accounting，其意义为“账目、会计”。直到今天，动词 account 的含义为“对某人的行为做出解释；表达或说明理由、原因、根据和动机；提供说明性的分析”。其形容词 accountable 用于表示“有责任对情况进行报告”(obligated to give an account)或“被迫对情况进行报告”(subject to giving an account)，而其名词形式则为 accountability“问责”。在现代语言中，该词的义项还在不断扩展。

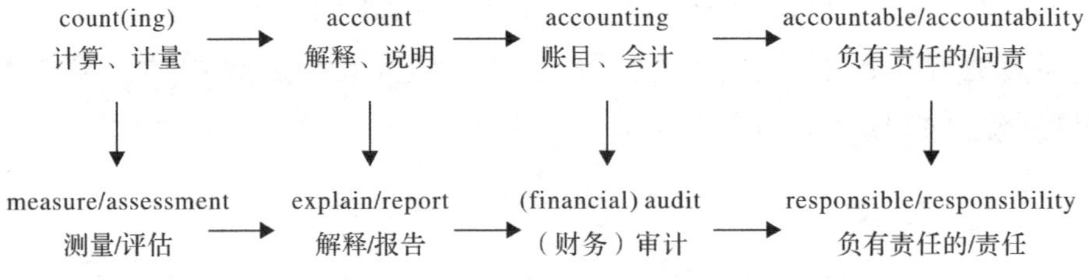

图 1-1 accountability 的词源演进

资料来源：柳亮，苏梅玲. 高等教育问责：概念、类型与特点[J]. 黑龙江高教研究，2018(6)：45-48.

---

① Koppell J. Pathologies of Accountability：ICANN and the Challenge of “Multiple Accountability Disorder”[J]. Public Administration Review，2005(1)：94-98.

② Pennock J R. Responsiveness，Responsibility，and Majority Rule[J]. American Political Science Welfare，1952，46(3)：709-807.

③ 周文标. 多功能英汉案头大辞源[M]. 沈阳：辽宁人民出版社，1993：3.

这些词义看似相去甚远，但实际上在词义引申过程中却遵循着一定的派生逻辑，以至于它们在今天“问责”的内涵中存在着某种耦合性关联：问责需要数据和信息，这凸显了“计算、计量”的地位，即进行公开和解释的基石。“解释、说明”是一个内置于问责的概念。所有问责定义的核心思想，就是个体或组织有义务向别人就其行为“做出说明”(give an account)[①]。对一个组织是否“负责任”(accountable)的真正检验，取决于是否对绩效进行量化测量和向组织内外的受众公开报告[②]。审计是一个与问责紧密联系的词语，它和“财务清算”平行发展，以回应经济活动的变化。审计承担着监控机制的功能，一方面直接测量组织绩效，另一方面，检查组织账目质量，提高财务报表信息的可靠性[③]。这些语义彼此联系，相互交叉，形成了问责的特殊“语义群”。

俄语中“问责”对应的词是 подотчётность，它由 под 和 отчётность 两部分组成，分别为“在……之下”和“报告”。подотчётность 的意思是“有义务向某人交代或报告”。在政策话语中，俄语中“问责”这一概念的同义词包括“责任”(ответственность)和“义务”(обязательство)。政府政策话语中这一概念包括“对错误行为的惩罚和对错误的公开谴责”等含义。

1.1.1.2 问责的现代释义

最近几十年来，“问责”这一术语在国内外研究中出现和使用频率呈不断增长趋势。在不同的语境中，由于研究视角不同，问责被赋予了不同的涵义。“尽管人人都同意问责的可取性，但问责的含义依然难以捉摸。”[④]

从一般的词典释义来看，西方对问责的界定较早。由此可见，“问责”这一概念是在西方文化背景中产生的。《牛津英语词典》(*the Oxford English Dictionary*)将问责(accountability)定义为：“负责的特

---

① Shah A. Performance Accountability and Combating Corruption[M]. Washington D. C.: World Bank, 2007: 136.

② Epstein M, Birchard B. Counting What Counts: Turning Corporate Accountability to Competitive Advantage[M]. Massachusetts: Perseus Books, 1999: 5.

③ 柳亮，苏梅玲. 高等教育问责：概念、类型与特点[J]. 黑龙江高教研究，2018(6): 45-48.

④ Koppell J. Pathologies of Accountability: ICANN and the Challenge of "Multiple Accountability Disorder"[J]. Public Administration Review, 2005(1): 94-98.

性；对自己的行为、职责的履行等负责（现代用法通常指议会、公司或财务对公众、股东等的责任）；责任（responsibility），经常带有修饰词。”这个定义有三个显著的特点：①问责是一个表示一种非物质的“性质”或特征的抽象名词；②它的定义与同义词“责任”（liability）、“应答性”（answerability）、“责任”（responsibility）有着密切联系；③它常常伴随着修饰词，只有在上下文中才能使它更有意义。在《麦克米伦高阶美语词典》中，“问责（accountability）”主要指“主体在处于特定职位时应该接受公众的批评，其负有对公众进行与其职位相关的事情解释的责任”[①]。这一定义包含三层含义：第一层次是履行特定职责；第二层次是解释说明履行情况；第三层次是未履行职责时需要接受批评。《韦氏大学英语词典》（*Merriam-Webster's Collegiate Dictionary*）将问责（accountability）解释为“处于一种解释和负责任的状态”，并且对其做了层次上的划分：第一个层次是提供报告，进行事实陈述；第二个层次是对事件或行为进行解释；第三个层次是对事件或行为进行辩护[②]。也就是说，问责的主要意思在于迫于压力和责任就自己的行为向外界做出说明、解释。我国《现代汉语词典》2005 年版本最早收录了“问责”一词，并在词典中将其解释为动词，意为“责任追究”。可见，中国语境中的问责与西方有着较大的差异，主要是指对过错过失的追究与惩罚，而不侧重于解释与说明。

如果从历史的角度考察，问责最早肇始于公共事务领域，在政治学和公共管理学中使用较为频繁。在政治学领域，问责更多地意味着对公正公平、民主化、效能和诚实等价值观的承诺，在问责关系的向度方面发生了实质性的变化，从臣民向统治者负责发展为当权者向公民负责。在专制制度中，问责是统治者要求被统治者进行说明解释；而在民主制度中，问责是政府机构被公民要求进行解释与说明[③]。问责制的核心在于要求政府和官员必须对其行为负责。约翰·斯图尔特（John Steward）认为，如果使用权力的人是对公民负责任的，那么，权力

---

① MacMillan's English Dictionary for the Advanced Learner[M]. Beijing：Foreign Language Teaching and Research Press，2003：1199.

② Merriam-Webster's Collegiate Dictionary[M]. New York：Random House Inc.，1997：85.

③ Fielie L，Lynne C. The Oxford Handbook of Public Management[M]. Oxford：Oxford University Press，2005：158.

才是正当的。可以说，权力并不属于行使他的人，而属于他们所服务的公民。只有问责存在时，这种关系才是正当的[①]。玛格丽特·西米(Margaret Simey)则认为："问责不是关于控制，而是对控制方式的责任。这一区分非常有益，且具有基础之源的重要性。换言之，问责不是一种行政手段，而是一种道德准则。负有责任的人，应当说明其管理情况。这一准则的目的是管理授权者与受权者之间的关系。"[②]在最近几年，对于问责的理解越来越表现为对行政负责人的责任追究，具体是指行政负责人在其所管理的部门中，由于没有正确履行法定职责，故意或因过失损害行政相对人的合法权益等产生不良后果而受到责任追究。问责分三类。第一是惩戒性问责。这是指所有政府官员都必须对其违法行为承担不利后果，轻则承担行政责任，重则承担刑事责任。第二是补救性问责。这是指对因政府和政府官员的行为，尤其是违法行为，给民众造成的损失，由国家给予民众赔偿和补偿。第三是政治性问责。行政首长或政务类官员在政府工作中出现重大违法、失职、滥用职权、腐败乃至无能等情形时承担领导责任[③]。政治家和管理者陷入"被责备游戏"(blame game)中，对他们来说，问责意味着履行责任与接受惩罚。

然而，当今的问责不仅仅限于公共机构，也包括私人机构；既包括对政府机构的问责，也包括政府机构间的问责。在商界，企业社会责任和透明度已经成为无处不在的术语。组织行为学文献中关于问责的讨论主要集中在组织生态学、资源依赖和利益相关者理论上。汉南(Hannan)和弗里曼(Freeman)认为，问责包括对一个组织如何使用资源以及导致对这些资源的决策、使用规则和行动进行内部一致(但不一定真实)的描述[④]。社会选择过程倾向于支持具有高度责任感和可靠性的组织形式。这表明，问责实践在创造稳定和确保公众信心方面有价值，但不一定在促进道德行为方面有价值。

---

① Steward J. The Rebuilding of Public Accountability[M]. London: European Policy Forum, 1992: 4.

② Simey M. Democracy Rediscovered[M]. London: Pluto Press, 1988: 26.

③ 李俊鹏. 责任政府与政府问责制[M]. 北京：人民出版社，2009：14.

④ Hannan M T, Freeman J. Organizational Ecology[M]. Cambridge, MA: Harvard University Press, 1989: 73-74.

在公共管理领域，问责是走向善治（good governance）的重要特征，是指个人或机构对职责履行情况或使命完成情况的解释与说明以及接受相应的激励或惩罚。在公共管理学领域，美国著名学者谢菲尔茨（Shafritz）1985年对问责概念的分析当属最具代表性的概念界定之一。他认为“行政问责（administrative accountability）”是指“被法律或者组织授权的管理人员需要对其社会范围内或组织职责范围内的行为负责，应该接受质问、承担责任”[①]。1992年，他又从应答性角度对自己的观点做了补充，他指出：“问责是个体就自己的行为（大到社会中，小到在自己的机构内）向更高的权力机关做出回答的程度；是一种对于财政、文件或者资金保持准确记录的义务。”[②]钱德勒（Chandler）和普莱诺（Plano）则从问责的主体和责任判断依据的角度对问责做出了新的定义：“行使权力的个体受到外部手段和内部规范约束的一种状况。”在这一定义中，“外部手段”包括公民、立法机构、选举和任命的执行者、法院等的指令，“内部规范”包括法律、法规和道德原则等[③]。也有一些学者将问责与绩效联系在一起定义。罗姆泽克（Romzek）将问责简洁地定位为“对绩效的应答能力”[④]。美国著名的公共政策学者斯塔林（Starling）认为对于问责的一种恰当的理解是把问责看作一种回应能力，是一个组织必须向组织以外的个人或者团体做出回应的能力，属于绩效评估的一种方式[⑤]。美国匹兹堡大学教授卡恩斯（Kearns）用“问责立方体”（accountability cube）来定义问责的三个维度：一是个体或组织对其负有所有责任的权威；二是清晰或模糊的绩效要求；三是组

---

① Shafritz J M. The Facts on File Dictionary of Public Administration[M]. New York：Facts on File Publication，1985：7.

② Shafritz J M. The Harper Collins Dictionary of American Government and Politics[M]. New York：Harper Collins，1992：56.

③ Chandler R C，Plano J C. The Public Administration Dictionary[M]. Santa Barbara：ABC-Clio，1988：64.

④ Romzek B S. Dynamics of Public Sector Accountability in an Era of Reform[J]. International Review of Administrative Sciences，2000，66(1)：22－24.

⑤ Starling G. Managing the Public Sector[M]. Chicago：Dorsey，1986：231.

织对于责任环境的战略性反应①。英国财政部1987年给出的定义是："问责是负责制定和执行政策和/或管理事务和资源的人员的责任，不仅要证明他们的政策和/或管理是适当的，而且要证明他们的政策和/或管理在一段时间内是如何经济、高效和有效的。"②我国学者周亚越认为，行政问责是一种制度规范，而并非简单的问责过程。"行政问责制或政府问责制就是指特定的问责主体针对各级政府及其公务员承担的职责和义务的履行情况而实施的，并要求其承担否定性结果的一种制度规范。"③

需要说明的是，问责被视为一个"具有文化性质的关键词"，依文化语境的不同而不同。它的定义并不是通过词典这样的权威性来源来确定的，而是从它在动态文化环境中的"与其他类似的复杂词汇的权变关系"来定义的。在动态文化环境中，它起着核心作用，而且常常是有争议的作用。在许多语言中，"问责"甚至不存在。能够讲多种语言的人感觉到，不同语言所表达的"问责"的含义在广度和深度上存在着微妙的差异。在许多语言中都有"回应和提供说明或解释"的意义。例如，在俄语和斯瓦希里语中，该词指的是应答性；在阿尔巴尼亚语和德语中，它指的是交代或给出解释。然而许多语言，如意大利语和马达加斯加语，只使用"责任"这个词。在印度尼西亚语和日语中，与其他多种语言一样，"问责"是作为新词从英语中引入的，其表述取决于具体的语境。例如，在西班牙语中，问责用于讨论发展合作④。

综上，以上不同学科领域对问责内涵的阐释在意指范围上有很大差异，表述不尽相同，但是在内涵气质上相通。总体而言，问责是一个复杂、多维和动态的概念，理解问责可以从"社会学视野"进行整体性把握，

---

① Kearns K P. The Strategic Management of Accountability in Nonprofit Organization[J]. Public Administration Review，1994(2)：187.

② Treasury H M. Central Government—Financial and Accounting Framework (Treasury Working Paper 47)[M]. London：HMSO，1987：89.

③ 周亚越.行政问责制的内涵及其意义[J].理论与改革，2004(7)：41－43.

④ Abadzi H. Accountability and Its Educational Implications：Culture，Linguistics and Psychological Research (Background Paper for Global Education and Monitoring Report 2017/18)[R]. UNESCO，2017：25－28.

即并不把问责作为一种稳固的制度形式来看待，而是强调作为过程与机制的问责施于承受说明行为压力之下的社会行动者的多种形式和功能；问责本身成为更大的社会过程与机制的一部分①。在这种社会性过程的逻辑中，问责不是一种绝对的概念，应将其视为包含“多向度与权变关系的体系”②。总结以上多种对问责概念的界定，可以将其复杂的内涵归结为以下三个方面：第一，某一权力主体处于特定的职位，需要承担特定的责任，履行特定的职责，完成特定的义务；第二，这一主体需要就责任承担情况、职责履行情况和义务完成情况向相关群体和组织进行解释与说明；第三，在出现否定性结果或不良后果时接受利益相关者责任追究，必要时需要接受惩戒。鉴于问责这三个方面的内涵以及不同文化语境中的多样性，本研究尝试对问责做出以下界定：处于某一特定职位的权力主体就其责任承担情况、职责履行情况和义务完成情况向内外部利益相关者进行解释与说明，并在出现失误、过错或不当行为时接受内外部利益相关者责任追究的过程和机制。

1.1.1.3 与“责任”概念的辨析

在日常语言和学术语言中，“问责”和“责任”是一对既有区别，又有联系的词，对二者的辨析有助于加深对问责的认识和理解。

首先，需要指出的是，在不同的语言中，二者的区别联系状况并不相同。部分语言中“责任”与“问责”的表述如表 1－1 所示。二者的区别与联系状况主要表现为以下三种情况：第一，两个词之间区别比较大，例如英语、越南语等；第二，两个词之间没有区别，例如西班牙语、法语、意大利语、印地语、尼泊尔语、印度尼西亚语或马达加斯加语等；第三，两个词之间有部分区别，例如希腊语、汉语、阿尔巴尼亚语、俄语等。

---

① Dubnick M. Accountability and Ethics: Reconsidering the Relationships[J]. International Journal of Organization Theory and Behavior, 2003(3): 408－409.

② Ebrahim A. Accountability Myopia: Losing Sight of Organizational Learning[J]. Nonprofit and Voluntary Sector Quarterly, 2005(1): 81－85.

表 1－1 部分语言中“责任”和“问责”的表述

语言	责任	为……负责	问责	应该对……问责
阿尔巴尼亚语	përgjegjësi	është përgjegjës për	llogaridhënja	llogaridhënës
阿拉伯语	مسؤولية mas'ulia	هو مسؤول عن mas'ul an	مساءلة musa'ala	هو مسؤول عن mas'ul an
印度尼西亚语	tanggung jawab	dia bertanggung jawab untuk	akuntabilitas	dia bertanggung jawab untuk
孟加拉语	দায়িত্ব dayitbo	তিনি জন্য দায়ী tini jon daitbo	দায়িত্ব/জবাবদিহিতা daytbo	তিনি জন্য দায়ী tini jon daitbo
汉语	责任 zeren	（他/她）负责 (ta) fuze	问责/绩效问责 wenze (jixiao wenze)	（他/她）应该对……负责 (ta) yinggai dui....fuze
荷兰语	verantwoordelijkheid	antwoordelij voor	verantwoording	is antwoordelij voor
法语	responsabilité	est responsable de	reddition des comptes	rendre des comptes
德语	Verantwortung	ist verantwortlich für	Rechenschaftspflicht	ist rechenschaftspflichtig für
希腊语	ευθύνη efthýni	είναι υπεύθυνος για íne ypéfthynos yia	λογοδοσία logodosía	είναι υπόλογος για íne ypólogos yia
希伯来语	אַחֲרָיוּת aharayut	הוא אחרא hu ahara'i	דין וחשבון Din heshbon	הוא אחראי hu ahara'i
印地语	ज़िम्मेदारी jimedaarii	वह जिम्मेदार है vo jimmedaar hai	जवाबदेही javaabdehi	वह जवाबदेह है vo javaabdeh hai
意大利语	responsabilità	è responsabile di	responsabilità	è responsabile di
日语	責任 sekinin	彼は責任があります kare wa sekinin ga arimasu	アカウンタビリティ akauntabiriti	彼は責任があります kare wa sekinin ga arimasu
卢旺达语	inshingano	kuzuza inshingano ze	guhiga	Imihigo
马达加斯加语	andraikitra	tompon' andraikitra amin'ny	maha-tompon'andraikitra	mpiandraikitra ny
尼泊尔语	जिम्मेवारी jimevaarii	उहाँ जिम्मेवार हुनुहुन्छ uha jimmevaar hunuhunchha	उत्तरदायित् uttardayitva	उहाँ उत्तरदायी हुनुहुन्छ uha uttardayi hunuhunchha
波兰语	odpowiedzialność	jest odpowiedzialny/a za	rozliczalność	jest rozliczany/a za
葡萄牙语	responsabilidade	é responsável por	prestação de contas	é responsável por
罗马尼亚语	responsabilitate	este responsabil pentru	responsabilitate	este responsabil pentru
俄语	обязанность abyazannost	отвечает за atviechaet za	Подотчетность atvietstvennost	отвечает за atviechaet za
僧伽罗语	වගකීමක් vagakivak	ඔහු වගකිව ohu vagakiva	වගකීමයි accountability	ඔහු වගකිව ohu vagakiva
西班牙语	responsabilidad	es responsable de	rendición de cuentas	es responsable de
斯瓦希里语	wajibu	yeye ni kuwajibika kwa ajili ya	uajibikaji	yeye ni kuwajibika kwa ajili ya
越南语	trách nhiệm	tôi chịu trách nhiệm	trách nhiệm giải trình	tôi chịu trách nhiệm giải trình

资料来源：联合国教科文组织. 全球教育监测报告——教育问责：履行我们的承诺[M]. 北京：教育科学出版社，2018：5.

在英语中，“责任”(responsibility)是比“问责”(accountability)使用频率更高的词。词频列表显示，“负责的”(responsible)和“责任”(responsibility)出现在前1000个词元中，而“应该对……负责的”(accountable)和“问责”(accountability)则出现在前3000个词元之后①。“责任”(responsibility)一词源于拉丁动词respondeo，意思为“回应”。问责(accountability)源于counting的拉丁词根，account是“对事件或经过的报告或描述”。两个词都包含“能力”之义，即“拥有做某事的手段或技能”。拉丁词根提供了区分责任与问责的线索，即“回应能力”和“能够说出最终结果的能力”。二者的词义具有相近性，但又存在很多差别。

① Accountability in Education：Meeting Our Commitments (Global Education Monitoring Report 2017/18)[R]. Paris：UNESCO，2017：5.

至于其中的具体差别,如表 1 - 2 所示。具体说来,责任(responsibility)可能是个人的或集体的,以行动为导向的或道德的。它是指具体行动的权威、控制的权力、自由决策的空间、裁量是非对错的能力以及理性的行为与持续可信赖的内在判断力。人们对具体的任务负责,也可以认为他们在道义上有责任去促成某一任务的实现,例如,帮助提升他们国家的形象,但是他们不一定有责任或义务来报告结果,也不需要接受惩罚。而问责(accountability)则是指一个主体对其责任负责、报告、解释、说明、响应、承担义务、提出推测以及顺从外界或外部的判断。负责人(the accountable person)可以监督和编排负责执行不同任务的人。他有责任为自己的行为以及下属的行为负责。他负责去获取有关项目或行动的过程或结果信息。当出现不良后果时,责任人需要接受惩罚。

表 1 - 2　英文中问责和责任的区别

问责(accountability)	责任(responsibility)
个人负责任	许多人对任务有责任
问责是外部强加的	可能是内部的、道德上的
一个负责的人被监督	不需要监督
问责不可以被分担	责任可能被分担
委托-代理关系是必须的	责任决定或许是个人的
隐含着一个权力层级	不需要层级
存在用于监督的目标、标准	不需要具体的标准
责任人为行为负责	不需要追究责任
或许强制实施制裁	制裁可能不存在或可能无关紧要
责任人是最后去承担责任的人	人们只对具体的任务负责
感受对过程或结果的“所有权”	仅仅参与,“所有权”模糊

资料来源:Abadzi H. Accountability and Its Educational Implications: Culture, Linguistics and Psychological Research (Background Paper for Global Education and Monitoring Report 2017/18)[R]. UNESCO,2017:17.

汉语中,“责任”和“问责”两个词之间既有区别,又有联系。“责任”在《现代汉语词典(第 7 版)》中有两个基本的含义:①分内应做的事;

②没有做好分内应做的事，因而应当承担的过失[①]。“责任”一词始于伦理学，指的是一种道德评价，更加倾注于一种为行为负责的方式，即如果行为者可以采取行动而未采取，则其是负有责任的，并会受到他人的责备。有学者认为，责任包括三个有机组成部分：第一，责任主体的分内之事；第二，责任主体没有做好分内之事时应受的谴责和制裁；第三，对责任主体行为的评价[②]。“责任”的意义是一种静态的概念，强调角色、职位、能力、具体情形下的判断、主观态度等与主体相联系的具体内容，即行动者自愿性的认知和自我规范，偏重个人和组织内部的状态；而问责则属于动态的概念，通常透过组织外部的一种独立监督与强迫机制来确保行动者为其错误的策略和行为负责[③]。同时，问责总是与责任联系在一起，哪里有责任，问责就会接踵而至。简单来说，问责就是一方采取措施让另一方负起责任来，这些措施通常包括应答性说明和强制性惩罚。

1.1.2 教育问责

1.1.2.1 公立教育系统引入问责的合理性

论述教育问责存在的合理性，需要廓清教育系统本身的特点、规律与功能。

教育是社会的一个子系统，但教育不是社会中的一座“孤岛”，它本身是一种关系的存在，同时又身处复杂的关系网络之中。只有认识教育的内外部关系，才能认识教育系统的特点[④]。潘懋元先生提出了教育两大基本规律，其中之一为教育的外部关系规律，即教育作为社会的一个系统与整个社会系统及其他子系统——主要是经济、政治、文化系统之间的相互关系的规律[⑤]。具体说来，就是“教育要受经济、政治、文化等的制约，并对社会的经济、政治、文化等的发展起作用”[⑥]。教育产生于

---

① 现代汉语词典[M]. 北京：商务印书馆，2002：1573－1574.

② 孙君恒，许玲. 责任的伦理意蕴[J]. 哲学动态，2004(9)：18－21.

③ 王淑娟. 美国公立院校的州问责制[M]. 北京：知识产权出版社，2010：35.

④ 李枭鹰. 论高等教育的关系属性[J]. 教育研究，2014(9)：33－38.

⑤ 潘懋元. 潘懋元高等教育文集[M]. 北京：新华出版社，1991：155.

⑥ 潘懋元. 新编高等教育学[M]. 北京：北京师范大学出版社，1996：13.

社会系统之中，并与周围的环境始终保持相互依存、相互适应的关系。一方面，教育的发展离不开外部环境的支持，因而必然受外部环境的制约。教育系统不断从环境中摄取物质、能量、信息、政策、机会等诸多其生存发展所需要的条件，离开这些条件，教育的发展将变为无源之水、无本之木。在客观上，它必然受到政治体制、社会制度、经济体制、科技发展、人口、地理条件、生态环境、生产力水平、传统文化、民族、宗教等诸多因素的影响。因此，教育系统唯有与社会整个系统形成镶嵌式吻合，并与其他社会子系统形成功能耦合关系，才能充分发挥教育的应有价值。这是教育作为社会子系统存在与发展的前置性基础。另一方面，教育系统并不是被动地去适应社会，而是主动地发挥功能性效用，对社会的发展发挥巨大的反作用力。学校教育具有个体功能和社会功能双重功能：一是造福个人，使其拥有美好人生和美好生活；二是造福社会。教育作为培养人的活动，通过其独立性反作用于社会系统，并在此过程中释放出巨大的能量，自身价值日益凸显。教育是国家发展的不竭动力，为各行各业提供合格的人力资源，促进个体全方位素质的提高，进而促进整个社会的和谐发展。它承载着提高人才培养质量、提升社会公平和引领社会价值等诸多社会期待。从这种角度上来说，教育系统接受问责一定程度上是教育系统对所获得社会支持的回应机制，也是教育实现社会公众共同利益，证明自身存在合法性基础的重要机制。正如有的学者所指出的，所谓问责机制，实际上是一种社会交代机制，即为实现社会的公共利益，公共组织作为一个整体对其使用资源的流向及其效用有相应的社会交代①。

从部门的观点来看教育的基本定位，教育属于非公非私的第三部门，这一点国内外学者已经达成基本共识。正如我国教育法学专家劳凯声教授所指出的，教育属于第三部门，学校及其他教育机构是介于政府和企业之间的非营利性社会组织；教育产品是非垄断性的公共物品，可以通过政府和非营利性机构两种资源配置机制来向社会提供②。按照现代社会科学的有关理论，整个社会主要由三类组织构成，即政府组织、

① 龙献忠.论高等教育多中心治理的参与协商机制[J].高等工程教育研究，2004(5)：53－55.

② 劳凯声.社会转型与教育的重新定位[J].教育研究，2002(2)：3－7.

企业组织和非营利组织，它们分别是政治、经济和社会领域的主要组织形式。习惯上，学术界把政府相关组织的集合体称为第一部门，把企业相关组织的集合体称为第二部门，而介于两者之间，非公非私、非政府非企业、由非营利组织构成的集合体则称为第三部门。第三部门组织是为满足公众需要而不是为了积聚私人财富而成立的组织，这是它成为公共管理主体的重要依据。第三部门奉行的理念是“社会公益”“利他主义”“志愿精神”，强调的是对他人福利的关怀和帮助。第三部门的功能就是通过不同性质的服务去满足社会需要，如果第三部门不实施有利于社会的服务，它就失去了存在的必要性与合法性①。在公私混合经济盛行的当今社会，在面对“政府失败”和“市场失灵”的困境时，第三部门在公共事务管理方面可以发挥其独特的作用。它对社会大众的需求知觉较为敏锐，能及时做出回应，同时，提供多样化服务，有效满足社会多元化需要。作为接受公共经费、使用公共资源、提供公共服务的公立学校，自然被纳入问责之列。为了减少公立学校的不当或不理智行为，提高其公共性与公共服务的品质，构建问责机制自然是应有之义。

如果从产品属性来定义教育，教育属于准公共产品。传统上，人们一般认为教育的消费具有典型的非排他性和非竞争性，因而是一种典型的公共产品，其组织和供给都必须由政府来完成。然而，在世界范围内市场机制被引入教育领域后，教育公共性的内涵发生了变化，这也由此引发了人们对公共教育性质的重新定位与思考。现在，鉴于教育的非竞争性和非排他性也有一定的限定条件，国内外学术界更多地将教育定义为准公共产品，它可以由政府提供，也可以由政府之外的主体提供。当然，需要强调的是，作为介于公共产品和私人产品之间的准公共产品，教育更多地接近于公共产品属性。具体表现为教育具有强大的正外部性，一个人接受教育不仅意味着他本人可以获得经济的、非经济的效益，同时整个社会也可以从中获得巨大的经济与非经济效益，而且还会给其他社会团体和个人带来经济和非经济的影响。教育事业对于受教育者个人、家庭、社会机构和组织以及整个国家来说是一项积极的、意义重大的、不可替代的事业。教育的正外部性是个人、机构、社会和国家进行教

---

① 赵敬丹.构建服务型政府进程中的第三部门发展研究[D].长春:吉林大学,2009.

育投资,大力发展教育的根本原因。教育的正外部性通过教育的公益性来实现。教育公共财政经费以及公共资源的使用要整体面向社会每一个公民,影响社会成员共同的利益,同时又要产生应有的正外部性,履行相应的社会责任,努力实现外部主体的合理期待,而这些也正是教育问责所要关涉的方面。

另外,教育与环境的互动是有条件的,也是有限度的。教育与环境的互动只是问题的一个方面,如何保持教育系统的边界,维护自身运行的逻辑则是需要关注的问题的另一个方面。作为系统而存在的教育本身就是一个复杂的存在,必须有自己的疆域和边界,如果失去了疆域和边界,教育就会完全消融于环境之中而迷失自我,或被其他系统所取代①。边界首先起着一种隔离系统与环境的作用。边界之内是系统,边界之外是环境;没有边界,系统无法存在,无法演化发展②。教育作为一个复杂的系统而存在,构成它的各种元素以及它本身都处在复杂的关系网络之中。教育需要遵循潘懋元先生所说的教育的第二个基本规律,即教育内部规律,它是教育系统内部各个因素或子系统之间的相互关系的规律③。教育内部的基本关系包括三个方面:一是教育要求与教育对象的身心发展以及个性特征之间的关系;二是人的德智体美劳等教育各个组成部分之间的关系;三是教育过程中教师、学生、教育影响等诸要素之间的关系④。我国学者涂又光的"三 li 说"可以提供理论支持。他认为,社会生活的三个系统,即政治、经济和文化彼此相互独立,又相互联系。政治的原子是"力"(power),经济的原子是"利"(profit),文化的原子是"理"(truth)。原子不宜单独存在,处于游离状态,极不稳定,三 li 皆然。三 li 原子合成分子,其存在就稳定了。政治单位的分子含有三 li,但以"力"为中心,而"利""理"为"力"服务。经济单位的分子也含有三 li,但以"利"为中心,而"力""理"为"利"服务。文化单位的分子也含有三 li,但以"理"为中心,而"力""利"为"理"服务。若不如此,便是错位⑤。也

① 李枭鹰.论高等教育的关系属性[J].教育研究,2014(9):33－38.
② 吴彤.多维融贯:系统分析与哲学思维方法[M].昆明:云南人民出版社,2005:108.
③ 潘懋元.潘懋元高等教育文集[M].北京:新华出版社,1991:155.
④ 潘懋元.新编高等教育学[M].北京:北京师范大学出版社,1996:13.
⑤ 涂又光.文明本土化与大学[J].中国哲学史,1999(2):10－13.

就是说，公立学校既不是国家领域中的政治组织，也不是经济领域中的商品组织。它运行的原则既不能按照权力运行的逻辑，也不能按照商品交换的原则，而需要遵循以知识为起点，以人的全面发展为规约的逻辑。因此，教育领域的问责要始终关注到教育领域的边界所在，尊重教育领域的逻辑运行规则，一味越俎代庖和求全责备只会影响到教育的健康发展，进而影响到社会的发展。

1.1.2.2 教育问责的现代释义

问责是教育问责的上位概念，对于教育问责概念的界定具有一定的指导意义。教育问责概念本身是由“教育”和“问责”构成的，但并不是两个概念的简单组合连接，而是以上位概念“问责”为中心，通过教育这一复杂系统的本质及规律，经由批判思考而表达的概念。

相对于公共管理学和政治学领域，教育学领域引入“问责”这一概念相对较晚。而且，教育问责的内涵会随着时空背景的不同而有所不同。由于教育系统本身的复杂性，教育问责这一概念尚存在模糊性，属于典型的不确定性概念。我们无法期待给教育问责做出一劳永逸的定义，但是，就当前研究来说，需要确立共通性框架来支撑这个复杂的理论和实践问题。

当前，世界教育理论和教育政策领域对于教育问责的理解，大致可以分为以下四种类型。

第一，责任履行说。教育问责是指作为公共部门的教育系统需要履行特定的责任，外部问责方根据责任履行情况给予相应的结果处理。正如我国学者陈大兴所界定的：“教育问责是指教育要以受教育者的培养为己任，在追求高效的办学方式的同时，应该履行对公众的教育承诺职责，从而在一定的程序中全面接受权力部门和公众的监督，对其责任范围内的工作进行责任监督和追究。”[①] 奥维斯坦（Orustein）和莱文（Levine）认为，绩效责任是源自管理学的概念，用于教育界时，意指某些人员（教师、行政人员）、某些机构（各级教育行政机关）或某些组织（专业或私人的组织）依据协定的条件履行完成工作的责任。联合国教科文组织将问责定义为“一个旨在帮助个人或机构履行其职责并实现其目标的

① 陈大兴.高等教育中责任与问责的界定[D].上海：华东师范大学，2014.

过程。基于法律、政治、社会或道德方面的依据，教育行动者有义务报告他们是如何履行被明确界定的责任的”[①]。这一定义指出了教育问责包含的三个重要方面：一是需要明确界定教育的责任；二是教育行动者需要承担关于责任如何履行的说明义务；三是教育行动者在说明其责任履行的义务时，对其行为进行判断的依据包括法律、政治、社会或道德等方面。

第二，学校改进说。有一种观点将问责作为学校改进的重要手段。这与20世纪70年代末80年代初以来英美等国的学校改进运动实践密切相关。问责制要求学校向家长和学生提供优质教育，同时向政府和公众交代其教育质量和教育效能情况。通过外部评估和自我评价方式诊断学校存在的问题，学校就其诊断结果提出改善方案并采取行动，进而促进学校的深层改革和教学质量的提高。赵中建教授认为，问责在教育领域被重新强调主要是针对公立学校的质量危机而实施的，它是改进失败学校的一项举措。首先是进行学生成绩的评价以甄别出绩效低下的学校，然后通过公示成绩带来舆论压力，通过学生择校带来竞争压力，通过奖优罚劣带来绩效动力，最后使得这些学校教学成绩有所提高[②]。

第三，目标完成说。这种观点把教育问责看作是监督教育目标进展和跟踪教育目标实现的过程。通过问责促使学校实现目标，达成特定群体所期望的结果，并根据目标实现情况作为对学校奖惩的标准。例如，学者费尔特将教育问责定义为由目标（教育改革）、输入（指标）、过程（报告、激励）和结果（学校变革）所构成的体系。“制定目标→设计指标→测量评价→信息报告→结果利用”的管理流程，就是对这种教育问责定义的阐释。库珀认为，“教育问责主要是指学校系统针对学生成就的评估，在这个过程中将社区、州的教育目标与学生的成就水平相联系，并且与教师、市民、纳税人的期望相联系”[③]。奥尔森（Olson）和理查德森（Richardson）认为，教育问责是组织里的成员依据具体的计划为了某一对象而做具体的事情，在固定的时间计划中达到有效的绩效。他们强调

---

① Accountability in Education：Meeting Our Commitments（Global Education Monitoring Report 2017/18）[R]. Paris：UNESCO，2017：2.

② 王淑娟. 美国公立院校的州问责制[M]. 北京：知识产权出版社，2010：55.

③ 库珀. 行政伦理学：实现行政责任的途径[M]. 张秀琴，译. 北京：中国人民大学出版社，2001：62.

问责是计划之中的，目的是使组织里的成员履行上述职责以发挥最大的作用和实现最终的目标①。

第四，绩效报告说。对教育问责概念最直接的阐释似乎是绩效报告，即学校和其他教育单位定期报告教育成果。绩效报告解释的基本假设是为了使选民具有能够评价学校的能力，且关于教育成果的信息是必要的②。《简明国际教育百科全书（教育管理）》将教育问责和绩效报告结合起来定义："问责是一种涉及个人和机构的职责制度，使个人和组织有责任把完成的工作情况定期向某个权力组织/机构报告，而这个组织/机构具有足够的权力和威望并实施奖惩过程。对于教育系统而言，所有的教育机构都要履行一定形式的责任制：有的根据直接的、契约性的或必须遵守的国家法规执行；有的则根据具有教育决策权的团体制定的间接性法规来执行。"③美国加州大学伯克利分校著名高等教育专家马丁·特罗（Martin Trow）则将教育问责解释为"教育组织按照道德与法律的相关要求对教育资源的利用和效果向他人进行解释、汇报和说明"④。莱辛格（Lessinger）肯定了这种绩效报告问责模式："当负责任的官员将问责视为一项政策要求，定期、强制性和独立公开报告所花费的经费和所提供的方案所取得的成果时，问责最容易被理解。这是以结果作为证据的政策。"⑤

从以上的分析可以看出，教育问责具有多个维度的含义，并不是一个单体的概念，其内涵随着时间不断延展，同时因国别而存在众多差异。似乎每个问责的概念模型都深深地根植于设计者的价值观和经验中⑥。由于本研究涉及不同国别，因此，只适应于某国别的狭窄界定是难以开

① Olson A V, Richardson J A. Accountability: Curricular Applications[M]. Scranton: IEP, 1972: 9.

② Levin H M. A Conceptual Framework for Accountability in Education[J]. The School Review, 1974(3): 364-374.

③ 中央教育科学研究所比较教育研究室. 简明国际教育百科全书（教育管理）[M]. 北京：教育科学出版社，1988：281.

④ Currie J, Angelis R D. Globalizing Practices and University Responses: European and Anglo-American Differences[M]. London: Paper Publishers, 2003: 114.

⑤ Lessinger L M. Accountability in Education[C]//McMurrin, M. Resources for Urban Schools. New York: Committee for Economic Development, 1971: 23-48.

⑥ Levin H M. A Conceptual Framework for Accountability in Education[J]. The School Review, 1974(3): 364-374.

展跨国比较研究的，对教育问责概念的界定只能是具有广泛涵盖性的：教育问责是指教育机构在一定的关系状态下回应外部需求，就教育资源的利用和教育使命达成情况向利益相关者进行解释、汇报和说明，并在出现消极结果时，基于法律、政治、社会或道德方面的依据接受利益相关者责任追究进而实现自身工作改进的过程。

1.1.3 高等教育问责

1.1.3.1 公立高等教育系统引入问责的合理性

高等教育系统作为教育系统的一个子系统，它自然拥有教育系统的一般性特征与功能。但是，与义务教育相比，高等教育又具有其独有的特征和功能。这些特征和功能进一步解释了高等教育问责何以存在的理由。

研究高等教育哲学的学者已达成共识，尽管高等教育和义务教育一样，都是作为培养人的活动存在，但是与后者不同的是，高等教育的逻辑起点是"高深学问"。高等教育的价值、功能和使命，无不是从高深学问这一逻辑起点生发而产生的。正如世界著名高等教育专家伯顿·克拉克所言及的，"在任何情况下，一个系统的特色总是围绕着它的任务而形成的。我们已经看到，高等教育的任务是以知识为中心的。正因为它那令人眼花缭乱的高深学科及其自体生殖和自治的倾向，高等教育才变得独一无二——不从它本身的规律去探索就无法了解它"[①]。

如果从部门属性来理解高等教育，相对于义务教育而言，高等教育无论是作为一项事业、一种活动，还是作为一类组织机构，都更适合于按照第三部门的规则进行运作或经营。义务教育阶段学校自治性要求不强，学校是国家免费提供国民教育的场所，属于国家机构性质，或国家机构的延伸。但在高等教育阶段，大学自治与学术自由的传统较浓，有着第三部门的天然倾向[②]。同义务教育相比，高等教育是更接近私人产品

---

① 克拉克.高等教育系统：学术组织的跨国研究[M].王承绪，徐辉，殷企平，等译.杭州：浙江大学出版社，1994：313.

② 王建华.走向第三部门的高等教育[J].比较教育研究，2004(6)：41－45.

的准公共产品①。高等教育第三部门的和准公共物品的属性意味着政府和市场两种资源配置方式在高等教育领域都应该发挥作用。政府作为国家利益和社会利益的代表,理应发挥对高等教育的管理职能,但同时,职能要有所转变,要从对高等教育的直接控制转移到"远距离驾驭"上,从对高等教育事无巨细的微观管理转移到宏观调控上。公共资源的有限性以及社会不同主体对教育需求的多元化,使接受市场调节成为高等教育的一种自觉选择。市场作为资源配置的有效方式,应该发挥对高等教育的调节作用,但由于"纯粹的"市场在高等教育领域行不通,市场调节又应该保持弥散和有限的影响。

首先,从应然角度来讲,高等教育机构接受问责的原动力来自国家利益实现和高等教育公共性彰显的需要。当今世界,知识经济和信息社会的特征进一步凸显了高等教育在国家发展中的重要作用。从国家整体利益出发,一个国家至少要求高等教育具备三类效用:①社会经济效用,即职业培训以及对社会的实用价值;②文化效用,即文化复兴和民族特色;③政治效用,即培养良好的公民以及为政治目标服务②。从经济角度来讲,各国对高等教育作为主要经济引擎的依赖日益突出,作为创造、发展和传播知识主要部门的高等教育机构影响着国家工业定位和国际竞争力的培养。从文化角度讲,高等教育机构在保护和传承历史文化、捍卫和培育民族文化精神方面承担着不可替代的角色。从政治层面讲,高等教育机构在培养高素质毕业生和负责任公民、传承和发展社会道德灵魂、捍卫和提升社会价值方面,发挥着独一无二的作用。同时,公众把高等教育视为提高生活质量,以及保持其所希望和认为其应该拥有的那种社会基本特征的主要手段。从世界总体趋势上来看,基于高等教育越来越多地与国家与公众利益紧密联系在一起,政府对高等教育的调控呈现一个逐渐加强的态势,其原动力来源于政府为实现社会发展长期的、根本的利益以及公民普遍共同的利益的需要。因而,高等教育机构被要求更加努力和敏感地朝着解决国家挑战和更有效地服务于社会利

---

① 曹淑江.论教育的经济属性、教育的公益性、学校的非营利性与教育市场化改革[J].教育理论与实践,2004(9):21-24.

② 克拉克.高等教育系统:学术组织的跨国研究[M].王承绪,徐辉,殷企平,等译.杭州:浙江大学出版社,1994:282.

益的方向发展。高等教育机构面临问责的巨大压力和要求。时至今日，世界所有国家的大学无不从纯粹研究“高深学问”走向为国家利益的实现服务，价值取向无不从中立转向功利。高等教育的社会性特征越来越明显，高等教育与公众和社会的联系越来越紧密。这也是高等教育公共性彰显进而证明自身存在合法性价值的需要。

其次，从实然角度来讲，高等教育机构对外部资源的依赖决定了问责存在的合理性。高等教育机构作为一种资源依赖性组织，在资源获取方面对政府和其他外部力量存在着天然的依赖关系。当今世界，发展高等教育的成本越来越昂贵，这种天然的依赖关系随着高等教育的发展不断增强。政府对高等教育的投入越来越大，因而对获取高等教育资源利用效率和目标达成情况信息的动机越来越强。为获取和掌握更多的资源，高等教育机构不自然地投向外部权势力量，从而不自觉地越来越深地卷入社会事务中。随着高等教育与社会距离的拉近，社会对了解高等教育机构资源利用和教育产出结果的欲望，也因为有偿依赖关系的存在变得越来越强烈。正如巴内特(Barnett)所言，高等教育体系已经进入了“祛魅时代”。社会不准备接受高等教育的自圆其说，并希望揭露“秘密花园”的活动。随着人们对高等教育的期望值越来越高，高等教育有义务自我审视或被他人审视①。

再次，高等教育机构的非理性行为进一步加强了问责在高等教育系统存在的必要性。高等教育机构作为权力主体，在权力的运用中也会存在利益最大化的倾向。而这种对自身利益最大化的追求，同样有可能导致具有公共属性的教育领域内的“公地悲剧”。如果高等教育机构对外部令人眼花缭乱的复杂变化的反应过分迅速、过分迎合，会导致服务的功能部分淹没了教学与科研的功能，使眼前的、实际的利益代替了探求真理、培养人才的长远的根本的使命，最终造成公共利益受损。从这个角度上讲，“院校自主权的增加，即不受直接的外部控制的管理权力已经伴随着强调高等教育问责，即对政府和其他外部的赞助者行为负责的要求”②。

---

① Barnett R. Improving Higher Education：Total Quality Care[M]. London：The Society for Research into Higher Education and the Open University，1992：16.

② 范富格特. 国际高等教育政策比较研究[M]. 王承绪，等译. 杭州：浙江教育出版社，2001：137.

但同时，应该注意的是，高等教育机构如何坚守其固有的内在逻辑，保持自身的边界与自主性，则是问题的另一个方面。大学作为社会的学术中心，以真理作为自身独特的沟通媒介，这种内在逻辑对于高等教育系统的作用犹如基因对于生物系统：它保护着事务的特性，是保持事物快速运行稳定的陀螺仪[①]。大学自治与学术自由是大学自产生以来所坚守的核心理念，也是大学之所以为大学的根本制度。这一核心理念和根本制度犹如大学的灵魂，是大学抵御外在环境诱惑和抵制外部过分干预的主心骨。无论时空如何变化，作为一种功能独特的组织，大学之为大学的基本价值和品性并没有改变。大学不仅仅是“知识的权威”，也是“社会的良心”。“大学精神和制度具有相对于政治组织体制而言的独立性，相对于意识形态而言的自由性，相对于组织化社会自我确认特性而言的批判性，相对于重视功利的社会习性而言的创造性与传授知识的超脱性，相对于社会分工专门定势而言的包容性。”[②]大学的角色定位与内在品性，决定了问责在高等教育系统存在的限度。

1.1.3.2 高等教育问责的现代释义

20 世纪 70 年代“高等教育问责”这个词出现在教育文献索引里。20 世纪 90 年代初，西方国家由于政府政策的推动，对于高等教育问责的研究迅猛增长。问责是高等教育中倡导最多但分析最少的一个词。每个人都在使用这个词，但通常都带有多种含义[③]。在西方国家，问责是高等教育领域的通用语。然而在我国，高等教育问责在教育理论的研究中仅仅处于开始阶段。因此，有必要对高等教育问责的定义做深入探讨。

不同的研究者对高等教育问责的概念、含义和组成部分的界定存在着明显的差异，因为它涉及不同利益相关者对高等教育使命、目标和期望的不同理解。学者伯克(Burke)指出，问责对公立高等教育机构提出了六项要求。第一，它们必须证明它们正确地使用了自己的权力。第二，它们必须表明，它们正在努力实现组织确定的任务或优先事项。第

---

① 阿什比.科技发达时代的大学教育[M].滕大春，滕大生，译.北京：人民教育出版社，1983：139.

② 任剑涛.大学的主义与主义的大学[J].东方文化，1998(5)：7.

③ Burke J C. Achieving Accountability in Higher Education：Balancing Public，Academic and Market Demands[M]. San Francisco：Jossey-Bass，2005：1.

三，它们必须重新报告它们的绩效，因为“权力是不透明的，而问责是公开的”。第四，公共管理效率(efficiency)和有效性(effectiveness)的两个“e”要求它们说明“使用的资源和创造的成果”。第五，必须保证项目和服务的质量。第六，它们必须表明它们服务于公众需求。由于高等教育的独特目的、学院治理模式和多种组成目标，最后五项问责要求对高等教育来说是一项艰巨的任务①。通过对伯克观点和当前已有的对高等教育问责定义相关文献的梳理，我们将高等教育问责的定义归纳为以下几种观点。

第一，责任履行说。这一种观点认为，高等教育机构基于自身属性对国家、社会和公民应该履行相应的责任和义务，并应就责任和义务履行的情况向外部利益相关者做出解释与说明。学者萨尔米(Salmi)认为，对于大学来说，问责是一种道德和管理义务，这一道德和管理义务要求它们报告自己的活动和结果，解释自己的表现，并对未达成的期望承担责任②。这一界定是责任履行说的典型代表。美国乔治·华盛顿大学教授艾尔-卡瓦斯(El-Khawas)认为，“高等教育问责制这一内涵广泛的术语，是指由政府发起的、旨在对高等教育机构施加新责任的一般趋势”③。冉屏在其硕士学位论文《美国高等教育绩效责任制探析》中将“accountability”翻译成了“绩效责任”，在其看来，现行美国高等教育绩效责任制是教育政策制定者、教育行政人员、学校、学生及其家长对高等教育绩效(主要体现在学校教育质量和学校效能)担负各自责任的机制和过程；是依照一定的指标和标准由专门人员对学校目标达成的情况、学校教育成果以及学校效能进行测评，并将测评结果与一定的教育政策规定及教育经费联系起来的过程；是以促进和加强学校教育质量以及学校效能的改善和提高为根本目的，实质是通过财政权力手段，通过经费调控的方式来达到监督、控制和激励学校提高质量与效

---

① Burke J C. Achieving Accountability in Higher Education: Balancing Public, Academic and Market Demands[M]. San Francisco: Jossey-Bass, 2005: 1.

② Salmi J. The Growing Accountability Agenda: Progress or Mixed Blessing? [J]. Higher Education Management and Policy, 2009, 21(1): 1－22.

③ El-Khawas E. Accountability and Quality Assurance: New Issues for Academic Inquiry[C]//James J, Forest F, Altbach P G. International Handbook of Higher Education. Dordrecht: Springer, 2006: 23－27.

能的目的[①]。我国学者王淑娟认为，美国州公立院校问责是指州内公立院校对州政府、利益相关群体、普通公众在内的广泛而又多元的责任对象（也是问责主体）就其公共责任的履行状况加以说明并接受奖惩的行为[②]。

第二，绩效评估说。这一观点将问责视为促进高等教育改进和完善工作的手段，并将高等教育问责与高等教育绩效评估、质量保障等概念密切联系。例如，尼夫（Neave）用另一个术语“评估型国家”来描述问责这一广泛存在于多国的趋势。他指出，政府处理问责问题的政策主要是针对广泛意义上的高校绩效，或者针对诸如财务问责之类的具体事务[③]。英国在 20 世纪 90 年代初发表《高等教育：新框架》（*Higher Education：A New Framework*）白皮书之后，问责政策被广泛讨论。作为一份重要文件，白皮书概述了一项新的公共政策即问责政策，强调增加接受高等教育的机会，并根据明确的绩效评估程序分配政府资金。有一种说法根据美国实践的特点，将高等教育问责定义为一种被正式表达的预期——高校或者其董事会的政策、州或联邦的法令，或是其他机构如委托鉴定机构的正式政策。它要求对管理及教育服务工作进行评估，要求关于项目和服务绩效的公共证据，鼓励对这些绩效进行独立或外部评价，要求提供关于所费成本及所得效果之间关系的信息[④]。

第三，证明回应说。美国学者莱维尔（Leveille）指出，高等教育向包括学生、家长、公众、公共政策优先权制定者、认证机构、财政和其他资源提供者以及各种支持者在内的外部利益相关者证明其价值、质量和持续改进的情况。高等院校要做到这一点，就要关注自己的目标，根据这些意图测试结果，当面对衡量其成效的更好方法时，有时它还迫切需要变革。从广义上讲，这一过程被称为问责[⑤]。美国匹兹堡大学教授卡恩斯在

---

① 冉屏.美国高等教育绩效责任制探析[D].北京：北京师范大学，2005.

② 王淑娟.美国公立院校的州问责制[M].北京：知识产权出版社，2010：20.

③ Neave G. The Evaluative State Revisited[J]. European Journal of Education，1998，33(3)：265－285.

④ 博格，霍尔.高等教育中的质量与问责[M].毛亚庆，刘冷馨，译.北京：北京师范大学出版社，2008：210.

⑤ Leveille D E. Accountability in Higher Education：A Public Agenda for Trust and Cultural Change[R]. Berkeley：Center for Studies in Higher Education，2006：7.

《高等教育机构问责:战略方案》(Institutional Accountability in Higher Education:A Strategic Approach)一文中,对高等教育问责制进行了这样的界定:高等教育问责是指教育机构为了得到上一级教育主管部门的认可和公众的信任而完成任务、维护权威、赢得信誉的义务[①]。马丁·特罗(Martin Trow)则认为,高等教育领域的"问责制"就是向他人报告、解释、证明及回答资源的使用方式和使用效率的义务[②]。这一界定被认为是相对权威的界定。我国学者周湘林认为,高等教育问责是在高校与其利益相关者的不同关系状态下,双方就一定的责任事由进行质询与回应的过程,其目的是通过奖惩等措施,使高校满足利益相关者的利益诉求并改进自身工作,提升教育质量与服务的品质[③]。许杰认为,高等教育问责制是一个与资源、效率、效果和绩效评估相关的概念,它要求通过有效的方式证明大学正当、明智地使用所配置资源,并达到有效的目标[④]。

第四,责任追究说。这一观点秉承"谁的责任由谁承担"的原则,更多地把高等教育问责看作是对"责"的追问,是对拥有权力的高等教育机构及其内部主体不为、误为和滥为等具体过错行为的责任追究。这一观点体现出我国学者对有中国特色的高等教育问责实践取向的理解。例如,我国学者陈大兴基于学理与法理的视角对高等教育问责做了这样的界定:"高等教育问责是为了改进高等教育中各责任主体的工作,提高高等教育效率,推动高等教育发展,在一定责任关系下高等教育的问责主体对责任主体的责任追究过程,其同时也是高等教育为了满足外部公众需求的一种回应过程。"[⑤]

第五,综合说。在以上四种界定中,较多的学者采用的是证明回应说的观点,其他三种观点也在高等教育问责的界定中各占有一席之地。鉴于高等教育问责界定的多维度性,偏执一端可能会挂一漏万,因此,有学

① Kearns K P. Institutional Accountability in Higher Education: A Strategic Approach[J]. Public Productivity & Management Review,1998(2):140 - 156.

② Trow M. Trust,Markets and Accountability in Higher Education: A Comparative Perspective[J]. Higher Education Policy,1996(9):309 - 324.

③ 周湘林.从政府问责到社会问责:中国高校问责制的内涵、类型与变革[J].国内高等教育教学研究动态,2010(7):15.

④ 许杰.论治理视野中高等教育问责制的完善[J].教育研究,2009(10):54 - 59.

⑤ 陈大兴.高等教育中责任与问责的界定[D].上海:华东师范大学,2014.

者尝试采用综合性分析框架，把不同观点纳入高等教育问责的内涵体系中。例如，斯坦福大学教授莱文(Levin)将美国在20世纪70年代流行的四种界定，即绩效报告说、技术过程说、政治过程说和制度过程说综合成一种可解释性的框架，并绘制出高等教育问责系统封闭循环。他指出，从本质上说，问责系统是一个闭环，它反映了对所感知的需求或要求的一系列反应；为满足这些需求出现了一项或一系列活动；这些活动产生了结果；将结果反馈到需求来源，接着进入新的循环①。这一闭环将各自孤立的观点整合起来，并形象地展示出高等教育问责的动态性和持续性特征。我国学者柳亮综合上述诸种视角和观点，对高等教育问责做出了这样的界定：在一般意义上，高等教育问责是指围绕人才培养质量这一核心事务，不同利益相关者对高等教育机构施加约束的多种关系结构与动态机制，以促进其对自身行为向外界进行合理证明并承担相应责任的同时，推动院校自我审查和持续改进②。这一界定关照到以上各种界定的核心，体现出高等教育问责的多功能、多形态、情景化与混杂性的属性。但是，由于高等教育问责内容的广泛性，并不仅仅局限于“人才培养质量这一核心事务”，此概念对问责内容的限定过窄。本研究拟在结合以上概念界定的基础上，尝试做出以下界定：高等教育问责是指围绕高等教育的核心使命，高等教育机构在复杂的关系结构中就教育资源的使用情况、教育责任的履行情况向利益相关者进行解释、汇报和说明，并在其出现消极结果时，基于法律、政治、社会或道德方面的依据接受责任追究，实现自身工作改进的过程。

1.2 公立高等教育问责的缘起

1.2.1 缘起的现实背景

公立高等教育问责产生于20世纪60—70年代，这既是对外部环境变化做出的应景性调整，也是对自身内部环境状况发出的主动性回应。

---

① Levin H M. A Conceptual Framework for Accountability in Education[J]. The School Review, 1974(3): 364 - 374.

② 柳亮. 高等教育问责：概念、类型与特点[J]. 国内高等教育教学研究动态，2018(17)：14.

“在高教系统的内部和外部有决定性的过程、生长和定性变化的机制，这是高教系统运行的组成部分。有很多冲突和矛盾、力量和对应力量从内部打破现状。有许多信念选择和重新解释环境的压力，并制约系统的反应。”①各种社会、政治、经济和文化趋势使教育政策向强化问责转变。这些趋势有时一同起作用，有时相互促进，有时也相互抵消②。具体来说，公立高等教育问责产生、发展与盛行的内部背景主要是世界高等教育大众化和普及化不断发展。从外部背景来看，政府高等教育财政紧缺、不同利益相关者对高等教育信任缺失是造成公立高等教育问责缘起的直接诱因。

1.2.1.1 高等教育大众化和普及化不断发展

公立高等教育问责产生于世界高等教育大众化以及普及化加速前进的时期。之所以会产生在高等教育规模大扩张时期，这并非偶然，而是有着内在的历史必然性。

“高等教育体系的大规模扩张被视为这一时代最重要的高等教育发展。”③柏拉图说过，“教育的车轮一旦启动，速度总是不断增加”。我们目前就处在一个“教育的车轮”转速调整到一个历史性加速度的漫长时期之中④。从 20 世纪 40 年代中叶起，西方发达国家和很多发展中国家陆续采取了体现民主理念的高等教育大众化和普及化公共政策，并普遍拒绝基于精英主义和排斥传统限制性做法，开放并扩大高等教育招生。而在此之前，存在了 800 多年的世界各国的高等教育，入学人数增长是非常缓慢的，体现的是精英主义的理念。具体来说，世界高等教育大众化的步伐肇始于二战后的美国。从 1945 年到 1965 年，被美国学者称为美国高等教育发展史上的“黄金时代”。这一时期，美国高等教育入学人数急剧增长，毛入学率很快跨入 50%这一指标，进入高等教育普及化阶段。从 20 世纪 80 年代起，西欧国家高等教育毛入学率上升的速度也是

① 克拉克.高等教育新论：多学科的研究[M].王承绪，徐辉，郑继伟，等译.杭州：浙江教育出版社，2001：288.

② Accountability in Education：Meeting Our Commitments (Global Education Monitoring Report 2017/18)[R].Paris：UNESCO，2017：4.

③ Alexander F K. The Changing Face of Accountability：Monitoring and Assessing Institutional Performance in Higher Education[J].The Journal of Higher Education，2000，71(4)：410－417.

④ 克尔.高等教育不能回避历史：21 世纪的问题[M].王承绪，译.杭州：浙江教育出版社，2001：269.

非常惊人的，自 20 世纪 80 年代初至 1995 年，高等教育的招生人数增长了约三分之一，其中增长最快的国家是希腊、法国和英国，这些国家自 1985 年至 1995 年，高等教育入学人数增长了约 70%。

高等教育问责反映了高等学校必须更加适应国家经济发展需求和政府对提高绩效的新要求。世界高等教育大众化和普及化的最初动力源于人力资本投资理论和国家经济增长理念。在教育投资已成为国家优先事项的影响下，高等教育纷纷被各国视为增强国家全球竞争力的一种手段。各国政府越来越多地把高等教育看作是利害攸关的系统，这一系统如此重要，因而不能留给大学本身来运营。西方国家传统的政府与高校互动的方式发生了巨大变化，政府当局不再像过去几个世纪以来那样接受主导大学发展的传统自律程序。政府一面要求高等教育机构增加高等教育入学机会，扩大入学群体覆盖面，为越来越多的学生和选民服务，一面敦促高校承担新的任务和责任①。因此，随着高等教育规模的扩大，高等教育机构的职能被大量扩展。“真正的转变是朝向要做的事情不是太少，而是太多。转变是从有限的和或多或少的学术职能延伸到无限的职能。”②高等教育机构不仅承担传统的人才培养和科学研究职能，并开始承担促进社会公平、提高生活质量、促进政治变革等新的职能。这些新的职能是高校一开始望尘莫及、难以胜任的。在此背景下，政府管理高等教育机构的方式出现了系统性调整。与国家扩大高等教育服务的压力相一致的是，旨在监测和评估高等教育机构有效性和生产力的国家评估系统得以建立和完善，政府通过使用评估技术来评估和比较高校的绩效，从而寻求高等教育机构具有更高的效率，这也构成了当前高等教育“问责运动”的主旨③。

随着高等教育大众化的推进，大学与社会的关系也发生了深刻变化。与大众化之前相比，“社会已经搬进高等教育机构，而高等教育机构已经搬出社会，两者或多或少同时发生”④。大学走出象牙塔，从社会的

---

① Marcus L. Restructuring State Higher Education Governance Patterns[J]. Review of Higher Education,1997(20):399－418.

② 克尔. 高等教育不能回避历史:21 世纪的问题[M]. 王承绪,译. 杭州:浙江教育出版社,2001:263.

③ Alexander F K. The Changing Face of Accountability: Monitoring and Assessing Institutional Performance in Higher Education[J]. The Journal of Higher Education,2000,71(4):410－417.

④ 克尔. 高等教育不能回避历史:21 世纪的问题[M]. 王承绪,译. 杭州:浙江教育出版社,2001:273.

边缘逐步走向社会的中心，并被誉为“社会的轴心机构”。正因为“社会的轴心机构”对各方面生存发展与繁荣都非常重要，外界直接和间接干扰的触角便陡然增多，大学面临着政府、市场、产业界、商业界、公众等多方苛求，被动地裹入错综复杂的社会力量网络中。而且，徜徉在各种诱惑的边缘，大学对外部主动的依赖也不断增加，越来越多地卷入社会的政治生活、经济生活和公众的个人生活中。随着高等教育经费来源的多样化，经费来源主体对于高等教育内涵有了更多的价值关切，同时对于高等教育的效益和质量等方面的诉求急剧增加。今日的大学已不再是弗莱克斯纳所言及的统一的“有机体”，而是有着多项目标、多种功能、多个灵魂的多元化巨型大学，大学与外部的边界变得模糊。“知识原先是为了真理（例如亚里士多德），然后为了自然的权力（例如培根），然后为了对国家的领导（例如拿破仑和洪堡），然后为了个人的能力（例如杰弗逊），然后为了领导的素质（例如纽曼），然后为了金钱（例如富兰克林和马奇卢普），现在为了这六项和其他目的。”①履行为社会服务的责任，提高适应社会的能力，以恰当的方式响应外部世界不断涌现并持续变化的需求，回应不同利益相关者日益增加的合法要求，成为高等教育机构在融入社会新背景下的唯一理性选择。由此说来，“问责制虽然是一个有争议和复杂的概念，但其中心是大学管理其环境的能力”②。

高等教育大众化和普及化给高等教育机构内部带来的新变化使得高等学校必须使用现代管理原则与方法来取代传统的管理原则与方法，从而使得问责制被采用和强调。高等教育大众化带来的不仅仅是高等教育入学人数的增加，更重要的是，它给高等学校运营模式的方方面面带来了深刻变化。正如高等教育大众化理论的提出者马丁·特罗所认为的，从精英向大众以及普及高等教育模式的转变要经历一个从量变到质变的飞跃过程。在此过程中，高等教育观念、功能、课程与教学形式、学生学习经历、机构类型与规模、领导与决策、学术标准、入学与选拔方式、学术管理形式以及机构的内部管理 10 个方面都要发生相应的变化。对于高等学校的管理者和决策者来说，仅凭传统熟悉的经验和曾经的智

---

① 克尔. 高等教育不能回避历史：21 世纪的问题[M]. 王承绪，译. 杭州：浙江教育出版社，2001：273.

② Jeanette B. Accountability of University Governing Bodies in Australia: Issues for Proponents of Corporate Models[J]. Tertiary Education and Management，1997(3)：78.

慧已经越来越难以适应日益复杂的形势和环境。因此，他们开始反思传统的高等教育哲学与高等学校管理问题，探索新的高等教育哲学，并寻求新的管理模式和管理办法。问责制成为高校审视自身办学行为并不断改进自我的必然选择。高校主动利用更为精确的数据、更为可靠的信息加强对自身的调查和对外部环境的研究，主动向外部利益相关者公开自己的办学业绩，并在管理过程中使用新的公共管理技术，遵循严格的规章制度，确保关键投入，遵守规则和预防腐败。问责制作为现代高等学校管理制度科学化的象征，逐渐内化为高校改变管理方式并提升自我的自愿制度，它在保障高等学校教学质量、提高高等学校运作效率等方面发挥重要作用。

1.2.1.2 高等教育财政的急剧紧缩

公立高等教育问责的产生与发展具有深刻的经济根源，即高等教育财政的严重紧缩。不断增长的成本和批判以及日益压缩的资源和资助，共同导致了对学院和大学不断翻新和日益紧迫的问责要求①。

20 世纪 70 年代，在世界主要国家高等教育进入规模扩张的大众化时期，世界经济陷入了衰退期：物价飞涨，通货膨胀严重，生产停滞，失业率居高不下。这就是人们常说的主要资本主义国家的“滞胀期”。其中美国是一个典型的例子。从这一时期一直到 20 世纪 90 年代初，极为不利的宏观经济形势导致了这些国家高等教育公共支出大幅度减少。政府财政大幅紧缩，而选民普遍反对税收增长，因此，政府公共支出增长几乎没有可能。同时，为了回应公众对医疗、社会福利、中小学教育和预防犯罪等公共领域政府服务的担忧，政策制定者们进一步降低了高等教育在国家预算中的地位。这样，曾经在政府预算中占优势地位的高等教育，变成了预算竞争的失败者。在美国，从 1985 年到 1995 年，州政府拨款占高等教育机构所有收入的百分比从 44.9％下降到 38.2％②。同一时期，在一些西欧国家，尽管高等教育公共预算在教育总支出中所占份额有所增加，但高等教育的生均支出却有所减少。例如在英国，1985 年至 1993 年生均

---

① 柳亮.高等教育问责制：内涵、缘起与实践[J].现代教育管理，2010(2)：37－40.

② National Center for Education Statistics. Digest of Education Statistics[R]. U. S. Department of Education，1997：23.

公共经费减少了22%,而若以1976年算起则减少了40%[①]。奥地利、丹麦、法国、德国、比利时、挪威、瑞典和瑞士的生均支出都有所下降。

使这一令人不安的财政趋势更加复杂化的是,与经济的滞胀、政府高等教育预算大幅削减、高等教育生均支出不断下降等趋势形成鲜明对比的是,高校成本则高速增长。而由于大众化惯性的存在,高等教育的入学人数的增长速度远远超出决策者的预期。许多国家政府还是选择维持现行政策,在没有相应公共资源配置的情况下,要求进一步提高高等教育入学率。生均成本的提高和入学人数的快速增长,进一步加剧了业已存在的高等教育财政困境。在这样的情况下,势必会对高等教育的质量构成巨大的威胁。正如当时的杂志《经济学人》(*The Economist*)所指出的,"在大多数发达国家,数量和质量之间的张力支配着高等教育的发展"[②]。根据世界银行的说法,当时"许多公立高等学校不得不勉强运作,物理设施过度拥挤和不断恶化,人员配置不充分,图书馆资源奇缺,科学设备和教学材料不足"[③]。

在财政压力不断加码的情况下,许多学校不得不采取新的管理战略。在尽可能满足学生和社会需求、保障教育质量的前提下,高等学校注重更加有效地使用公共经费,提高资源利用的效益和效率,并就经费和资源使用情况向政府和公众进行说明。当时,许多对高等教育持批评态度的政界人士公开指责,高等教育在公共资源配置的地位下降,不仅源于其他政府部门的竞争加剧,还源于高校成本失控,巨额支出被肆意用于推动与公共利益无关的项目。政府官员经常断言,减少公共资金不仅会提高高校的效率,而且会使得高校对国家的要求更加负责。这种悖论性的指责和矛盾性的期待,使得高等教育机构面临着巨大的生存挑战和问责压力。在这个过程中,高等学校尝试以低成本、高效益的方式运营,并就它们取得的收益向外界提供事实证据,作出有效"述职",即向外界就资源使用和绩效取得情况作出合理的解释说明。一种新的经济动

---

① National Committee of Inquiry into Higher Education. Higher Education in the Learning Society [M]. Norwich:HMSO,1997:43-46.

② Alexander F K. The Changing Face of Accountability: Monitoring and Assessing Institutional Performance in Higher Education[J]. The Journal of Higher Education,2000,71(4):410-417.

③ World Bank. Higher Education:Lessons of Experience[R]. Education and Social Policy Department, 1996:56.

机正在推动各国重新定义政府与大学的关系，迫使各高等教育机构在利用公共资源方面变得更加负责、更有效率和更有成效①。

同时，高等教育财政压力迫使西方发达国家高等教育机构出现一个新的趋势，那就是更多地利用市场力量和注重市场调节，这其中一个重要表现就是开始将财政压力向用户或学生转移。这一趋势首先出现在对市场力量倚重的美国，随后美国的做法被许多亚太经合组织国家效仿。在生源竞争的压力下，高等学校除仍然强调效益产出和压缩资源使用外，面临的问题是如何把学费提高到市场所能允许的极限。随着高校对学生学费财政依赖的日益增长，“承担起财政负担的一方势必要和以前自身势力式微的权力配置模式讨价还价”，也就是说，学生及其家长作为新的资源提供者，要求高校对其诉求认真面对并做出积极回应。换言之，随着高等教育日益受消费者驱动，高等教育机构的成本核算意识和绩效责任意识进一步增强。

1.2.1.3 利益相关者对高等教育的信任危机

随着高等教育大众化进程的进展，利益相关者对高等教育的信任危机成为公立高等教育问责兴起的主要诱因。当“失望成为公立高等教育系统、市场驱动的高等教育系统以及所有二者相互结合系统的一个主要问题”时，借助问责这一制度安排，在了解大学产出、效率、质量等多重目标实现的背后，实际上隐含着试图修补或重建对大学的信心乃至信任的深层期待②。

公立高等教育面临的公共信任的严峻挑战首先出现在西方发达国家。学生、雇主、社会、国家等利益相关者对高等教育过程和结果满意度下降，认为高校的诸多行为大大低于预期，甚至由此对高等教育的价值产生了怀疑。其中最典型的案例是美国，在经历了1945—1965年高等教育的“黄金时代”后，20世纪70年代陷入社会对高等教育大为不满的“冬天”或者说高等教育的“冰河时代”，已有一些人在失望地谈论高等教育的“本体危机”，甚至认为出现了高等教育的“合法性危机”③，由此引

---

① Alexander F K. The Changing Face of Accountability: Monitoring and Assessing Institutional Performance in Higher Education[J]. The Journal of Higher Education, 2000, 71(4): 410-417.

② 柳亮. 大学信任与高等教育问责[J]. 教育发展研究, 2010(1): 17-22.

③ 布鲁贝克. 高等教育哲学[M]. 王承绪, 郑继伟, 张维平, 等译. 杭州: 浙江教育出版社, 2001: 1-2.

发了美国学界对于高等教育哲学的新思考和对高等教育本体价值的追问。

这一信任危机的产生源自两个方面。一是社会的过高期望与大学自身能力之间的落差。历史提醒我们，大学在实现社会期望方面普遍存在困难。正如伯达尔(Berdahl)所观察到的那样，大学与社会天生就处于一种矛盾的状态，因为大学"既参与，又退缩；既服务，又批评；既需要，又被需要"[①]。随着世界高等教育进入大众化时期，"高等教育越来越处于世界各国的真正中心"[②]这一共识强化了对高等教育的期望值。社会期望高等教育为经济发展和解决社会问题以及公共政策问题作出贡献，而很多期望远远超出进入转折时期不久的大学的能力。虽然大学已经进入社会，但仍然存在着传统行为惯性的约束，再加上高等教育财政资源和其他组织资源的限制，大学能够运筹帷幄进行环境适应性调整和战略性变革的能力毕竟是有限的。面对社会对高等教育所寄予的促进平等、增加收益等诸多期望，大学无能为力。二是由于大学自身对于责任的"善意"规避和"恶意"逃避。斯坦福大学前校长唐纳德·肯尼迪(Donald Kennedy)曾指出，从某种意义上看，大学是一个缺少规则的特殊团体……在围墙内进行的许多活动，对外界来说，简直就像一个谜。信息的缺失和不对称危害了大学向外界做出解释的能力，也导致了公众对高等教育不满情绪的日益高涨[③]。尽管履行社会责任已成为大学的伦理价值诉求，但是不断扩展的社会责任已伤害到大学自治与学术自由的底线，对于这样的责任，大学会有意识选择规避。同时，大学作为利益主体，无组织地盲目追求学校声誉和获取更多的资源导致其利己主义色彩变得越来越浓厚，不断发生学术腐败、认证欺诈、行政渎职等非理性行为。这些非理性行为使得利益相关者的利益受损，从而使得公众对大学的信任大打折扣。

高等教育遭遇的信任危机主要表现在以下几个方面。第一，财政信任缺乏。高等学校财务管理不善、欺诈或教育渎职等行为屡见报端，资

---

① Berdahl R. Academic Freedom, Autonomy and Accountability in British Universities[J]. Studies in Higher Education, 1990(15): 170.

② 克尔.高等教育不能回避历史:21世纪的问题[M].王承绪,译.杭州:浙江教育出版社,2001:254.

③ 肯尼迪.学术责任[M].阎凤桥,等译.北京:新华出版社,2002:3.

源浪费、管理效率低下、不当使用资源等问题屡见不鲜。举例来说,1990年英国议会公共账目委员会对英国公立大学进行内部审查后,对大学自我治理的性质表示质疑,称"我们不接受大学的独立性和自主权,尽管在许多方面毫无疑问是有价值的,但这是一个有效的论据,可以用来证明大学现实有效管理方面的缺陷和反对对所依赖的公共资金方面的控制"①。第二,教育质量信任缺乏。公立高等教育的普及使得接受大学教育成为大多数公民享有的公共权利,但公立高等学校学费过高、效率低下、教学质量下滑、学生毕业失业或就业技能不足等问题引起公众的质疑与不满。第三,社会适应能力缺乏。争论的前沿和中心是政府领导人的普遍指控,他们认为高等教育根本不适应社会和经济发展需求。美国的州议员和英国的国会议员一再抨击高等教育机构被锁在"象牙塔"里,仅仅勉强适应国家和全球经济日益增长的经济需求。随着人们对通过学习和经济发展实现更大平等的需求增加,高等教育机构与外部社会的脱节反而越来越加剧②。

在公立高等教育信任危机凸显的情况下,问责成为弥合高校和外界信任裂缝的有效途径。凭借问责,大学可以展现和证明自身的能力,通过内部有效运作和优异表现以回应社会对大学履行使命和满足需求的质疑,这也是高等教育机构通过问责重建信任的意义所在③。

1.2.2 缘起的理论基础

公立高等教育问责的产生,有其广泛的理论基础,归结起来包括现代契约理论、委托代理理论和新公共管理理论等几个方面。

1.2.2.1 现代契约理论

(1)现代契约理论的主要观点

契约在人类文明史和社会发展进程中占据重要位置,以至于英国著名法史学家梅因曾提出这样的著名论断:所有进步社会的运动,迄今为

---

① Alexander F K. The Changing Face of Accountability: Monitoring and Assessing Institutional Performance in Higher Education[J]. The Journal of Higher Education,2000,71(4):410-417.

② Alexander F K. The Changing Face of Accountability: Monitoring and Assessing Institutional Performance in Higher Education[J]. The Journal of Higher Education,2000,71(4):410-417.

③ 柳亮.大学信任与高等教育问责[J].教育发展研究,2010(1):17-22.

止是一个“从身份到契约的运动”。契约理论,尤其是现代契约理论是公立高等教育问责产生的理论源头。

契约理论在西方源远流长,最早可追溯到古希腊和古罗马时期,古希腊和古罗马人在交易过程中基于彼此的合议而形成契约。到了16—18世纪,霍布斯(Hobbes)、洛克(Locke)、卢梭(Rousseau)等人吸收古罗马的契约自由原则,将契约观念由经济观念阐发为一种社会的和政治的观点,并成为近代资产阶级革命的重要思想武器。至此,近代西方社会契约理论基本形成。随着现代社会实践的发展,契约的思想和逻辑远远超出经济关系的范畴而渗透到西方国家社会生活的各个领域,成为规范人们行为的重要工具和影响人们思想体系的价值取向。同时,随着契约在西方社会生活中的广泛应用,其概念内涵也不断得以丰富与发展。

在现代社会,不仅契约观念深入人心,而且绝大部分的社会关系都由契约来规定和调节,契约构成了社会生活秩序的基础。卢梭曾提出以下著名的论断,“人生来是自由的,但却无处不身戴枷锁……社会秩序是其他各种权利赖以保持的神圣权利。然而,这项权利绝不是来自自然,它是建立在许多约定的基础上”①。契约之所以作为构建现代组织秩序的新模式,具体原因在于,契约本身隐喻着以下要点。

首先,自由合意。契约关系的双方或多方当事人都是相对独立的个体,他们之间的地位是平等的。契约是当事人不受干预和胁迫的自由选择的结果,它包括缔约与否的自由、选择缔约方的自由、决定缔约内容的自由和选择缔约方式的自由。契约是以合意为基础的,是当事人双方或多方自由意志表示的一致。

其次,权责对等。契约实际上就是权利的互相让渡,如果自己的权利让渡不能换来别人对自己的责任,那么就没有人愿意将自己的权利让渡给别人。由此可以认为,参与缔约的任何一方当事人,在享有权利的同时也承担相应的责任,不存在只享有权利的契约,也不存在只承担责任的契约。

再次,互惠合作。契约是立约人在立约时认为对双方均更为有利的

---

① 卢梭.社会契约论[M].李平沤,译.北京:商务印书馆,2019:4-5.

一种交易。换言之，这是一种帕累托改进，即这种交易至少会使一方的利益有所改善。这是契约发生的前提条件。必须注意，这种“对双方有利”只是在交易前双方的理性预期，而不必一定是交易的实际后果。在现实生活中，完全有可能会出现这样一种情况，即双方的预期被后来的现实所打破，以至于交易或契约一方无利可图、利益受损，甚至双方的利益都受到损害。因此，契约双方或多方当事人都应全面地履行自己承担的义务，并且一方履约受挫时，他方应积极协作，以尽量减少因履约受挫造成的损失。

(2)公立高等教育问责的契约命题

根据现代契约理论，从高等教育外部来看，尽管公立高等教育问责通常是外部需求的结果，但从根本上讲，它是公众与高等教育机构之间的社会契约①。这里的“公众”是一个广泛意义上的概念，它是指与公共关系主体，即高等教育机构发生相互联系、相互作用，其成员面临共同问题、共同利益和共同要求的社会群体。公众与高等教育机构之间的契约关系，包括政府与高等教育机构之间的契约关系、企业与高等教育机构之间的契约关系、社会组织与高等教育机构之间的契约关系、家长与高等教育机构之间的契约关系、捐赠者与高等教育机构之间的契约关系等。对于这种关系既不能立法，也不能强迫个人或通过法律授权。但它具有强大的力量和足够的影响力，被认为是高等教育机构不可或缺的属性。社会契约处于一个国家高等教育事业发展的核心位置，它是证明高等教育机构政治合法性和社会合法性的需要，体现的是公众及其代表对高等教育机构的尊重与信任②。由于互惠是社会契约的一个基本组成部分，因此，它在公众和高等教育机构之间发挥了牢固纽带的作用。一方面，高等教育机构承载着公众的期望，需要发挥应有的作用，完成应有的使命。在新的时代，承载着越来越高的期望，必须毫无例外地为其所产生的结果担负更多的责任。康奈尔大学前校长弗兰克·罗兹(Frank Rhodes)认为，在新的社会契约中，高校有责任去追求公正的学术、至高

---

① Leveille D E. Accountability in Higher Education: A Public Agenda for Trust and Cultural Change [R]. Berkeley: Center for Studies in Higher Education, 2006: 36.

② Leveille D E. Accountability in Higher Education: A Public Agenda for Trust and Cultural Change [R]. Berkeley: Center for Studies in Higher Education, 2006: 13.

的专业能力与诚信，发展高深知识、观照学生及其学习以及具有服务社会需求的敏感性。另一方面，公众具有同等的责任，他们支持高等教育，为高等教育的财政做贡献，接受高校的专业判断和学术认证，并赋予其独特的制度自主权和学术自由。而高校一旦责任履行不力，最终也会影响到公众利益的实现。由此，在高等教育问责过程中，公众和高等教育机构既承担责任，又享有权利。如何使利益相关者有效合作，并采取有意义的行动去既符合公众利益，又符合高等教育机构的利益，是公立高等教育问责努力达成的目标。

从高等学校内部看，作为不同利益相关者的“利益共同体”，高等学校的各个内部利益相关者结成了复杂的契约关系网，以校长为代表的学校行政权力、以学术评议会为代表的学术权力、教师、学生、工勤人员等主体之间基于一定的信念形成了契约关系。这种信念就是每个主体都要为学校办学目标的实现承担责任。每个主体的利益不仅取决于自己采取的行动，还取决于其他主体采取的行动。他们之间，构成了不成文的社会契约。在契约中，作为有效和负责任提供服务的交换，每个主体可获取自身利益。但同时，高等学校内部不同的利益相关者又具有不同的利益取向，很多时候也会存在冲突。如果内部的不同利益相关者只从自身利益最大化出发行动，势必会造成其他利益主体的利益受损，甚至影响到学校整体利益的实现。这就要求高校内部建立共同治理模式，以学校共同利益为追求，以互相尊重和信任为基础，搭建合作伙伴式的契约关系。在内部权力制衡和共识重叠的前提下，高校内部利益相关者共同追求对高校整体利益的实现。

1.2.2.2 委托代理理论

(1)委托代理理论的主要观点

委托代理理论(Principal-agent Theory)是一个重要的制度经济学契约理论。古典经济学家亚当·斯密(Adam Smith)在其著作《国富论》中基于理性人假设，曾阐述过关于资本所有者与企业经营者之间的代理关系。1932年，美国经济学家伯利和米恩斯(Berle & Means)因为洞悉企业所有者兼具经营者的做法存在着极大的弊端，正式提出“委托代理理论”，倡导所有权和经营权分离，企业所有者保留剩余索取权，而将经营权利让渡。自20世纪60年代末70年代初以来，经济学家在已有理论逻辑、分析框架的基础上引入数学模型，深入研究企业内部信息不对称和激励问题，对市场经济运行机制的理解有了根本性改进，使委托代理理论逐步完善起来。到20世纪90年代初，又有学者将此议题的分析对象范围延伸至公司治理、社会治理、教育治理等领域，至此，委托代理理论的相关学科蓬勃发展起来。

委托代理关系是委托代理理论研究的首要问题，它是指一个或多个行为主体根据一种明示或隐含的契约，指定另一些行为主体为其服务，同时授予后者一定的决策权利，并根据后者提供的服务数量和质量对其支付相应的报酬。授权者就是委托人（principal），被授权者就是代理人（agent）。

委托代理理论遵循以“经济人”假设为核心，以两个基本假设为前提：一是委托人和代理人之间信息不对称；二是委托人和代理人之间利益相互冲突。在委托人和代理人之间信息不对称方面，委托人主动策划契约形式，但处于信息劣势地位，代理人拒绝或接受契约，但处于信息优势地位。而且，委托人与代理人效用函数不一致，代理人会利用委托人的信息劣势谋取自身利益，为实现自己效用函数的最大化而损害委托人的利益。新制度经济学称这种现象为机会主义。代理人事前的机会主义行为称为逆向选择，事后的机会主义行为称为道德风险①。“机会主义更多地采取微妙、狡猾的欺骗形式……更为一般地说，机会主义与信息的不安全、信息披露的曲解有关，尤其是与误导、曲解、使人模糊或制造混乱等故意行为有关”②。

如果契约仅仅建立在双方承诺的基础上，那么未来的风险是很大的。因此，以制度和机制来约束机会主义行为是必需的选择。对于委托人来说，如何建构有效的制衡机制和最具优势的契约机制，使代理人能够在追求自身利益最大化的同时，也最大程度地实现委托人的利益，这是委托代理理论研究的重要问题。首先，代理人对信息一定程度的公开是非常重要的。引导代理人提供真实的信息，可以使委托人对代理人的

---

① 程瑜. 政府预算契约论：一种委托-代理理论的研究视角[M]. 北京：经济科学出版社，2008：82－83.

② Williamson O E. The Economic Institution of Capitalism: Firms, Markets, Relational Contracting [M]. New York: Free Press, 1985: 89.

部分行为有所了解，防止代理人的行为过分偏离委托人的目标轨道。其次，建构一定的监督机制，克服代理人的选择偏差乃至权力滥用，从而更加有利于实现委托人的意愿。当然，有些工作是不容易被监督的，代理人的所有行为并不是都可以观察到的。因此，监督的机制也是有一定限度的。再次，激励和约束制度可以规范人的行为，朝着激励主体所期望的目标前进。由于委托人不能使用“强制合同”来迫使代理人选择委托人希望的行动，因此激励兼容约束是起作用的。委托人根据观测到的代理人行为对其实行奖惩，可以减少代理人的逆向选择和道德风险，增强代理人的工作动力，从而增加目标实施的有效性。

(2)公立高等教育问责中的委托代理命题

委托代理理论是研究公立高等教育问责的理论视角，也是西方公立高等教育问责背后的理论来源之一。总体来说，公立高等教育问责政策遵循的是委托代理关系①。问责模型框架是按照委托代理理论进行设计的②。

对于高校而言，由于高校所有权与高校经营权的分离，形成多重委托代理链。在其外部和内部，都存在多层级的委托代理关系。首先，在公众和政府之间存在委托代理关系。一方面，公众作为初始委托人，以牺牲税收为代价，将公共权力让渡给政府，且有权利向政府索取公共教育产品与服务；另一方面，政府作为代理人有权行使公众让渡的公共权力，同时有义务向公众提供高质量的公共教育产品和服务，保障公众从中受益。公众之所以选择这种契约，是因为政府在保护公众权利、满足社会共同需要等方面具有规模经济的效果，可以实现某种程度的帕累托改进。其次，在政府与高等教育机构之间存在委托代理关系。由于高等教育机构在经营高等教育服务方面的专业性，因此政府必须依赖高等教育机构的行动来实现其目标，二者自然就会构成委托代理关系。这也是公立高等教育问责网络中最重要的委托代理关系之一。一方面，政府作为委托人将高等教育资源配置给高等学校，并将经营权让渡给高等学

---

① Kelchen R. Higher Education Accountability[M]. Baltimore: Johns Hopkins University Press, 2018: 7.

② Spence M, Zechhauser R. Insurance, Information and Individual Action[J]. American Economic Review, 1971, 61(2): 380-387.

校，作为回报，政府要求高等学校提供的教育服务达到正式或非正式的绩效标准；另一方面，代理人高等学校接受政府的委托，作为对其获得的权力和资源的回报，要对教育服务的结果负责。为了完成政府的优先事项，高校有时不得不改变它们的优先事项。在这里，高等教育机构主要由其管理层承担行为主体角色。再次，政府之外的高等教育外部其他利益相关者与高校存在委托代理关系。这里的其他利益相关者，包括企业单位、用人单位、学生家长、社会中介组织等，他们充当委托人，委托高等学校实现其所期待的目标。高等学校作为代理人，因为存在对前者的资源依附，需要完成相应的任务来回馈委托人。高校内部也存在着多层委托代理关系，学校与学院（处室）之间、学院与系所（教研室）之间、系所（教研室）与教师个人之间均形成多层级的委托代理关系①。

从高等教育内外部来看，公立高等教育问责涉及众多的参与主体，不同主体之间经常有相互冲突的动机和目标，而且委托人和代理人之间存在着明显的信息不对称问题。在每个层级中，都存在道德风险或逆向选择等机会主义行为，从而导致与委托人的利益目标出现偏差的风险。因此，对于委托人来说，建构有效的制衡机制和具有优势的契约机制，显得尤为重要。以政府与高等教育机构的委托代理关系为例，高等教育机构具有相对于委托人政府而言明显的信息优势，它可能从自身效用最大化的角度出发，实施与委托人标准或目标不相一致的行为。问责意味着委托人相对代理人而言所具有的权力与权利，即要求证明其行为合法性的能力和对低劣绩效施加制裁的能力。委托人会通过额外的努力监督代理人的绩效，要求代理人公开信息或接受绩效检查。监督活动可能是有成效的。委托代理理论总体上认为，委托人更严格的监督会改善结果。但是挤出理论（Crowding-out Theory）却认为，监督会使得内在动机降低，因而不利于结果改善②。因为在高等教育领域，监督的使用是有边界的。而且，信息的获取又是有成本的，因此，委托人面临着选择最优监督力度的问题。根据委托代理运行规则，要顺利解决高校治理中的委托代理问题，需要形成一套能使代理成本最小化的理想激励约束机

---

① 虞华君，武娟．基于委托-代理理论视角的大学治理问题研究[J]．学术探索，2015(12)：136－140.

② Kelchen R. Higher Education Accountability[M]. Baltimore：Johns Hopkins University Press，2018：12.

制。从激励方面而言，需要代理人享有一定权利和利益，寻求高校的长远发展和教育科研水平的提升，避免违背高校发展规律的短视行为的出现，并在实现高校长期效益过程中实现其个人价值的最大化。从约束方面而言，代理人的行为权限是有边界的，同时也将受到监督和审视。代理人存在压力，必须时刻考虑自己的行为和措施，防止给委托人造成利益损失而被问责或淘汰[①]。

1.2.2.3 新公共管理理论

(1)新公共管理理论的核心要义

从20世纪70年代末80年代初开始到21世纪初，西方大多数发达国家的公共部门都发起了声势浩大的改革运动，即由统治了公共领域近百年(19世纪后期到20世纪70年代末80年代初)的传统公共行政管理范式向新公共管理范式的转变。“新公共管理”(new public management)是一种国际性思潮，它起源于英国、美国、新西兰和澳大利亚，并迅速扩展到其他西方国家和部分发展中国家。这场改革运动对世界公共部门管理的理论与实践都产生了深远影响，直到今天这一影响仍在继续。

新公共管理运动不是对传统公共部门局部内容的修修补补，而是对传统模式的彻底变革，是一场真正意义上的范式变革。休斯(Hughes)指出：“自从20世纪80年代中期以来，发达国家的公共管理部门已发生了转变，曾经在20世纪的大部分时间中居于支配地位的传统公共行政管理的那种刻板(僵化)、层级官僚体制形式逐步转变为一种灵活的、以市场为基础的(新)公共管理形式。后者并不是一种事务或管理方式的微小变化，而是政府作用以及政府与公民社会关系的深刻变化。传统的公共行政在理论与实践上都已受到怀疑。对新公共管理的采纳意味着公共部门管理领域中新范式的出现。”[②]

新公共管理理论见证了公共政策实施和公共服务提供方面一个新话语的发展[③]。从新公共管理理论产生以来，其主题不断在变化。克里斯

---

① 虞华君，武娟.基于委托-代理理论视角的大学治理问题研究[J].学术探索，2015(12)：136－140.

② Hughes O. Public Management and Administration: An Introduction [M]. Macmillan Press, St Martin's Press, 1998: 1.

③ 奥斯本.新公共治理？——公共治理理论和实践方面的新观点[M].包国宪，赵晓军，等译.北京：科学出版社，2016：3.

托弗·胡德(Christopher Hood)提出新公共管理包括七个方面的主题:一是更多公共部门分解成为独立的个体,这样公共部门的自主程度受到削弱;二是在公共部门之间及公共部门和私立部门之间存在更多竞争;三是公共部门的管理更加有效;四是更加强调规则和资源节约;五是开展更多的合作管理;六是公共管理按照一定标准和绩效指标更加清晰化和量化;七是尝试按照事先调整的结果标准而不是按照传统模式控制[①]。然而,在不同的地方,新公共管理的特征也是不一样的,如英国的新公共管理和美国的新公共管理在关注焦点和应用范围方面是非常不同的[②]。

虽然新公共管理的内容随着时间的推移不断演化,但其核心要义保持不变,即在公共部门导入私人部门管理的理论、方法和技术,引入市场竞争机制,提高公共管理水平和公共服务质量。新公共管理理论的纲领主要表现在以下几个方面。

第一,市场机制的引入。传统公共行政具有集权主义和官僚主义传统,官僚制在政策制定和实施过程中扮演着至关重要的角色[③]。长期以来,政府运行被当作校正市场制度、弥补市场缺陷、克服市场失灵的主要途径。以往人们只注重用政府来改善市场的作用,却忽视了相反的做法——用市场的力量改善政府的作用。正如舒尔茨所指出的,"我们总是考虑用公共领域来干涉私人领域,而不是相反"[④]。公共选择和政策分析学者主张用市场力量改善政府的功能,提高政府的效率,以克服非市场缺陷和政府失败。奥斯本认为,新公共管理暗含着这样的信条,即市场为公共服务的生产提供了最适宜的场所[⑤]。因此,在推行新公共管理的国家里,民营化、合同外包、内部市场、消费券等成为政府广泛推行的工具。政府希望借助这些工具提升政府效率、提高公民满意度、挽救信任危机。新公共管理下,不仅公共部门和私人部门具有不同运行逻辑

① Hood C. The "New" Public Management in the 1980s: Variations on a Theme[J]. Accounting, Organization and Society, 1995, 20(3): 93 - 109.

② Boins S. New Public Management, North American Style[C]//Osborne S, Ferlie E. The New Public Management: Current Trends and Further Prospects. London: Routledge, 2002: 34.

③ 奥斯本. 新公共治理? ——公共治理理论和实践方面的新观点[M]. 包国宪,赵晓军,等译. 北京:科学出版社,2016:1 - 2.

④ 沃尔夫. 市场或政府:权衡两种不完善的选择[M]. 谢旭,译. 北京:中国发展出版社,1994:147.

⑤ 奥斯本. 新公共治理? ——公共治理理论和实践方面的新观点[M]. 包国宪,赵晓军,等译. 北京:科学出版社,2016:8.

的假设被打破，而且统治私人领域的市场和竞争机制在公共领域中占据了主导地位。不仅在公共部门中引入市场机制，而且在公共部门与私人部门之间、公共部门机构之间展开竞争，以缩小政府规模，提高公共物品及服务供给的效率。竞争机制的引入带来了公共部门服务的一系列变化，尤其是形成了市场检验、优胜劣汰的局面。

第二，采用私人部门管理方式。传统公共行政正是建立在政治-行政二分和官僚制基础之上，强调规则，更多依靠技术理性而非价值理性的一种体制。它在20世纪上半叶经济、政治和社会面临激烈动荡和改革的时期，发挥着极为重要的作用。新公共管理试图从私人部门中汲取营养，希冀挽救西方国家在20世纪70年代末出现的财政危机、信任危机和管理危机。新公共管理采用私人部门管理的经验、原则、方法和技术，用私人部门管理的模式重塑公共部门管理。正如华莱士·塞尔(Wallace Sayre)所言，“从根本上来说，公共部门和私人部门在所有不重要的方面都是相似的”[①]。新公共管理运动中所采用的项目预算、业绩评估、战略管理、顾客至上、结果控制、绩效工资制、人力资源开发和组织发展等原则或措施均主要来自私人部门的管理实践。这也导致了公共部门管理与私人部门管理在理论和方法上出现新的融合[②]。新公共管理最为极端的论调是，宣称私人部门的管理技术要远胜于公共部门，并且假定将这些技术应用于公共服务提供中会自动导致公共服务效率和效益的提高[③]。

第三，提供回应性服务。传统公共行政模式下政府与公民之间的关系是发号施令和被动服从的关系，政府对公民的需求缺乏回应性的服务。新公共管理强调顾客至上或顾客导向，它通过把公民变成消费者(顾客)，引入市场竞争机制，提供回应性服务，满足公民(顾客)的不同需求。它通过引入市场机制、公民参与管理、公共服务提供的小规模化等措施，给公民(顾客)提供“以脚投票”即自由选择服务机构的机会，征求

---

① Allison G T. Public and Private Administrative Leadership: Are They Fundamentally Alike in All Unimportant Respects[C]//Sergiovanni T J, Corbally J E. Leadership and Organizational Culture: New Perspectives on Administrative Theory and Practice. Urbana: University of Illinois Press, 1986: 214.

② 陈振明. 评西方的“新公共管理”范式[J]. 中国社会科学, 2000(6): 73-82.

③ Thatcher M. The Downing Street Years[M]. London: Harper Collins, 1995: 67.

他们对公共服务的意见和要求，并测量其满意程度[①]。因此，它要求公共管理有更明确的责任制，听取公民的意见，满足公民的要求，提供回应性的服务。

第四，重视绩效与结果。首先，实施明确的绩效目标控制。与传统公共行政重遵守既定法律法规、轻绩效测定和评估的做法不同，新公共管理主张放松严格的行政规制，实行严明的绩效目标控制，既确定组织、个人的具体目标，又根据绩效目标对完成情况进行测量和评估。其次，新公共管理与传统的公共行政的一个重要差别在于关注产出或结果，而非投入和过程。传统公共行政注重的是投入，而不是结果。执行者往往只会花掉预算分解的每个项目的资金，对结果和收益不太关心。新公共管理根据交易成本理论，强调对投入与产出的控制与评估，强调资源运用的纪律性及简约性，将公共服务分解为最基本的单位，并聚焦于它们的成本管理，重视管理活动的产出和结果，关注公共部门直接提供服务的效率和质量，主张对外界情况的变化以及不同的利益需求做出主动、灵活、低成本、富有成效的反应[②]。

第五，多元主体参与和政府职能转变。传统公共行政的系统特征是单一主体构成的、等级控制的封闭结构，政府是提供公共服务的唯一主体；从权力运行方式来看，整个政府系统，无论是某一层级政府内部，还是整个政府系统都呈现出自上而下的等级约束关系（尽管联邦制国家的中央政府对地方政府的约束要小于单一制国家）；从系统与外部环境的关系来看，内部取向和相对封闭是传统公共行政的主要特点。在这样的结构下，借用戴维·奥斯本和特德·盖布勒的术语，政府的角色是“划桨”[③]，即政府基本垄断了对公共服务的提供。新公共管理的系统特征是多元主体构成的、管制式的开放结构。政府、企业和第三部门都是公共服务提供的主体；管制（regulation）而不是等级控制成为其主要特点，这种管制不仅体现在政府内部的自我管制（绩效评估工具的应用）和代理机构化上，而且体现在政府与外部主体间的关系（如在合同外包中，政

① 陈振明. 评西方的“新公共管理”范式[J]. 中国社会科学，2000(6)：73－82.

② 朱米均. 西方新公共管理理论述评[J]. 党政干部学刊，2006(8)：28－29.

③ 奥斯本，盖布勒. 改革政府：企业家精神如何改革着公共部门[M]. 周敦仁，等译. 上海：上海译文出版社，2013：9.

府主要借助合同对其他主体进行监督，而不实际参与服务的提供）上；从系统与外部环境的关系来看，政府开始从封闭走向开放，与政府外部的主体展开竞争或合作。在新公共管理下，政府的角色从“划桨”转为“掌舵”，政府只是把握方向，而具体的服务提供可以交给政府机构、企业组织或第三部门。“管制国家（regulatory state）”也在这一时期成为流行的术语①。

然而，新公共管理遭受的最严厉的批评包括：一是在日益多元化的世界中，新公共管理依然将焦点集中在组织内部；二是在大量证据表明私人部门技术不具有适用性的情况下，新公共管理依然热衷于将过时的私人部门技术应用于公共政策实施和公共服务提供中②。

(2)新公共管理理论对公立高等教育问责的催化

在新公共管理范式在公共部门组织管理中占据主导势头的情况下，作为公共部门的高等教育机构自然难以豁免。“新公共管理意味着高等教育环境的宏观变化。随之而来的是合同管理、评价和评估，以及机构自主权和问责制。在治理和行政结构层面，高等学校充分适应了不断变化的环境。”③公立高等教育问责与新公共管理运动兴起的时间大致相同，都是在 20 世纪 70 年代末 80 年代初，这本身绝非偶然，而是前者深受后者影响所致。

从理论根基上看，公立高等教育问责的兴起与发展，是新公共管理理论在高等教育领域的适用与体现。新公共管理运动使高等教育管理发生了重大转折，其理论为公立高等教育问责的产生提供了更广泛坚实的理论基础、更宽阔的视野、更综合的知识框架和更崭新的主题变化。综合起来看，主要表现在以下几个方面。

第一，高等教育领域引入市场机制。公立高等教育领域引入市场机制，通过市场方式来配置高等教育公共资源和提供高等教育公共服务，

---

① 包国宪，赵晓军. 新公共治理理论及对中国公共服务绩效评估的影响[J]. 上海行政学院学报，2018(2)：29－42.

② Metcalfe L，Richards S. Improving Public Management[M]. London：Sage，1991：27.

③ Sporn B. Governance and Administration：Organizational and Structural Trends[C]//James J F，Forest F，Altbach P G. International Handbook of Higher Education. Dordrecht Netherlands Springer，2006：144－145.

这是新公共管理模式区别于传统官僚模式的关键所在。通过引入市场机制，向高等教育的不同利益相关者——社会中介组织、教师、学生、家长、企业赋权和分权，促进教育资源配置的优化，为教育消费者提供最好的服务。高等教育机构的第三部门属性意味着其可以接受市场的调节，由于公共资源的有限性以及社会不同主体对教育需求的多元化，接受市场的调节理应成为高等教育机构的自觉选择。竞争律和交换律是高等教育市场活动的两大基本法则。市场机制中的竞争原则“成为良好的管理的方法、健康的经济的条件和更好的教育的机遇”①，它使得高等教育机构接受公平竞争、优胜劣汰。市场经济学以及开放竞争的优越性被其支持者推举到至尊的地位。另外，高等教育机构应遵循市场等价交换的原则。所谓市场调节的胜利，就意味着市场取向的解决办法已经取得了合法性，公共教育领域的问题都可以用这种方法来解决，而且几乎不存应用上的适应问题。甚至有一种极端的做法认为，基于政府的失灵和官僚体制的失败，市场资源配置方式和管理方式不仅是可供选择的另外一种学校运营方式，而且只有它才是有效率的体制选择，所以应该在基于新的市场制度基础上建立一种全新的公共教育管理体系。

第二，高等教育领域引入私人部门参与高等教育服务供给，解除公共服务的垄断地位。在传统公共行政模式下，政府是高等教育的唯一提供者，从而限制了自由竞争，造成高等教育发展的低效率和无效率。由于受到管理主义及新公共管理概念的影响，大学便从纯粹的学术及文化教育机构，转向为公营服务机构②。同时，新公共管理取消高等教育公共服务供给的垄断性，强调高等教育公共服务提供主体的多元化，改进高等教育公共服务供给机制。在国家教育资源有限的情况下，强调吸引民间资本进入高等教育领域，让私人部门参与公共服务供给，提高现有教育资源的利用效率，提升高等教育机构运营的效率和效能，从而建立以政府为主体，其他部门共同参与的多元高等教育供给体制，为高等教育发展提供更宽松的外部环境。例如：大力发展股份、合作形式，多渠道筹措资金，解决高等教育投入不足问题；鼓励私立高校发展，甚至鼓励引

① 范富格特.国际高等教育政策比较研究[M].王承绪，等译.杭州：浙江教育出版社，2001：408.

② 戴晓霞，莫家豪.高等教育国际化[M].北京：北京师范大学出版社，2004：119.

入外资来增加高等教育的供给;办二级学院,扩大高等教育机构办学规模等。

第三,高等教育机构要回应公众和社会的需求。新公共管理范式下的高等教育改革建立在这样的一种现实判断上:高等教育机构对学生、广大公众所负的责任不够,对公民的需求缺乏回应性的服务。因此,在新公共管理理念下,作为主要的服务导向,高等教育机构要更多满足社会和公众的目标需求。随着高等教育经费来源的多元化,高等教育机构要对学生、家长、政府以及广大公众等利益相关者负责,对其教育需求及时作出回应,并承担起相应责任。一方面,强调高等教育机构应获得必要的自主权,具有按照高等教育运行逻辑自由行事的权力;另一方面,则强调高等教育责任制的加强,即高等教育机构要对政府、公众和社会采取现实负责任的行为。这意味着大学在依法享有更多办学自主权的同时,面向其他外部主体的责任与义务的增加。

第四,强调对高等教育机构的绩效问责。随着新公共管理运动向纵深推进,高等教育领域则更加注重绩效问责。对绩效责任的强调意味着政府对高等教育的管理发生了重大转折,由传统的强调过程转为关注结果,治理手段则由"规则-治理"转为"目标-治理",即从事前制定规则、控制资源投入,转为事后的监督和调控,侧重对产出和结果的评估①。在高等教育体系相对成熟的国家,政府正在采取新的经济和管理战略评估和比较学院和大学的表现。关于高等教育的政府报告和资助机制正处于从完全的基于投入的体系向更具竞争力的基于成果的方法的重大转变之中。自 20 世纪 90 年代初以来,基于绩效的政策成为许多国家公立高校资源配置的主要模式,这些国家的政府对高等教育绩效指标、绩效规划、绩效报告、绩效拨款和绩效预算的兴趣大幅增加。绩效和结果测量的发展"最终基于对问责的更大渴望"②。在政府层面,绩效问责是通过建立高校目标和定期评估来实现的。越来越多的基于绩效的系统将财政激励纳入新的管理框架,迫使高校在实现预定目标或降低年度拨

① 朱贺玲,袁本涛.新公共管理及其对大学治理的影响:德、英、美三国的经验[J].中国高教研究,2018(3):24-30.

② Layzell D T. Linking Performance to Funding Outcomes for Public Institutions of Higher Education: The U. S. [J]. European Journal of Education, 1998(33):104.

款风险方面变得更有成效。绩效规划和绩效拨款也成为各国政府比较和排序高校生产率的便捷手段。排行榜、记分卡、全国排名和成绩单是政府官员开发的一些常用工具,用于比较高校绩效。政府强化表现性评估,同时将经费补助与绩效表现挂钩,加强对高等教育机构的结果问责。

第五,更加关注高等教育机构的效率、效益、效能和质量。随着新公共管理理念在高等教育领域的盛行,效率、效益、效能和质量越来越成为高等教育领域变革的核心词汇和高等教育机构发展的目标。政府与高校互动的方式发生了巨大变化。政府当局不再像过去几个世纪以来那样接受主导大学发展的传统自律程序。一种新的经济动机正在推动各国重新定义关系,迫使各机构在利用公共资源方面变得更加负责、更有效率和更有成效[①]。自 20 世纪 70 年代末以来,高等教育财政短缺已成为各国高等教育发展普遍面临的挑战。正如美国高等教育哲学家布鲁贝克所言:"因为这种慷慨的资源重新分配是完全不可能的事,所以,我们面临的问题是怎样合理地分配有限的剩余资源。"[②]为了做到"合理地分配有限的剩余资源",流行于企业领域"效率优先,以最小投入换取最大回报"的理念得到尊崇和效仿,它使得高等教育领域的管理变革在所难免。各国政府对公立大学的管理改革部分地吸收了新公共管理运动所倡导的 economy(经济)、efficiency(效率)和 effectiveness(效能)的"3e"目标,并重新定义高等教育质量观,成本效益分析、目标管理、全面质量管理等企业化管理模式在高等教育机构运营中得到普遍应用。各国高校改变只讲产出不计成本的旧传统,树立明确的成本-效益观念,在此基础上,又采取具体措施提高教育经费的使用效益,使单位成本获得更大的产出。类似企业界盛行的"全面质量管理"的理念和模式在教育界被运用起来,许多国家的高校纷纷建立了"高等教育质量保障体系",这种质量保障从高校内部管理入手,尚处于一种高校的自我质量保证状态。之后,人们又发现,尽管学校的内部质量保障很有必要,但还远远不够,如果将内部质量保障和外部质量评估结合起来,会有更好的效果。

---

① Alexander F K. The Changing Face of Accountability: Monitoring and Assessing Institutional Performance in Higher Education[J]. The Journal of Higher Education, 2000, 71(4): 410-417.

② 布鲁贝克. 高等教育哲学[M]. 王承绪,郑继伟,张维平,等译. 杭州:浙江教育出版社,2001:70.

因此，各国又纷纷加强了高等教育质量外部保障、评估机构的建设①。

第六，高等教育治理主体多元化参与和政府职能转换。在新公共管理的影响下，高等教育领域广泛地吸收除政府以外的社会力量和学校参与到公共教育的具体管理运作中，以市场力量取代政府干预，赋予高等教育机构更大的管理弹性，让它们在面对变迁及竞争时能够更积极地实时响应。打破以往由政府完全垄断的形式，允许并积极鼓励各种正当的非政府力量参与高校办学，并给予它们合理的法律权限和应有的政策保护。最终，使高等教育领域由管理转向治理，实现多元主体共治，形成政府依法问责、市场有限介入和学校自我管理的多中心权力格局。随着政府管理范式的转化，政府转变职能自然是题中应有之义。无论是大学，还是市场，最终都离不开政府的干预。相对于传统公共行政模式，新公共管理强调的是扬弃政府干预，就是在承认政府干预合理性的基础上，改变政府干预大学的范围和方式。政府职能的转变和对政府干预的扬弃，具体是指范富格特称谓的从“国家控制模式”转向“国家监督模式”，从“起干预作用的国家”转向“起促进作用的国家”②，从对大学的直接控制转移到“远距离驾驭”上，从对大学事无巨细的微观管理转移到政府的宏观调控上。从微观琐碎领域退出后，政府在宏观层面上的作用得到了提升。也就是说，政府只是“从被没完没了的琐碎小事所淹没的黑暗平原上撤退，进而在明朗的、可策略性‘总揽全局’的制高点上避难”③。政府对高等教育调控的手段也将发生改变，由依靠单一的行政手段管理向综合运用法律手段（规范性保障）、经济手段（诱导性调控）、计划手段（预测性指导）、行政手段（协调性监督）和信息手段（服务性引导）等多种手段进行管理转变。马丁·特罗称高等教育领域政府职能的这种转变是由以往的“硬管理主义”转向“软管理主义”。

综上所述，强调市场机制的引入、采用私人部门管理方式、提供回应

---

① 许杰.对西方国家加强高等教育质量监控的政策分析：新公共管理理论的研究视角[J].教育科学，2007(3):78-83.

② 所谓的“国家控制模式”和“起干预作用的国家”，是指政府把高等教育看作一项同质的事业，政府试图控制高等教育系统的一切方面；而“国家监督模式”和“起促进作用的国家”，是指国家只对高等教育运作提出宽阔的参数，但是有关使命和目标的基本决策乃是系统及其各院校的职权。参见范富格特.国际高等教育政策比较研究[M].王承绪，等译.杭州：浙江教育出版社，2001:414.

③ 惠迪.教育中的放权与择校：学校、政府和市场[M].马忠虎，译.北京：教育科学出版社，2003:47.

性服务、重视绩效与结果、多元主体参与和政府职能转变的新公共管理理念的兴起，借由国家政策迅速介入高等教育领域，导致高等教育领域引入市场机制和竞争、吸收私人部门运营、回应需求、绩效问责、多元主体共治和政府职能转变等多向度的变革，而这些向度成为公立高等教育问责兴起的重要思想来源。

2　公立高等教育问责的运行机制架构

总体而言，问责是一个复杂、多维和动态的概念，理解问责可以从“社会学视野”出发进行整体性把握，即并不把问责作为一种稳固的制度形式来看待，而是强调作为过程与机制的问责施于承受说明行为压力之下社会行动者的多种形式和功能；问责本身成为更大的社会过程与机制的一部分[①]。机制是系统的内在结构及其运行机理，体现了各要素之间的联系和功能，是系统得以有效运行的核心。社会学的理论认为“机制”的基本含义有三个：一是指事物各组成要素之间的联系，即结构；二是指事物在有规律性的运动中发挥的作用、效应，即功能；三是发挥功能的作用过程和作用原理[②]。因此，对于公立高等教育问责这一主题，首先需要明确公立高等教育问责系统的结构是什么，它有哪些要素，这些要素是如何彼此关联从而形成公立高等教育问责系统的，它们在公立高等教育问责系统构成中的位置和功能如何。其次，需要明确公立高等教育问责的各个要素对公立高等教育问责系统及其他部分之间的影响关系和影响原理，以及它们是如何促进公立高等教育问责系统运行的，亦即公立高等教育问责系统各部分的运行机理及作用方式是怎样的。

2.1　公立高等教育问责的结构体系构成

对教育问责做过系统研究的罗伯特·瓦格纳(Robert Wagner)将教

---

① Dubnick M. Accountability and Ethics：Reconsidering the Relationships[J]. International Journal of Organization Theory and Behavior，2003(3)：408.

② 黄林芳. 教育发展机制论[M]. 上海：上海财经大学出版社，2006：56.

育问责界定为:“谁对某些方面工作负责的程度和工作的结果。”①世界著名高等教育专家马丁·特罗也提出类似的观点,他认为高等教育问责涉及以下几个基本问题:谁该负责、对什么负责、对谁负责、通过什么手段负责、承担什么后果②。他的这一观点被认为是关于高等教育问责结构体系构成的权威观点。根据这一观点,我们将公立高等教育问责的结构要素确定为问责主体(谁来问责)、问责客体(向谁问责)、问责内容(问责什么)、问责方式(怎样问责)和责任追究(如何处理问责结果)五个方面。

2.1.1 问责主体:谁来问责

2.1.1.1 利益相关者是问责主体

作为公共资金的接受者,公立高等教育机构必须向广大利益相关者交代自己开展的活动和取得的成绩的情况。它们必须向利益相关者证明,根据“物有所值”的要求,它们很好地履行了责任,并产生了广泛的社会利益。从这个角度上来讲,问责是利益相关者的权益诉求方式。在公立高等教育问责中,广泛的利益相关者是问责主体。

利益相关者理论最早应用于公司治理领域。1963 年,斯坦福研究所(Stanford Institute)首次提出了“利益相关者”的概念,受到学术界的关注。随后,在弗里曼(Freeman)、布莱尔(Blair)、多纳德逊(Donaldson)、米切尔(Mitchell)等学者的努力下,该理论的核心要义与分析框架逐渐清晰。弗里曼用“利益相关者”一词取代传统的“股东”一词,并区分传统的奉行“股东至上”的公司治理理论与强调企业社会责任的利益相关者理论之间的根本性区别。按照弗里曼 1984 年的理解,所谓的利益相关者是指“任何能够影响组织目标实现或受到组织目标实现影响的群体或个人”③。这些利益相关者包括企业的股东、债权人、雇员、消费者、供应商等,也包括政府部门、本地居民、当地社区、媒体、环境保护主义者等。传统的公司治理理论的基本命题是:①股东应该拥有控

① Wagner R. Accountability in Education: A Philosophical Inquiry[M]. London: Routledge, 1989: 105.

② Trow M. Trust, Markets and Accountability in Higher Education: A Comparative Perspective[J]. Higher Education Policy, 1996(9): 309 - 324.

③ Freeman R. Strategic Management: A Stakeholder Approach[M]. Boston: Ballinger, 1984: 46.

制权;②管理者负有单独服务于股东的信托责任;③企业的目标应该是最大化股东的利益。而利益相关者理论则主张:①所有的受企业影响的利益相关者都有参与企业决策的权利;②管理者负有服务于所有利益相关者的信托责任;③企业的目标应该是最大化所有利益相关者的利益而不仅仅是股东的利益①。根据利益相关者理论,这些利益相关者对企业的生存和发展投入一定的资源,分担了一定的企业经营风险,为企业的经营活动付出了一定代价,因此也都应当同股东一样成为企业的产权主体,有权参与企业共同治理和企业剩余的分配。同时,利益相关者不是一般利益的被动接受者,他们在组织运行中往往发出更积极的声音,以提高他们所占份额的价值和取得更多的利益。企业作为“利益相关者显性契约和隐性契约的载体”,应该满足其不断变化的期望,即对利益相关者的合理利益需求做出回应,并承担包括经济责任、法律责任、道德责任和慈善责任等在内的多项社会责任。利益相关者理论的优势在于它是一个用于解释和预测在利益相关者影响下组织功能完整的企业理论。多纳德逊和普雷斯顿指出,有四个中心论点支撑了该理论的显著功能:第一,该理论是描述性的,它提供了一个企业如何与其支持者处理关系的运作模式;第二,该理论是工具性的,它提供了一个用利益相关者的管理理论来评估公司治理目标实现程度的工具;第三,该理论是规范性的,它为公司提供了如何为具有内在价值的利益相关者提供福利的伦理基础;第四,该理论是管理性的,它向管理层提出建议,促使其关注所有合法利益相关者的利益②。在随后的几十年中,利益相关者理论越来越超出企业管理的范畴,进入到其他社会领域,并得到普遍的认同和广泛的践行。

与企业相比,作为一种非营利组织,高等教育机构更是一个典型的利益相关者组织。这一点学界已经达成广泛的共识。高等教育机构之所以被看作是一个典型的利益相关者组织,是因为其提供的教学科研服务具有典型的正外部性和公共效用不可分割性等特点,在很多

---

① Boatright J R. Contractors as Stakeholders: Reconciling Stakeholder Theory with the Nexus of Contracts Film[J]. Journal of Banking and Finance, 2002(26): 1837 - 1852.

② Donaldson T, Preston L. The Stakeholder Theory of the Modern Corporation: Concepts, Evidence and Implications[J]. Academy of Management Review, 1995(20): 65 - 91.

情况下没有特定的受益人，因而也就没有唯一的利益主体①。没有人能够获得高等教育机构的剩余利润，每一个人或每一类人都不能对高等教育机构实行独立控制权，高等教育机构只能由利益相关者共同控制②。大学必须对其所处时代的整个现实环境开放，必须投身于真实的生活，必须整个地融入外部环境③。高等教育机构的发展离不开各种利益相关者的投入与参与，其运营应追求的是利益相关者的整体利益，而不是某个主体的利益。高等教育机构和其他执行公共任务的部门一样，正在转变为类似于社会企业(social enterprises)的机构，它将产品的生产和服务与社会使命联系起来。换言之，高等教育机构是众多利益相关者共同拥有的社会机构。"利益相关者"能够提供一个有效的分析框架。我们通过它重新理解大学制度的本质，即大学制度是高等教育机构的利益相关者之间的"契约网"④。"利益相关者"的概念重新定义了高等教育机构的行为、角色、责任以及它与社会之间"接口"的性质。能够而且必须对利益相关者的需求做出回应，并承担相应的社会责任，履行相应的社会义务，是现代高等教育机构得以延续与发展的题中应有之义。

清晰地界定高等教育机构的利益相关者，对于研究公立高等教育问责显得至关重要。那么，高等教育机构的利益相关者包括哪些主体呢？高等教育机构需要接受哪些利益相关者的问责呢？高等教育机构的利益相关者不仅包括那些关注、指导高校或给予高校资源并有意识对高校施加影响，可能未来将受到高等教育机构发展影响的主体，也包括那些从高等教育机构的社会影响中受益的主体。在讨论高等教育机构的政策制定或决策过程时，"利益相关者"这一概念已扩大到包括对高等教育机构所做工作产生利益或有"利害关系"的所有群体、组织和个人⑤。在大学自治这一传统逻辑下，大学的发展与决策属于高校内部的事情。而"利益相关者"一词的使用，隐喻着"外部社会"代表参与高等教育机构决

① 龚怡祖.大学治理结构:现代大学制度的基石[J].教育研究,2009(6):22-26.

② 李福华.大学治理与大学管理[M].北京:人民出版社,2012:47.

③ 加塞特.大学的使命[M].徐小洲,陈军,译.杭州:浙江教育出版社,2001:99.

④ 胡赤弟.高等教育中的利益相关者分析[J].教育研究,2005(3):38-46.

⑤ Leveille D E. Accountability in Higher Education: A Public Agenda for Trust and Cultural Change [R]. Berkeley: Center for Studies in Higher Education, 2006: 154.

策和管理这一重大转变。需要指出的是，高等教育机构的利益相关者并非一成不变，它具有鲜明的历史属性。随着时代的变迁、社会结构的调整和知识生产模式的变化，某些传统的利益相关者会“寿终正寝”，退出历史舞台。同时，随着高等教育更广泛的社会目标的出现，新的高等教育机构的利益相关者也会应运而生。而且，高等教育机构的利益相关者在不同的地理范围内并非一致，其具有鲜明的空间属性。在不同的国家、不同的地区甚至不同性质的高校，它因高校治理结构的不同呈现多样化的特征。美国学者罗索夫斯基根据美国的国情将大学的利益相关者分为教师、行政主管、学生、董事、校友、捐赠者、政府、议会、市民、社区和媒体 11 种主体①。美国学者伯罗斯（Burrows）则将大学的利益相关者细化为管理实体、行政人员、雇员、客户、供应者、竞争对手、捐赠者、社区、政府监管机构、非政府监管机构、金融中介和合作伙伴 12 类主体，其中每一类主体都包括若干群体、组织和个人②。区别于罗索夫斯基的研究，我国学者胡赤弟 2005 年将高等教育机构的利益相关者划分为高级行政管理人员、教授、出资者、学生和政府③。学者李维安、王世权在前人研究的基础上，2010 年提出可能对大学产生影响或被大学影响的 12 种利益相关者，包括政府、教师、行政人员、学生/家长、用人单位、利益团体、校友、债权人、其他大学或学术机构、捐赠者、社区、科研经费提供者。而且，这一研究成果对 12 种利益相关者的利益诉求和利益实现方式做了归纳总结。本研究在这一研究成果的基础上，做了细化调整，总体上将利益相关者分为政府、教师、行政人员、学生、家长、用人单位、校友、捐赠者、科研经费提供者、其他大学、社会公众、贷款提

① 罗索夫斯基.美国校园文化：学生・教授・管理[M].谢宗仙，周灵芝，马宝兰，译.济南：山东人民出版社，1996：233－255.

② Burrows J. Going beyond Labels: A Framework for Profiling Institutional Stakeholders [J]. Contemporary Education，1999，70(4)：5－10.其中，管理实体包括州和联邦政府、理事会、董事会、缓冲组织、宗教组织，行政人员包括校长（副校长）、高级行政人员，雇员包括教师、行政人员、支持人员，客户包括学生、父母/配偶、学费提供者、服务合作伙伴、雇主，供应者包括中等教育提供者、校友、其他高校、食品供应商、保险公司、公共事业公司、直接的承包服务机构，竞争对手包括私立和公立高等教育提供者、远程教育提供者、新的风险企业，捐赠者包括受托人、朋友、父母、校友、雇员、研究委员会、基金会等，社区包括邻居、学校系统、社会服务机构、商会、特殊利益集团等，政府监管机构包括教育部、州和联邦财政援助机构、研究委员会、联邦研究支持机构、税务机关、社会保障部门、专利局，非政府监管机构包含基金会、项目认证机构、专业协会、教会赞助者，金融中介包括中介银行、基金经理、分析师，合作伙伴则包括联盟和财团。

③ 胡赤弟.高等教育中的利益相关者分析[J].教育研究，2005(3)：38－46.

供者、社会中介组织、社区14种。大学利益相关者的利益诉求及利益的实现方式见表2-1。

表2-1 大学利益相关者的利益诉求及利益的实现方式

利益相关者	主要利益诉求	利益实现方式
政府	人才培养成功、社会教育水平的提高、科学研究丰硕、科技创新成果多、文化价值凸显	法律规范性保障、经济诱导性调控、计划预测性指导、行政协调性监督、信息服务性引导
教师	工资福利的提高、学术观点的表达、学术声誉的提升、职称晋升	法律法规、罢工、辞职、沟通调解、参与学校内部治理
行政人员	工资福利的提高，职级晋升，拥有高校的战略规划、预算管理、教师聘任、资源配置等权力，发挥行政体系的外交功能	法律法规，掌握学校内部事务决策权，做好学校内外部沟通协调工作
学生	良好的就业前景、优良的学习环境、雄厚的师资力量、知识和技能的提高	法律法规、沟通协调、参与内部决策
家长	间接的教育消费、人才培养质量、高校声誉	拥有消费选择权，参与高校内部决策，进行教育质量评价
用人单位	优质毕业生、人才培养基地	与高校建立合作关系，毕业生质量反馈
校友	提供校友资源、参与学校内部决策、母校给予支持	对母校捐赠、校友会协作、参与学校董事会或其他机构
捐赠者	捐赠物的合理使用、与高校的良好互动、高校更快发展	法律监督、舆论监督、沟通协调
科研经费提供者	经费合理支出、高水平科研成果	合同要求、法律法规、资助额度
其他大学	校际合作、校际交流、校际竞争	沟通协调、校际联盟、提升高校自身声誉
社会公众	保障公民受教育权利、提供高质量的高等教育产品和服务、有效地使用公共经费、满足社会需求	法律法规、社会舆论
贷款提供者	债权安全、与学校关系融洽	沟通协调、法律法规
社会中介组织	提供信息和说明	对政府施压或执行政府决策，充当缓冲器
社区	促进消费、拉动社区经济发展、引领文化发展、塑造社区风貌	沟通协调、社会舆论、法律法规

资料来源：李维安，王世权. 大学治理[M]. 北京：机械工业出版社，2013：29-30.

在现代社会，随着高等教育规模的扩大，高等教育机构利益相关者主体不断增多，其利益呈现日益多元化的态势。不同的利益相关者将各自的资源贡献给大学，同时也意味着他们换取了参与大学发展过程、控制其组织剩余的相关权利。他们根据各自在大学里的地位和价值，在公立高等教育问责体系中发挥问责主体的作用，对公立高等教育机构拥有相应的利益期待，向公立高等教育机构提出自身利益诉求，并监督高等教育机构责任履行的情况，以谋求自身利益的实现。当这一契约关系到达"结算期"时，所有签约主体必定会根据自己的实际付出程度，来对照其价值诉求在大学"组织剩余"中得到表达的程度，对"组织剩余"的分配是否恰当、是否公平作出判断，进而对下一轮运行中是否应继续贡献自己的独特资源以及是否需要增减这种付出作出决定①。总之，如今的公立高等教育机构面临着来自多个层次、多个方向的利益相关者的共同问责。

第一，政府。政府永远是公共利益的代表者和保护者，在高等教育问责体系中，其角色是促进高等教育公共利益的实现。因而，政府在公立高等教育问责中的作用不仅是不可或缺的，而且是至关重要的。无论是"起干预作用的国家"，还是"起促进作用的国家"，无论高等教育模式是"国家控制模式"，还是"国家监督模式"，政府的干预都不可避免。"一个有效的高等教育有赖于国家对高等教育的积极监督"②。政府的责任是构建教育服务体系，制定新的游戏规则，做出新的制度安排，并对整个教育管理过程予以监管和宏观调控。政府有权从维护公共利益的角度对高等教育发展实施有效的干预。具体说来，政府有效干预的基本领域包括保持高等教育总量基本平衡，促进高等教育结构优化和资源合理配置，提高高等教育质量和效益，维护高等教育公平等。政府对高等教育调控的手段包括用法律手段（规范性保障）、经济手段（诱导性调控）、计划手段（预测性指导）、行政手段（协调性监督）和信息手段（服务性引导）等多种手段进行管理。而且，更重要的一个方面是，世界的大多数公立高等教育机构对政府财政预算存在着天然依赖关系。在可预见的将来，

---

① 龚怡祖.大学治理结构：现代大学制度的基石[J].教育研究，2009(6)：22－26.

② 世界银行，联合国教科文组织.发展中国家的高等教育：危机与出路[M].蒋凯，译.北京：教育科学出版社，2001：11.

政府仍将是高等教育机构资金的主要提供者。因此,它们自然应该被视为需要得到满足的利益相关者。作为出资者的政府,自然要求高等教育机构对实现公共利益的负责任的行为和卓越的表现。在公立高等教育问责体系中,政府及其附属机构有兴趣确保公共教育资源的效率、效能、质量与物有所值。同时,政府在确定其他利益相关者需求和在适当情况下尝试确保这些需求的满足方面也发挥着重要作用。

第二,教师。高等教育机构是知识创造、生产与传播的组织,教师是从事知识创造、生产与传播的主体,这就决定了教师在公立高等教育问责体系中不可替代的位置。中世纪的大学作为学者行会的组织,形成了阿尔卑斯山脉以北的以巴黎大学为代表的以教师治理为主体的教师大学。在世界高等教育进入大众化阶段以前,西方大学基本上是由高级教授控制的,由学术人员承担学校的内部管理工作。进入高等教育大众化和普及化阶段后,高校内部管理主要由行政人员和专业管理者承担,教师在高校治理体系中的位置较大众化以前有所下降。但是,教师在大学中作为关键利益相关者的地位依然得以保持。因为在现代大学中,教授既是雇员,又是主人。教授作为大学里"人力资本"的重要提供者,与"非人力资本"的提供者共同拥有大学的所有权①。他们希望高校发展的同时,能给自己带来工资福利提高、学术观点表达、学术声誉提升、职称晋升等机会。

第三,行政人员。行政人员,特别是高级行政人员,自身既是高校的重要利益相关者,又是大学为所有利益相关者服务的代理人,在现代公立高等教育问责体系中充当连接外部利益相关者和内部利益相关者利益诉求的中枢。二战后,世界高等教育机构的规模日益扩大,功能逐渐多样化,组织与管理的复杂性日益增大,管理高等教育机构日益成为一项专门工作。以校长为首的行政人员的队伍不断扩大,而且其工作的专门化程度也日益提高。行政人员拥有"一种管理型的更为武断的权威和权力模式"②。他们掌握着高校的战略规划、预算管理、教师聘任、资源

---

① 王连森.利益相关者与大学的责任、制度和资源[J].宁波大学学报(教育科学版),2006(6):103-106.

② 克拉克.高等教育新论:多学科的研究[M].王承绪,徐辉,郑继伟,等译.杭州:浙江教育出版社,2001:61.

配置等权力，处理人事、财务、服务等行政事务，甚至还介入一定的学术事务，因而越来越成为高校不可或缺的独立的利益相关者。随着高校规模的扩大、高校结构的复杂化，高校行政人员的作用将越来越大。大学的行政运转是依靠科层制实现的。追求效率和分工的科层制是高等教育机构组织与管理中的重要制度设计与运行规则，它依靠理性的组织行为，最大化实现组织目标，甚至可能牺牲或者减少个人与小组利益[①]。同时，兼具学术性和社会性的大学组织，不可能独立于政治、经济等外部环境，需要与外部利益相关者进行交流和互通，高校的行政人员由此发挥了高校行政体系的外交功能，使得高校的内外部需求有效衔接。

第四，学生。没有学生就没有大学，学生是大学存在的理由。在这一意义上，学生是大学的主要利益相关者[②]。高等教育机构或大学的建设必须以学生为基础，而不是以教师或知识为基础，大学必须是按照学生比例体现规模大小的一个机构[③]。大学产生之初，学生在高等教育的管理中占有重要位置。中世纪大学除了阿尔卑斯山脉以北的以巴黎大学为代表的以教师治理为主体的教师大学，还有阿尔卑斯山脉以南的以博洛尼亚大学为代表的以学生治理为主体的学生大学[④]。随着现代社会的发展，教师的权威地位日益凸显，学生治校的模式逐渐被教授治校的模式所取代，但是，这一模式在一些国家的大学中得以保留。在现代大学的治理中，学生是受高等教育影响最直接的个体，在考虑学业成绩和就业能力时，是主要的利益相关者群体。学生毕业时，需要获得一系列知识、技能和相关特征，使他们不仅能够获得工作岗位，而且能够以许多其他方式为社会做出贡献。不仅如此，既然学生是学校活动的主要参与者，他们的角色就不应仅限于被动的参与者，而应该作为主动的治理者而存在。学生作为现代大学的主要利益相关者，究其原因有两个方面：一是高等学校的成功取决于学生作为组成群体；二是学生对所提供

① 李立国.什么是好的大学治理：治理的“实然”与“应然”分析[J].华东师范大学学报(教育科学版)，2019(5)：1－16.

② 胡赤弟.高等教育中的利益相关者分析[J].教育研究，2005(3)：38－46.

③ 加塞特.大学的使命[M].徐小洲，陈军，译.杭州：浙江教育出版社，2001：70.

④ 黄福涛.外国高等教育史[M].上海：上海教育出版社，2003：71－72.

的教育质量特别有兴趣和期望①。当今社会毕业生就业市场的竞争日趋激烈，高校教育质量的高低和高校声誉的好坏对学生职场竞争力的强弱有很大影响。因而，学生对高校提高教育质量的诉求不断提高，他们迫切希望通过高等教育实现自身的人力资本增值，获得教育投资的合理回报。由此，从学生的角度来看，问责意味着大学领导层支持建立一种尊重学生权利的制度文化，鼓励教师良好的教学和道德行为，并确保课程的适切性②。

第五，家长。学生本人和家长的利益诉求大致是一致的，由此，将家长单独列为一类利益相关者似乎有些多余。然而，成本分担理论在各国高等教育实践中被广泛使用后，家长在高等教育发展中扮演着越来越重要而特殊的角色。与其他外部利益相关者相比，学生的家长对高校来说具有直接选择权，众多家长在高校发展中发挥顾客的作用，其"购买"行为对高校的发展影响直接而又巨大。同时，成本分担理论实施后，学生被视为高等教育服务的消费者，家长变成了高等教育服务的购买者，他们为子女接受高等教育向高校缴纳大量学杂费。在有些国家，这些学杂费在高校经费来源中甚至占有压倒性地位，决定了高校财政运营的总体状况。从这个意义上说，家长在公立高等教育问责体系中拥有合法性地位，他们对高等教育人才培养质量和高校的声誉具有强烈的利益需求，因而应该拥有合理的利益表达渠道。

第六，用人单位。用人单位包括企事业单位、政府机关等高校毕业生选择就业的地方。用人单位作为高等教育产出即毕业生的使用者，对高等教育机构的发展影响越来越大。用人单位认为，高等教育的首要任务是培养社会需要的合格的人才。同时，用人单位对于高等教育的质量有着强烈的利益诉求。当国家对高校毕业生统招统分时，用人单位对高校的影响不甚明显。而今，随着高等教育规模的扩大，世界上绝大多数国家放弃了对高校毕业生进行分配的权力，高校毕业生到就业市场自谋出路，就业市场由卖方市场变为买方市场。用人单位对毕业生选择的标

---

① Lau J W C. Enriching Stakeholder Theory: Student Identity of Higher Education[J]. American Journal of Industrial and Business Management, 2014(4): 762.

② Salmi J. The Growing Accountability Agenda: Progress or Mixed Blessing? [J]. Higher Education Management and Policy, 2009, 21(1): 1-22.

准之一是该毕业生来源高校的人才培养质量。高校人才质量的好坏,用人单位是其中主要评价者之一。用人单位需要合格的、受过良好教育的、适应力强的毕业生,毕业生作为用人单位的人力资本将极大地影响用人单位的投资、研究、开发、咨询以及与来源高校的合作。在毕业生进入用人单位后,毕业生在实际工作中的表现是用人单位的高等教育质量观的衡量标准。

第七,校友。校友是高校重要的人力资源,对于高校的发展发挥越来越重要的作用。尽管校友是学校已经输出了的“产品”,但是校友对母校有着天然的难以割舍的特殊情结。他们关心母校的发展,希望为母校贡献自己的力量。在政治、经济、科技、文化、教育等领域经历了丰富的社会历练后,校友既愿意对母校的办学思想、人才培养目标、建设和发展规划等战略决策提供智力支持,又甘愿为母校的生存与发展慷慨捐赠。西方国家很早就意识到校友资源的重要性,校友是公立高校,更是私立高校重要的捐赠者和学校内部事务决策的参与者。例如在美国,校友已经成长为与政府并列的高校重要利益相关者,他们作为高校财政资源的重要提供者,在高校发展中扮演着重要角色。校友对于母校的发展寄予厚望,因为母校与自身的利益息息相关。母校的发展意味着校友文凭的升值,校友在不用支付额外成本的情况下,自己文凭的含金量会大幅度增加,可以成为母校发展的搭便车者①。

第八,捐赠者。捐赠者是指自愿以非营利方式将其所拥有的财产或资金赠予高等教育机构管理或使用的主体,包括个人、企业、校友、社会团体等。高等教育经费短缺已成为世界各国发展高等教育面临的共同挑战,发达国家也难以逃脱这一趋势。在国家财政难以显著增加的情况下,捐赠作为高校筹集资金的重要渠道和物质资本补给的重要途径,成为高校人才培养和质量提升的重要保障。尽管不同高校捐赠背后包含感恩、公益、宣传等多种动因,但是都隐含着真正促进高校建设和发展的共同目的。捐赠者将权益让渡给高校,自然对于高校的作为有着合理诉求和期待。他们有权利和义务去了解捐赠资金和财产的具体去向、用途和产生的效果。而作为受捐者,高校有义务将捐赠者的利益诉求纳入考

---

① 李福华.大学治理与大学管理[M].北京:人民出版社,2012:48.

虑范围，并尽力保护捐赠者的权益，只有如此，高校社会捐赠才能得到可持续发展和长远发展。

第九，科研经费提供者。随着科学研究重要性的不断叠加，高校科研活动规模越来越大，科研项目也越来越多。目前，高校科研经费来源渠道呈现纵向多层次、横向多元化的新格局。既有来自国家科技、教育等主管部门下拨及各高校内部自筹的纵向科研经费，也有来自企业、团体组织、个人等社会各界科研合作、科技咨询、科技成果转让等横向科研经费①。科研经费提供者以经费提供的方式对高校资本增收、教职工福利提高、教师研究能力提升和创新能力提升等方面，都具有重要的作用。科研经费提供者自然应作为高校的利益相关者。科研项目被批准立项后，科研经费提供者与高校科研人员便形成了契约关系，其中科研经费提供者是委托人，高校科研人员是代理人。科研经费提供者无法对高校科研人员进行直接监督，因此委托高校行使监督权，导致委托代理关系的转移。科研经费提供者希望高校能够尽职尽责地监督科研经费的使用，提高科研经费的使用效率。而如果高校不能严格监督科研经费的使用，科研经费提供者可能在以后的科研项目中不再考虑该高校，从而影响高校的长期利益。

第十，其他大学。其他大学主要是指与高等教育机构存在竞争与合作关系的高等教育机构。高校校际合作是指高校之间通过签订协议建立的合作关系，主要目的在于通过科研、教学等方面的合作，实现资源共享、共同发展。目前高校校际合作的内容主要有联合培养学生、跨校选课、师资交流与培训、部分教学设施等资源共享、科研合作等。大学联合体、学院群、大学战略联盟则是校际合作的具体模式②。校际合作不仅缓解了高校在高等教育规模扩张过程中对资源的需求压力，更重要的是，通过合作而连接不同教育环境，形成开放的教育场域，可促进各方更快发展。同时在新的条件下，由于市场机制的引入，高校之间的竞争加强了。如果说以前高校的等级是由政府分配给各学校及其各部门的职能、权利、特权和资源决定的，那么现在则是由各个学校通过在

---

① 刘艳华. 高校科研经费申请管理过程中的逆向选择与道德风险问题探析[J]. 财会月刊，2008(9)：80 - 82.

② 刘恩伶. 我国高校校际合作与人才培养模式的创新[D]. 济南：山东大学，2010.

市场上竞争获得有助于提高学术声望的条件，如学术声誉、优秀教师、高质量的生源、研究经费和接收的捐赠等决定的。在资源分配过程中，各种类型的高校间以及同一类型的高校间产生了更多的利益冲突和竞争。

第十一，社会公众。随着高等教育机构走出象牙塔，高等教育的社会性特征越来越明显，高等教育机构与社会公众联系越来越紧密。社会公众以纳税人的身份向高等教育提供财政支持，为高等教育的发展做出财政贡献。同时，社会公众作为初始委托人，将初始的公共权力让渡给政府。作为资源提供和权力让渡的回报，社会公众期待高等教育机构在保障公民受教育权利、提供高质量的高等教育产品和服务、有效地使用公共经费、满足社会需求等方面发挥应有的价值。社会公众的各方面利益诉求影响了高等教育机构的办学方向，并以社会舆论的力量规制着高校的行为。高等教育机构承载着公众的期望，应履行相应契约规定，向社会公众提供"合格产品"来满足社会公众的需求，以负责任的态度使用公共经费，最终实现保护和增进社会公众利益的目的，从而赢得公众的信任。

第十二，贷款提供者。贷款提供者主要指银行等金融机构。高等教育规模扩张、财政拨款相对下降、高等学校的市场化进程是高校贷款产生的主要原因[①]。高校贷款缓解了高等教育机构扩张过程中的资金压力，对于高等教育机构的延续和发展发挥着重要作用。高等教育是一种准公共产品，高校服务强大的正外部性意味着一旦高校不提供服务，所带来的社会损失将远远大于其本身承担的成本，即倒闭成本远大于救助成本。高校外部性的大小直接取决于高校的规模，规模越大，社会损失也越大。于是，就出现了 TBTF(too big to fail)现象，即规模太大以至于不能倒闭。因此，贷款提供者对自身债权安全、高校及时还贷并支付相应利息有着相应的利益诉求。

第十三，社会中介组织。社会中介组织是为加强政府部门与独立或半独立组织的联系以达到一种特殊的公共目的而正式建立起来的团体。在一些国家，社会中介组织在高等教育决策与发展中扮演着非常重要的

---

① 邬大光. 高校贷款的理性思考和解决方略[J]. 教育研究，2007(4)：18－25.

角色，如英国的高等教育拨款委员会和高等教育基金委员会等。社会中介组织位于政府和高校之间，起到缓冲的作用。它们将高等教育领域的变化和某些集团的利益传达给政府，同时又将政府的意志和信息传播给高校，并对其加以管理，构成一个中介体。有的社会中介组织扮演压力团体的角色，代表高校对政府施压，从而对政府的教育政策产生影响；有的作为政府的委托人，执行政府决策，完成或部分完成政府下达的任务。鉴于社会中介组织对高等教育决策与发展的重要作用，高校需要就责任履行和义务完成的相关情况向其做出说明和解释。

第十四，社区。随着大学走出象牙塔，本就存在天然地缘联系的大学与社区之间的关系越来越密切。大学作为社区不可或缺的构成要素，发挥教学、科研和社会服务职能，为当地社区的发展做出越来越积极的贡献。同时，社区为大学提供资源和政策的支持，逐渐成为大学依赖和服务的对象。西方发达国家的大学融入社区比较早，经过漫长时间的塑造，大学与社区之间的利益相关性和黏合度非常高，已经形成良性互动的关系。例如美国的高校，无论是研究型大学，还是社区学院，无论是公立大学，还是私立大学，都在大学的发展规划中将“为社区服务”作为高校的重要使命。大学与周围社区存在着有形的物质关系，大学在促进消费、拉动社区经济发展方面有明显的促进作用，社区为大学的发展提供大量的物质资源；同时，大学与周围社区又存在着无形的精神联系，社区为大学创造良好的发展环境和氛围，大学引领当地的文化发展，塑造着社区的风貌。为形成社区与大学的良好互动关系，一方面，社区要充分利用大学这座巨大的知识库、智慧库和人力资源库，同时为大学提供良好的支持；另一方面，大学要意识到为社区发展和进步贡献自身力量的使命与责任，利用自身的优势扩大对当地社区的影响。

公立高等教育机构的利益相关者不是孤立的。每个利益相关者团体的利害关系都是多层面的，且内在相互联系着。围绕公立高等教育机构，以上 14 种利益相关者形成了以下关系网络，如图 2－1 所示。

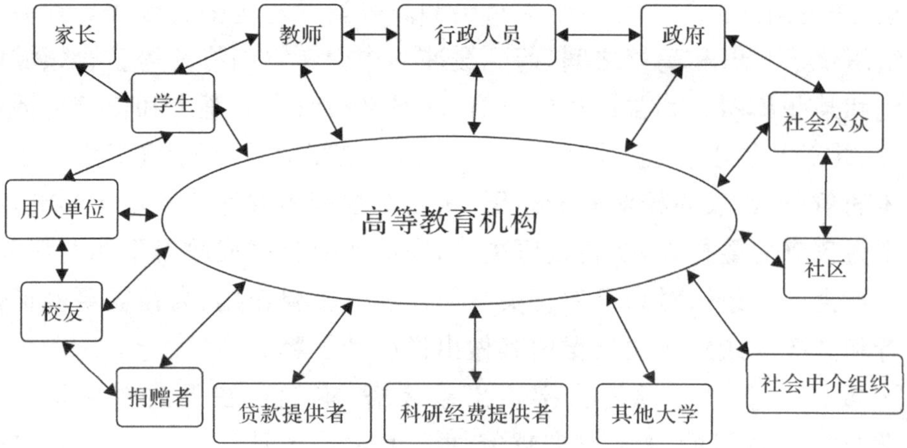

图 2-1 高等教育机构利益相关者分布图

2.1.1.2 利益相关者的层次

随着高等教育资源分配越来越根据指标和依赖于市场方式，而不像曾经那样采取整体拨款的方式，公立高等教育机构面临着“在利益相关者中如何取舍”的问题。哪些利益相关者更重要？哪些利益相关者的利益应优先考虑？这些选择变得越来越复杂。利益相关者管理是解决这一复杂问题的手段①。正如公司中并非所有股东都是平等的，高等教育机构的利益相关者也呈现层次性分布，其中一些利益相关者比其他利益相关者对高等教育机构来说更有影响力。

米切尔(Mitchell)等人对利益相关者的分类被学术界认为是利益相关者的权威分类。他们根据利益相关者对组织影响力的三个属性，将利益相关者分为三个类型。这三个属性如下。第一，利益相关者影响组织的权力(power)。一种社会关系 A 和 B，其中行动者 A 可以让行动者 B 做一些 B 本来不会做的事情。对大学来说，来自学生、家长和立法者的压力越来越大，迫使大学更加注重成本运营原则就是一个例证。第二，利益相关者与组织关系的合法性(legitimacy)，即某个利益相关者的行为依据组织建构的规范、价值观、信仰、体系，是可取的、正

① Jawahar I M, McLaughlin G L. Toward a Descriptive Stakeholder Theory: An Organizational Life Cycle Approach[J]. Academy of Management Review, 2001, 26(3): 397-414.

确的或适当的。例如，房地产开发商作为新的利益相关者就是例证。第三，利益相关者对组织需求的紧迫性(urgency)，也就是利益相关者要求立即采取行动的程度。利益相关者的显著性可以定义为相对于其他竞争者而言，其利益受到高等教育机构领导优先考虑的程度。在米切尔等人看来，一个组织的利益相关者至少应该符合以上的一条属性，否则就不能被称为组织的利益相关者。利益相关者的显著性与以上三个属性的累积影响呈正相关。米切尔根据以上三个属性，将利益相关者分为三个类型。第一类是确定型利益相关者，这类利益相关者对于组织而言具有权力、合法性和紧迫性三个属性。确定型利益相关者对于组织的生存和发展具有很大的影响，因此组织领导者应优先关注并及时满足这类利益相关者的需求。第二类是预期型利益相关者，这类利益相关者对于组织而言具有三个属性中的两个属性。预期型利益相关者也被纳入组织领导者关注的视野，因为他们一旦再获得第三种属性就会变为确定型利益相关者，而他们恰恰可能有动机去寻求第三种属性。第三类被称为潜在型利益相关者，这类利益相关者只具有以上三个属性中的一个。对这类利益相关者，组织领导者则可以给予较低的关注度，因为他们暂时还不会对组织产生重大的影响。权力、合法性和紧迫性这三个属性不是一成不变的，而是越来越呈动态变化。不同类型的利益相关者可能会在不同层次之间移动。而且，不同国家和机构背景下的利益相关者可能会因背景的不同而拥有不同的显著性。同样，不断发展的社会契约可能会导致一些非利益相关者第一次成为合法的利益相关者①。

确定利益相关者的层次分布并非易事。首先，利益相关者层次分布是因地而异的，某个利益相关者在一个国家高等教育体系中的地位，会跟它在另外一个国家高等教育体系中的地位呈现很大的不同。因此，在不同国家，利益相关者分类有较大的差异。其次，利益相关者的层次结构是随时间呈动态变化的。某一层次的利益相关者获得或失去某些属性后，就会从一个层次转到另外一个层次，利益相关者的层次结构将因此而发

① Mitchell R K, Agle B R, Wood D J. Toward a Theory of Stakeholder Identification and Salience: Defining the Principle of Who and What Really Counts[J]. Academy of Management Review, 1997, 22(4): 853-886.

生变化。美国哈佛大学文理学院前院长罗索夫斯基根据利益相关者对大学的重要程度将大学的利益相关者分为四类:第一类是大学最重要的利益相关者,包括教师、行政主管和学生,他们是构成大学的主要成员;第二类是大学重要的利益相关者,包括董事、校友和捐赠者,因为“他们才是正式决定主要政策的人,他们出钱,也非常关心‘他们’学校的声誉”;第三类是“部分拥有者”的利益相关者,包括政府和议会,他们只是在特定条件下,譬如在提供经费资助并制定规章制度和评审学术活动时才产生与大学之间的利害关系;第四类是次要层次的利益相关者,包括市民、社区和媒体,他们处在大学利益相关者结构的最边缘部分①。这一分类显然是基于美国高等教育治理结构和治理机制的特点而进行的划分,因而是美国国情的产物。2005 年,我国学者胡赤弟根据罗索夫斯基的分类,将大学利益相关者分为三类:第一类是权威利益相关者,包括教师、学生、出资者和政府;第二类是潜在利益相关者,包括校友、捐赠者和立法机构;第三类是第三层利益相关者,包括市民、媒体、企业界和银行②。这一分类显然参照了中国高等教育体制状况,是对中国高等教育治理结构的表达。2008 年,我国学者李平借鉴费孝通先生提出的“差序格局”理论,认为大学的利益相关者也是一个由里到外、由亲及疏的差序格局网络。属于“亲人”层次的利益相关者主要包括高校的教师、学生、管理人员等,即广大师生员工;属于“熟人”层次的利益相关者主要包括与高校存在较多往来联系的财政拨款者(政府)、校友、学生家长、用人单位、办学和科研经费提供者、产学研合作者、贷款提供者等;属于“生人”层次的利益相关者主要是与高校联系较少的当地市民、媒体、企业界、兄弟院校等③。2012 年,我国学者李福华根据利益相关者与大学的密切程度,将大学的利益相关者分为四个层次:第一层次是核心利益相关者,包括教师、学生和管理人员;第二层次是重要利益相关者,包括校友和财政拨款者;第三层次是间接利益相关者,包括与学校有契约关系的当事人,包括科研经费提供者、产学研合作者、

---

① 罗索夫斯基.美国校园文化:学生·教授·管理[M].谢宗仙,周灵芝,马宝兰,译.济南:山东人民出版社,1996:5-6.

② 胡赤弟.高等教育中的利益相关者分析[J].教育研究,2005(3):38-46.

③ 李平.高等教育的多维质量观:利益相关者的视角[J].国家教育行政学院学报,2008(6):53-58.

贷款提供者;第四层次是边缘利益相关者,包括当地社区和社会公众等[①]。这一划分是站在世界角度,没有明确的国别指向。

根据米切尔等人的研究成果,本研究将上述 14 类利益相关者分为三类,如图 2－2 所示。第一类是确定型利益相关者,包括学生、教师、行政人员,即校内的广大师生员工。对这一类利益相关者的利益和诉求,高校领导应优先考虑和满足。第二类是预期型利益相关者,包括政府、社会中介组织、科研经费提供者、校友、捐赠者、用人单位。对这类利益相关者的利益诉求,高校领导应纳入关注范畴,并努力满足他们的需求。第三类是潜在型利益相关者,包括社会公众、家长、社区、贷款提供者、其他大学。对这类利益相关者的利益诉求的关注度比前两者要低,但应随着环境的变化增加对其的关注度。

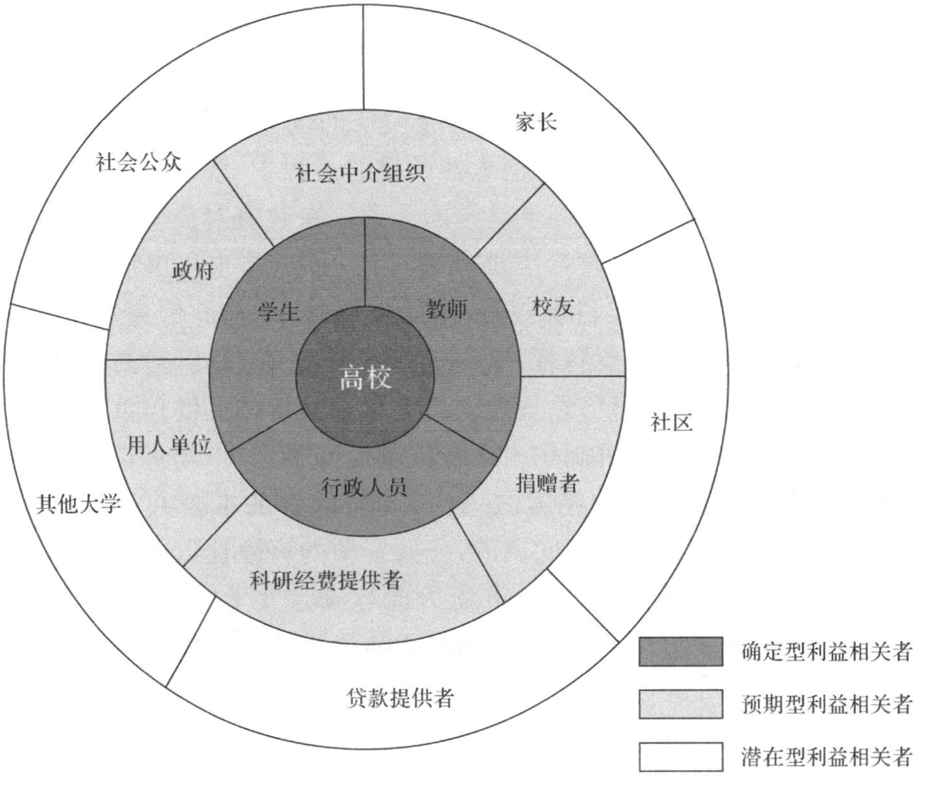

图 2－2　公立高等教育机构利益相关者的层次结构

① 李福华.大学治理与大学管理[M].北京:人民出版社,2012:48－49.

2.1.1.3 基于问责主体的高等教育问责分类

美国学者伯顿·克拉克曾经提出著名的“三角协调模式图”，他认为一个国家的高等教育系统存在国家权力、市场、学术权威，即政府、市场和大学这三大基本力量，这三大基本力量相互作用、相互影响，决定了高等教育变迁的方向[①]。我国学者史静寰在此基础上提出“四要素环绕互动型”的解释框架，认为知识、国家、社会、市场是影响高等教育系统形成和发展的四大核心力量[②]。根据这些观点，我们可以把上述公立高等教育机构的诸多利益相关者概括为政府、市场、社会、高校四大基本力量。由此，依据问责主体的不同将公立高等教育问责分为政府问责、市场问责、社会问责和专业问责四种基本类型。

政府问责是以权力作为“流通货币”的问责。政府是政治系统的典型代表，拥有管理社会公共事业、维护社会公共秩序的强制权力，它以追求权力的最大化作为组织的最高目标。政府要求公立大学与国家利益紧密联系，顺从政府管理并服务于政府设定的优先事务，在更高层次上实现国家目标。在大学功用价值愈益凸显的过程中，政府有理由对公立大学进行一定程度的干预，甚至是全面干预。在政府对公立大学的干预中，权力“流通”于每一项政治决议和管理活动中，体现出鲜明的外在性和权威性[③]。政府问责以科层制、清晰的控制链、单向的信息流、官僚化的学校和系统组织为主要特征[④]。从世界范围来看，政府对高等教育问责的兴趣越来越大，政府仍然是公立高等教育问责的关键角色。

市场问责是以市场机制作为运行机制的问责。“市场可以被认为是人类创造的最引人注目的制度之一。”[⑤]高等教育的准公共产品属性意味着高等教育可以接受市场的调节，公共资源的有限性以及社会不同主体对教育需求的多元化，使接受市场的调节成为大学的一种自觉选择。市场机制以消费者为中心，以竞争律与交换律为基本法则。为了适应竞

---

① 克拉克.高等教育系统：学术组织的跨国研究[M].王承绪，徐辉，殷企平，等译.杭州：浙江大学出版社，1994：159.

② 史静寰.构建解释高等教育变迁的整体框架[J].清华大学教育研究，2006(3)：19－25.

③ 柳亮.美国公立大学问责的演进与运行研究[M].北京：知识产权出版社，2020：46.

④ Macpherson R S. Educative Accountability：Theory，Practice，Policy and Research in Educational Administration[M]. Oxford：Pergamon，1996：44.

⑤ 青木昌彦.比较制度分析[M].周黎安，译.上海：上海远东出版社，2001：1.

争日益激烈的社会生活环境，作为特殊“商品”人才和知识的生产者的高等学校，一方面需要接受市场公平竞争、优胜劣汰的竞争法则，另一方面需要与外界其他组织发生价值规律基础上的交换关系。公立高等教育市场问责立论基调是消费者的自主权和选择权，推动公众身份向“消费者”转变①。要求公立高校导入竞争律和交换律，回应消费者需求，满足受益者预期，富有效率地参与市场竞争和资源交换，进而为自身谋取资金、人才、优质生源、优秀师资、声望等更多更好的资源。市场问责体现的是公立高等教育机构对市场的适应力和应答性。然而，就高等教育自身的特性而言，“纯粹的”市场协调是行不通的；只能设计准市场在高教部门运行②。

社会问责是基于影响力的问责。社会是由观念、制度和物质基础三个要素组成的人类关系网络。社会力量既可以指有形的、不同于政府等强科层化组织的人群聚合体，如社区、社团，或特定利益群体所具有的能力与作用，也可以指无形的、由文化认知及传统习俗所产生的影响与约束力③。高等教育的社会问责是指社会力量以不同形式介入高等教育，影响高等教育，甚至塑造高等教育。它应当至少有两条进路：一是国内学者普遍认为的由社会组织直接影响和干预大学事务；二是将社会的教育诉求上升为公共议程，并影响政府决策与行政活动，从而间接作用于大学④。它要求社会组织积极参与高等教育活动，对高等学校的活动进行有效监督。同时，将多样化的复杂的社会需求投射到高等教育发展中来，变成社会对高等教育的价值侧重和行为期待。最终，把公立高等教育建设成“公民社会的自我调节部分”，使高等学校完成诊断和形成社会舆论、引导社会价值观和社会行为、提升社会公平、增加社会福祉等基础性和具有重要社会意义的任务。

专业问责是基于知识逻辑的问责。专业问责聚焦于特定领域中的行为准则或平行的同辈审查，遵从源于专业社会化、个人信念、组织训练

---

① 柳亮，苏梅玲. 高等教育问责：概念、类型与特点[J]. 黑龙江高教研究，2018(6)：45－48.

② 范富格特. 国际高等教育政策比较研究[M]. 王承绪，等译. 杭州：浙江教育出版社，2001：408.

③ 史静寰. 构建解释高等教育变迁的整体框架[J]. 清华大学教育研究，2006(3)：19－25.

④ 柳亮，苏梅玲. 高等教育问责：概念、类型与特点[J]. 黑龙江高教研究，2018(6)：45－48.

或工作经验的专业规范①。大学之所以能够成为在所有中世纪机构中，时至今日仍然“留存下来”，并且“依然与当时的面貌极为相近的唯一机构”，其与知识密不可分的关系，以探求知识为基础，以生产、传播和应用知识为主要职能的组织特性是重要因素②。也就是说，大学探求真理、发展学术的内在逻辑赋予专业问责存在的合理性与合法性。公立高等教育专业问责是在高等教育自我逻辑的范畴内加强自我约束和他律。它遵循“顺从专家”导向，通过学校教师或专业化组织的专家审查、同行评议等方式对学校的事务进行问责，既对外部的评议要求作出回应，同时坚守大学作为功能独特组织的自主性和独立性。

2.1.2 问责客体：向谁问责

2.1.2.1 公立高等学校是问责客体

就其属性而言，公立高等教育机构是这样的机构：以探索、追求、捍卫、传播真理和知识为目的，继而负有引导社会价值观和社会行为之使命，对人的素质改善和提高、社会文明进步和国家发展具有不可替代之重大影响力、推动力的教育机构和学术组织，是研究和传授科学的殿堂、教育新人成长的世界。它们不仅是人类社会的科学脊梁，还是人类社会的道德良心、推动人类社会文明进步的力量和国家民族发展的希望③。

高等教育问责制是与权利(权力)及其行使相共生的一种责任制度，体现一种谁的责任由谁承担的原则。教育是一种集体责任，实现高质量的教育是所有教育利益相关者的责任。教育成果的出现有赖于履行共同责任，问责不应简单地依赖单一行动者④。因此，从广义上讲，所有的高等教育利益相关者是高等教育问责的客体。从狭义上讲，公立高等教育问责的客体是公立高等教育系统，这一系统是由一所所公立高等学校组合而成的。问责的客体从广义上讲是多元的，但是，本研究难以对多元的客体一一涉入，只选择以公立高等学校作为问责的客体进行研究。

---

① 柳亮. 美国公立大学问责的演进与运行研究[M]. 北京：知识产权出版社，2020：37.

② 史静寰. 构建解释高等教育变迁的整体框架[J]. 清华大学教育研究，2006(3)：19－25.

③ 眭依凡. 大学的使命与责任[M]. 北京：教育科学出版社，2007：36－37.

④ Accountability in Education: Meeting Our Commitments(Global Education Monitoring Report 2017/18)[R]. Paris: UNESCO, 2017: 5.

作为一个实体的公立高等学校，既可以作为权力的行使者发挥问责主体的作用，又必须作为问责客体回应内外部利益相关者的价值诉求和利益期待，就教育资源的使用情况、职责的履行情况向问责主体进行描述、说明、解释和证明，并在其出现消极结果时，基于法律、政治、社会或道德方面的依据接受问责主体的惩罚和责任追究。

2.1.2.2 现代公立高等学校的组织特征

现代公立高等学校的组织特征从本质上说，是融“学术性”与“契约性”为一体的一组契约联合网络[①]。

在谈到现代高等教育的功用时，人们常常谈及两种高等教育哲学，即高等教育认识论和高等教育政治论的冲突与对立。认识论认为，高等教育要体现崇尚科学、追求和传播真理的使命，以“闲逸的好奇”的精神追求知识，“为知识而知识，为学术而学术”，并将此作为工作的核心与重点；而政治论则认为，高等教育探索深奥的知识并不只是出于对知识的好奇和知识本身，而是需要对社会的变化产生积极反应，及时介入社会生活，造福于社会，对国家发展发挥深远影响，这才是高等教育发展的重要使命。这种冲突与对立的观点绵延在现代高等教育发展过程中。然而，认识论和政治论之间的冲突与对立只是问题的一个方面，二者之间还存在着整合与统一的一面。二者之间的矛盾并非是非此即彼、不可调和的，它反映了理性价值和工具价值的对立统一。对高等教育功能的不同认识，反映了高等教育的不同组织属性：认识论反映的是高等教育的学术性，政治论则反映的是高等教育的契约性。

学术性是高等教育自产生以来到今天得以延续存在的内在逻辑和前提属性。布鲁贝克在谈到高等教育的本质属性时，使用的关键词是“高深学问”[②]。伯顿·克拉克则进一步指出，“知识材料，尤其是高深材料，处于任何高等教育系统的目的和实质的核心。不仅历史上如此，不同的社会也同样如此”[③]。无论时空如何变化，作为一种功能独特的组织，大学之为大学的基本价值和品性并没改变。从中世纪产生以来，作

---

① 李维安，王世权. 大学治理[M]. 北京：机械工业出版社，2013：24.

② 布鲁贝克. 高等教育哲学[M]. 王承绪，郑继伟，张维平，等译. 杭州：浙江教育出版社，2002：2.

③ 克拉克. 高等教育系统：学术组织的跨国研究[M]. 王承绪，徐辉，殷企平，等译. 杭州：浙江大学出版社，1994：12.

为不同于企业、政府和其他非营利组织的组织，大学之为大学的逻辑前提是学术性。这种内在逻辑犹如大学的灵魂，贯穿在从中世纪大学到现代大学的发展过程中。无论在哪个历史时期和哪种社会形态下，“学术”一直是大学发展的中心范畴，并且无论是教学、科研，抑或服务社会，大学所承载的这些使命无不与“学术”密切相关①。离开了“学术”，大学就有可能沦落为其他类型的组织，或被其他组织取代。

而契约性则是为构建现代高等教育新秩序而产生的并由此成为现代高等教育得以存在的另外一个重要属性。到了现代，特别是二战以后，随着科技的迅速发展、高等教育民主化与大众化的推进，大学从社会的边缘逐步走向社会的中心，被誉为“社会的轴心机构”。随着社会和国际竞争的加剧，知识和人才比以往任何时候都更加重要，作为知识的生产者、传播者和人才的培养者的大学对国家与社会的发展与繁荣比以往任何时候都重要。高等教育机构逐渐成长为典型的利益相关者组织。由此，大学与包括政府、企业、社会组织、教师、学生等在内广泛的内外部利益相关者缔结的契约，成为大学得以存在的前提条件。这种缔结契约行为便是大学契约性组织属性的体现。社会契约处于一个国家高等教育事业发展的核心位置，它是证明高等教育机构政治合法性和社会合法性的需要，体现的是公众及其代表对高等教育机构的尊重与信任②。如果说自主权是现代大学的特有权利，那么，这必然是以完成社会责任、推动社会发展，并与外界环境相互作用为前提。契约虽然是大学与不同利益相关者之间的一种基于自由合意的非法律约定，但是却对双方的行为产生巨大的引导力与约束力。互惠是社会契约的一个基本原则，它在大学和内外部利益相关者之间发挥了牢固纽带的作用，使得基于一定的信念的契约关系网络得以形成。为获得有利于自身的利益，使自身的各方面活动得以顺利进行，大学在从内外部获取支持的同时，必须积极回应内外部利益相关者的需求，肩负起不同方面赋予它的使命和责任。今日的大学已不再是弗莱克斯纳所言及的统一的“有机体”，而是有着多项目标、多种功能的多元化巨型大学，大学与外部的边界变得模糊。

---

① 王世权，刘桂秋. 大学社会责任的本原性质、履约机理与治理要义[J]. 教育研究，2014(4)：85－93.

② Leveille D E. Accountability in Higher Education：A Public Agenda for Trust and Cultural Change [R]. Berkeley：Center for Studies in Higher Education，2006：13.

在这个网络中，受各利益相关者的“缔约活动”和“学术活动”的交互影响，大学兼备了“学术性”和“契约性”双重属性①。学术性和契约性，不仅产生有先后，在大学组织属性的排列上也有先后。其中，学术性是大学的本质属性，作为探索与传播高深知识的组织，大学承担其他社会组织无法承担或不适合承担的独特责任。契约性体现出大学以知识为中介，满足利益相关者期待、对社会长远发展做出贡献的延展性功能，它是现代大学不可或缺的属性。但契约性的实现必须以尊重大学主体价值追求为前提。

2.1.2.3　公立高等学校内部的责任共享

就公立高等学校而言，它作为社会的重要单元和组织，是权力与责任的统一体。一方面，学校依法拥有教育公共权力，按照法律法规行使其权力；另一方面，作为问责客体，为获取自身利益的交换，需要有效地履行内外部的责任。

但是，作为一个组织，公立高等学校的责任则表现为其内部诸多利益相关者的共享责任(shared responsibility)。作为不同利益相关者的“利益共同体”，高等学校的各个内部利益相关者结成了复杂的契约关系网。在内部权力制衡和共识重叠的前提下，高校内部利益相关者共同推进对高等学校整体利益的实现，以整体的形式与外部利益主体形成资源与利益的交换。所谓共享责任，是“直接参与服务交换的各方通过口头和实际努力，对服务结果相互依赖或相互问责”②。在公立高等学校内部，教师、学生、行政人员、决策者等高校内部不同利益相关者的共享责任，是一种“对称问责计划”。它既体现出不同利益相关者基于整个学校整体利益实现这一共同信念的相互依赖和共同治理，又反映出不同利益相关者基于不同利益取向的权力制衡和相互制约。

首先，这种责任共享表现为在校、院、系之间基于权力制衡基础上的责任对称。不同层级掌握着人、财、物等资源的分配，制订执行各类计划，管理教学科研，保障学校的安全以及协调校内外关系，既是公权力的

---

①　李维安，王世权.大学治理[M].北京：机械工业出版社，2013：24.

②　Sierra J J，Heiser R S，McQuitty S. Exploring Determinants and Effects of Shared Responsibility in Service Exchanges[J]. Journal of Marketing Theory and Practice，2009(17)：111.

执行层，又是相对责任的承担者。院系相对于学校来说是一种隶属关系，但同时又有自身规定性，具有自身的权力结构和运行机理。因此，为实现高校内部责任共享，需要实现高校内部权力中心下移，激发内部组织活力，同时又需要保障不同层级各司其职、各负其责，保障以内部的协调整合来促进学校的整体发展。

其次，这种责任共享具体表现为学术力量和行政力量两大基本力量之间及其各自内部之间的责任对称。高校内部不同主体间既是高度离散的，又具有一定的整合趋向。正如美国学者伯顿·克拉克所指出的："要考虑在更大规模、更加专门化和更加复杂的持续打击下，学术系统的系统象征方面崩溃的可能性。学术系统的离心力趋势是强大的。然而，这种趋势使学术系统的各个层次产生了反作用，产生了重新整合所需的新的象征联系。"[①]每个主体都要为学校办学目标的实现承担责任。每个主体的利益不仅取决于自己采取的行动，还取决于其他主体采取的行动。最终，依据权利/权力的占有情况，决定谁的责任谁来承担。

2.1.3 问责内容：问责什么

2.1.3.1 高等教育责任即公立高等教育的问责内容

公立高等教育问责的内容主要涉及问责主体即各利益相关者对问责客体即公立高等学校问责什么。公立高等教育问责实现的前提，是问责内容必须具有可列举性和可陈述性，问责客体明确问责的具体内容，可以防止行为的异化，促进合理行为的发生，尽可能使自身行为符合问责主体合理的价值期待；同时问责主体可以据此实施有效的监管，并在出现否定性结果或不良后果时对问责客体进行责任追究，必要时进行惩戒。

关于公立高等教育问责的内容，从理论上存在着"社会义务承担说""大学使命说""大学职能说"，以及"大学责任说"等诸多观点。鉴于义务、使命、职能和责任的内在耦合关系，本研究采用"高等教育责任"一词来框定公立高等教育问责的内容。这反映了责任与问责之间的天然性

---

① 克拉克．高等教育系统：学术组织的跨国研究[M]．王承绪，徐辉，殷企平，等译．杭州：浙江大学出版社，1994：86．

联系，“哪里有责任，哪里才会有问责的存在”。

责任是行政伦理学的核心概念。而对于什么是责任，则众说纷纭，莫衷一是。美国行政伦理学权威专家特里·库珀(Terry Cooper)对于责任来源做出了相对清晰的阐释。他把责任分为客观责任和主观责任两个方面。客观责任与外部影响因素有关，它包括两个方面：对某人或某集体负责；对某一任务、人员管理和实现某一目标负责。前者是职责，后者则是应尽的义务。客观责任来源于法律、组织机构、社会对主体的角色期待。主观责任来自主体内部，是指情感、价值观和信仰赋予主体应完成的任务①。我国学者程东峰则对责任做出了符合中国哲学智慧的伦理阐释，他指出，“责任是行为主体对在特定社会关系中必须完成任务的自由确认和自觉服从”。责任首先是任务，是行为主体在特定的社会关系中必须完成的任务，行为主体完成这一任务是保证社会运行和发展的需要，也是行为主体生存进步和价值实现的需要。责任并不等于任务，只有行为主体自由确认和自觉自愿去完成的任务才叫责任②。根据这些观点，本研究尝试将高等教育责任界定为：高等教育机构在复杂的内外部关系中对自身必须完成任务或分内必须履行使命的自由确认和自觉服从。高等教育机构承担的责任来源于两个方面：一方面是客观责任，即内外部利益相关者对高等教育机构实现公共利益、促进人类社会进步的角色期待，“角色是客观责任的逻辑起点”，它包括高等教育机构对国家的责任、对社会的责任、对学生的责任、对教职工的责任、对校友的责任、对科研经费提供者的责任、对其他利益相关者的责任；另一方面是主观责任，即高校基于自身的价值观、信念和态度对自身必须完成任务或分内必须履行使命的内在约定。外部的客观责任只有内化为内部的自觉意识，使得高等教育机构基于社会的良性运行而主动承担起某些方面的责任，这样客观责任才能转化为高等教育机构对公共利益的执着追求。而内在责任则是一种纯粹自发的道德自律和排除任何强制和功利的自我价值评判，是超过外在法律和约束的对社会义务的伦理补充。高等教育机构通过承担客观责任和主观责任，不仅增进社会公共利益，

① 库珀.行政伦理学：实现行政责任的途径[M].张秀琴，译.北京：中国人民大学出版社，2001：74－85.

② 程东峰.责任伦理导论[M].北京：人民出版社，2010：3，23－29，340－343.

引领人类社会进步，同时也实现自身不断发展改进。在高等教育发展史上，高等教育机构在履行教学、科研和社会服务基本职能的过程中，对高等教育责任的内涵作出了积极的、富有创造性的判断与选择。

2.1.3.2 高等教育责任的范畴

高等教育责任的范畴是什么？它是一个随着广泛的社会期望的发展、大学自身价值认定的变化而不断演进的动态的内容范畴。截至目前，高等教育责任包括作为社会机构的大学所承担的一切责任，即除人才培养、发展科学和直接为社会服务三项基本职能外，还包括促进人类和社会健康文明发展的各项有意义的活动，比如民主、健康、文化交流等①。

世界上不同的学者对高等教育责任的范围提出了不同的观点。美国著名学者马丁·特罗将高等教育责任分为法律和财政责任、学术责任。法律和财政责任是指高等学校依法报告资源是如何使用的责任；学术责任是指高等学校告知内外部其他群体这些资源是如何促进教学、科研和社会服务的，以及达到何种效果的责任②。简言之，马丁·特罗将高等教育责任分为报告资源使用情况和教学、科研与社会服务使命达成情况两大部分。美国哈佛大学前校长德里克·博克将高等教育责任分为学术性责任和非学术性责任。学术性责任包括：通过高等教育增加教育机会，促进学生道德发展；通过学术研究、技术转让，创造新的产品和产业，对外技术援助等。非学术性责任包括大学对社区所负的责任，大学在接受捐赠过程中所负的责任，大学对待社会问题的政治立场，大学在政治斗争、利益斗争过程中所负的责任等③。这一分类显然是基于20世纪80年代美国高等教育发展状况而提出的，不具有普适性。我国学者胡赤弟将高等教育责任分为学术责任和社会责任。学术责任是大学的最根本、最传统的责任，是大学保护学术自由的基本条件，包括对高深学问的研究和对高层次人才的培养。社会责任是大学作为一个重要的

---

① 胡赤弟.高等教育中的利益相关者分析[J].教育研究，2005(3)：38－46.

② Trow M. Trust，Markets and Accountability in Higher Education：A Comparative Perspective[J]. Higher Education Policy，1996(9)：309－324.

③ 博克.走出象牙塔：现代大学的社会责任[M].徐小洲，陈军，译.杭州：浙江教育出版社，2001：352.

社会机构所必须承担的责任，主要从外部来理解[①]。每一项新的社会责任的确立反映出大学自身发展与社会发展之间的紧密关系，大学自身发展诉求与人类社会需求是承担社会责任的动力。我国学者王世权、刘桂秋则在利益相关者和大学缔约类型的基础上，将高等教育责任细分为学术责任、育人责任、政治责任、法律责任与伦理责任。学术责任的履行一方面体现了大学的研究功能(或者说知识创造功能)，另一方面更多地满足了具有专用性或专有性人力资本的价值诉求；育人责任彰显了人才培养功能(或者说知识传播功能)与社会服务功能，其有效履行会满足学生与企事业单位对人才增值的需求；政治责任是指大学在实践中承担着对政治思想进行引导、为国家现实提供政治应用及学术的政治批判等责任；法律责任是指大学作为一个行为主体，无论履行哪类契约，都必须遵循最基本的法律法规要求(如大学章程、高等教育法)；伦理责任是指大学追求自身目标的实现，必须在一定的伦理规范框架下进行，这反映了社会成员对大学的道德要求[②]。这种分类是基于问责的内容和问责的依据进行的。本研究采纳马丁·特罗的分类方法，将高等教育责任分为资源使用情况和高等教育三大使命达成情况两大类别。

2.1.3.3 高等教育责任的边界

高等教育责任涵盖了作为社会机构的大学所承担的一切责任，那是不是意味着高等教育责任广泛无边，没有边界了呢？现实中的情况也是如此，大学开始积极地承担起各种社会责任，主动地甚至前摄性地考虑越来越多样化的利益相关者的要求。

在这方面，边界意识是非常重要的。边界意识强调，人生活的世界的每一个领域的产生、运动和演进都有着属于自己的、特殊的目的、功能和需要，这些目的、功能和需要是每一个领域所特有的，这一点可以概括为此领域的“自成目的性”。同时，边界意识强调每一个领域所具有的内在“有限性”和“相对性”，而且，恰恰因为这种有限性和相对性的存在，每个领域才获得了其自身的规定性[③]。高等教育责任同样需要确定自身

① 胡赤弟.高等教育中的利益相关者分析[J].教育研究，2005(3)：38-46.

② 王世权，刘桂秋.大学社会责任的本原性质、履约机理与治理要义[J].教育研究，2014(4)：85-93.

③ 贺来.边界意识和人的解放[M].上海：上海人民出版社，2007：118.

的“自成目的性”、内在的“有限性”和“相对性”,其确定必须遵循合乎理性的边界。边界意识可以帮助高等教育机构建立身份自觉,主动承担起内在规定性的责任,确立高等教育存在的合理性和合法性。同时,能够使高等教育机构在功能上区别于其他组织和机构,强化自身的合理价值与表达。也就是说,高等教育机构在履行责任的过程中既要以实现公共利益为目标,也要以实现自身的必要利益为目标,既不能造成没有伦理的高等教育,也不能造成没有高等教育的伦理学。

现实中的高等教育机构越来越积极地承担起各种责任,主动甚至前摄性地考虑其利益相关者的利益诉求,并将这些复杂的、矛盾的利益诉求转化为自身的自觉行动。高等教育机构对外部令人眼花缭乱的复杂变化的反应非常迅速,有时到了过分迎合的地步,以致使服务的功能部分淹没了教学与科研的功能,使眼前的、实际的利益代替了探求真理、培养人才的长远的、根本的使命。如果高等教育机构过分越界承担本不属于自身范畴内的责任和义务,或者管理部门试图强制高等教育机构在所有方面承担责任,那么,必然引起高等教育问责的失败,进而造成高等教育秩序的混乱、高等教育发展的受损甚至出现高等教育本体危机。“首先,组织可能试图在错误的意义上承担责任。其次,或许更糟糕的是,一个组织可能试图在所有方面都负起责任,试图满足相互冲突期望的组织可能会运转不良,试图取悦每个人,结果却不能取悦任何人。具有讽刺意味的是,这可能包括在任何可以想象意义上的问责失败。”①因此,正如美国学者所一再告诫的,“既然大学具有为公众服务的重要功能,那么,在确定自身的社会责任方面应该认真对待由此而付出的代价”②。

2.1.4 问责方式:怎样问责

不同的问责主体使用不同的问责方式。政府多使用评估、认证、法律、审查、拨款等方式,市场采用声誉与品牌等方式,社会采用认证、评价、评估、调查等方式,高校采用自我报告、自我评估等方式。总体来说,问责方式包括评估、认证、绩效问责、大学排名、法律问责等。这些方式彼此之

① Koppell J. Pathologies of Accountability: ICANN and the Challenge of "Multiple Accountability Disorder"[J]. Public Administration Review, 2005(1): 94-98.

② 博克. 走出象牙塔:现代大学的社会责任[M]. 徐小洲,陈军,译. 杭州:浙江教育出版社,2001:341.

间有差异，但它们却遵循基本的流程，即职责、指标、实施、报告、奖惩。不同的问责方式可能在某些情况下，对教育的某些方面有效，而在另一些情况下，对教育的其他方面有害。没有哪一种方式在任何时候都普遍有效①。

2.1.4.1 评估

随着世界高等教育大众化乃至普及化的进展，高等教育质量成为人们所关注的中心议题。国际高等教育质量保障运动愈演愈烈，各国从国情出发构建外部质量保障组织体系，并作为政府展示高水平业绩的一种公共责任。政府与公众对高等教育质量的关注使得高等教育评估大行其道，快速发展。可以说，当今高等教育迎来了一个评估时代，评估范围之广泛，形式之多样，内容之丰富，在历史上都是空前的。高等教育评估是在教育测量的基础上引入高等教育目标和标准，对高等教育工作是否达到目标和标准及其达到的程度做出价值判断，其目的在于为改进高等教育管理提供依据，从而不断提高办学水平和教育质量②。评估是持续过程的一部分，在这个过程中，对周期的各个部分进行修改和监控。

从世界范围来看，高等教育评估的主体有的是政府官方教育行政管理机构，有的是由非官方的、独立的第三方机构，而且，各国普遍的做法是由大学进行自我评估。例如，我国由教育部对高等学校及学科直接进行评估；美国由一个综合性的评估中介机构来控制全国分散的专业评估中介机构，所有机构一般都是非官方性质的；在荷兰，非官方中介机构“荷兰大学协会”负责对高等学校的评估工作；在韩国，作为高等教育主要评估机构的韩国大学教育协议会是韩国为数不多的大学民间团体。高校自我评估在高等教育评估中占有重要位置，其主要任务是学校有目的地收集自身各个方面的数据信息。通过资料的收集，学校对自身各个系统体制以及各环节之间的联系与作用会有一个新的全面的认识，并在总结经验与不足的基础上找到未来改进的方向，调整自身发展战略。

从高等教育评估的内容来看，由于对高等教育质量内涵诠释的不同，各国高等教育评估的内容也有较大差异。“评估”一词的定义很宽

① Accountability in Education：Meeting Our Commitments(Global Education Monitoring Report 2017/18)[R]. Paris：UNESCO，2017：2.

② 刘尧. 中国高等教育评估的问题、对策与发展趋势[J]. 高教发展与评估，2006(6)：1－6.

泛，任何活动或课程中的任何结果或目标都可以成为评估的一部分。有的国家注重高校资源利用情况，有的国家注重评估学生学习成果，有的国家注重实际教育内容，有的国家注重毕业生质量。例如，美国高等教育评估基本包括学校评估和专项评估两种类型。学校评估由地区和全国大学评估委员会组织，主要针对已取得办学资格的学校。虽然评估有一定的周期(通常为 10 年)，但评估机构保留在任何时候对成员学校进行复审的权力。专项评估是由商学、医学、工程和法律等领域的全国专业组织设立的委员会进行。每一个委员会都有其标准和操作程序。评估主要是为了保证大学维持学术标准、优化学校管理、进行资格认定等[①]。美国重视对学生学习结果的评估，利用学生学习的经验数据来完善课程和改进学生的学习。作为一个连续的过程，评估为学生的学习建立可衡量和明确的学习目标，为学生提供足够的学习机会来实现这些目标，并实施系统的收集、分析和解释证据的方法，以确定学生的学习现状与期望的匹配程度，利用收集到的信息为学生学习的改进提供数据支撑。评估的方法也存在较大差异，有的主要使用标准化的统计数据，有的注重高校在利益相关者当中的声誉。

2.1.4.2 认证

认证也是世界上发达国家高等教育质量保障过程中广为人知且行之有效的一种形式，同时也是最为高校苛责的方式之一。“认证”一词源自拉丁语“accredere”，涵义为“赋予信任”。当前，认证是指一种对某一机构和组织完成特定工作之能力的正式认可。认证包括四个要素：第一，认证的目的在于审核一个特定的对象是否符合特定的标准；第二，认证由一个中立的机构来实施；第三，认证有着正式化、规范化的程序和标准；第四，认证包括自我评估和外部评估[②]。认证最初旨在协助高等教育达到一个较令人满意的水平，是通过确定各大学的教学任务、层次等服务于公众，同时，认证可协助公众认识接受教学质量所达到的水平[③]。在高等教育认证过程中，高等教育机构由外部机构进

---

① 陈欣. 高等教育问责制度国际比较研究[M]. 北京：中央编译出版社，2014：108.

② 孙进. 德国高等教育认证：机构、程序和标准[J]. 高等教育研究，2013(12)：88－95.

③ 博格，霍尔. 高等教育中的质量与问责[M]. 毛亚庆，刘冷馨，译. 北京：北京师范大学出版社，2008：34.

行评估，以确定是否符合标准。如果符合标准，机构将授予认证资格。认证体现的是从注重高等教育发展过程向注重高等教育发展成果的转变。

高等教育认证从美国开始发展，目前已经被很多欧洲国家和日本、韩国、菲律宾等亚洲国家广泛运用。认证已成为最主要的问责方式之一，因为这是保证公众对高等教育信心的非常必要的手段。在实施认证的大多数国家，高等教育认证职能是由政府机构，如教育部来执行的。然而，在美国、德国、荷兰等实施高等教育分权的国家，认证是由独立于政府之外的第三方机构执行。例如，美国的高等教育认证委员会(Council for Higher Education Accreditation，CHEA)是一个非政府组织，它记载有175个国家的467个质量保证机构、认证机构和教育部的联系信息。这些质量保证机构和认证机构已获得各自政府的授权，可以作为政府机构或私人(非政府)组织运营。德国高等教育认证体系包括1个认证委员会和10个认证代理机构。其中，认证委员会负责制定对认证代理机构进行认证的标准，并监督认证代理机构的工作，其人员构成结构可以保证所有的利益相关者都能参与到认证过程中来，体现出民主性的特点。认证代理机构是具体实施评估和认证的机构，它只有在通过认证委员会的认证之后才能对高校进行认证[①]。从认证的范畴来看，高等教育认证包括课程认证、专业认证、体系认证、学校认证、对认证代理机构的认证等内容。通过认证的机构和组织才有资格从事相关的工作。例如，荷兰高等教育认证包括院校审计、学位项目质量认证和特色评估三个方面。院校审计旨在培育高校内部质量文化，审计结果作为学位项目质量认证的主要依据；学位项目质量认证关注教育本质，致力于提升教育质量，并保持项目评估与质量提升的适度平衡；特色评估用来对国内外同类学位项目进行分析与比较，有助于增加高等教育的多样性[②]。德国的高等教育认证分为专业认证、体系认证、对认证代理机构的认证三种主要认证形式。其中，专业认证的对象是高校所开设的学士和硕士专业，或是某几个相近专业的集合，目的在于保证德国高校所开

① 孙进.德国高等教育认证：机构、程序和标准[J].高等教育研究，2013(12)：88－95.

② 刘学东，汪霞.荷兰高等教育认证发展研究[J].教育研究，2016(9)：143－151.

设的学士与硕士专业的质量、透明度、等值性以及多样性；体系认证旨在审查高校内部与教学相关的质量管理体系能否保证该校所开设的学士和硕士专业符合既定的质量标准；对认证代理机构进行认证的对象是认证代理机构本身，认证的主体是认证委员会①。许多大学很容易遵守认证者的高校改进指南，因为这些高校相信认证可以帮助学生提高学习成绩，所以能够并且愿意将稀缺的资源用于助力学生成功②。

2.1.4.3 绩效问责

绩效问责是广泛运用于西方发达国家的改革实践。20 世纪 80 年代以来，西方发达国家开始了影响深远的行政改革实践，从公共行政向公共管理转型，从政府管理向政府治理转型，与此相伴的是"绩效优先"成为政府治理重要的方向。在推动高等教育改革与发展的进程中，"绩效优先"正成为席卷全球的教育管理的主导理念和方向性的行动策略③。在赋予大学更多办学自主权的同时，引进市场竞争机制，讲求绩效责任，如要求高校根据其办学目标建立公开透明的报告制度，或委托社会机构对高校的办学绩效进行调查评估并及时向社会公布等，以回应新公共管理所要求的经济、效率与效能的"三 e"原则④。绩效问责的目的是激励高校的活力，提高高等教育效率和效能。为了有效地运行绩效问责，通常要求较高的透明度、宽泛的绩效定义、良好的信息沟通渠道和灵活的决策自主权。

在公立高等教育领域，强调以绩效为导向问责制，出现了三种相关的绩效问责方式：绩效拨款、绩效预算和绩效报告。绩效拨款是指政府的财政拨款不是与高校的入学人数相联系，而是直接与高校的绩效表现相联系，高校如果达到了既定的绩效标准，就会得到政府指定数量或比例的奖励性拨款。绩效预算是指政府官员和立法者及议员以学校绩效指标的显著成果作为审批学校获取公共资源的依据之一。绩效报告

---

① 孙进. 德国高等教育认证：机构、程序和标准[J]. 高等教育研究，2013(12)：88 - 95.

② Kelchen R. Higher Education Accountability[M]. Baltimore：Johns Hopkins University Press，2018：152.

③ 操太圣. 遭遇问责的高等教育绩效化评价：一个反思性讨论[J]. 南京社会科学，2018(10)：129 - 136.

④ Milliken J，Colohan G. Quality or Control? Management in Higher Education[J]. Journal of Higher Education Policy and Management，2004，26(3)：381 - 391.

是指公立高校借助书面报告向政府和公众发布高校的绩效信息，通过信息公开来进一步提高高校的绩效，它与高校获得的拨款没有形式上的关联。

绩效问责是利用财政激励措施和竞争性经费作为杠杆的间接问责方式，强调将公立高校的发展和绩效指标结合在一起，作为激励公立高校继续在这些重要目标上取得进展的动力。绩效指标是绩效问责政策的核心，它表现为结构化"数量群集"，问责者以此来反映高等学校的办学质量。结构式的量化判断方式主要是基于对质量的观念性理解形成反映质量的指标群集，将这些指标作为观察要素，去聚集查看所要评价的高校并进行比较，属于演绎式的方法论应用①。各国使用的绩效指标差异较大。例如，澳大利亚高等教育绩效指标归结为以下五类：学生绩效指标、教职员工绩效指标、财政绩效指标、科研绩效指标和结果绩效指标。其中，结果绩效指标涉及较多关于教学质量和学生学习结果的内容，是评价高校教学质量的重要依据，主要包括进步度、退学/保有率、毕业生就业率、继续深造率、起薪、课程总体满意度、优秀的教学和基本技能 8 项②。

绩效问责实施过程中最根本的一点是对绩效的理解和诠释。绩效是一个相当复杂的概念，其内涵在使用过程中会因人们关注的焦点不同而有各异的解释，例如：从"贡献"的角度理解，绩效评判者会将其视为高校中个体或集体在教育活动中的有效工作量和所作出的成绩和贡献；从"过程"的角度理解，绩效评判者会将其视为高校中个体或集体在与外部环境进行互动时的能力发挥与形成效果的统一过程；从"目标"的角度理解，绩效评判者会将其视为高校个体或集体在预定期限内实现官方政策预期目标的程度③。例如，美国很多州从目标和贡献的角度来测量高校的绩效，对于州政策的每一类目标、高校对州和其他组织的贡献，通常会设定一些具体的指标来测量。测量教育质量和成效的指标有入学新生的 ACT 和 SAT 分数、师生比、班级规模、学生在全国统一考试中的表现、完成学位的时间、毕业率、就业率等。测量机会-多样性-平等的指标

① 张男星，王春春，姜朝晖. 高校绩效评价：实践探索的理论思考[J]. 教育研究，2015(6)：19－28.

② 陈欣. 高等教育问责制度国际比较研究[M]. 北京：中央编译出版社，2014：199.

③ 操太圣. 遭遇问责的高等教育绩效化评价：一个反思性讨论[J]. 南京社会科学，2018(10)：129－136.

有各种族数量的巩固和毕业率、学生受资助情况、教师种族多样性、肯定性计划的进展情况以及学生的种族特征。测量对州的贡献设定以下指标:高校的课程设置与就业需求的关系、毕业生在关键领域的就业数量、对州的经济影响、继续教育的方式和雇主的满意度。测量与其他教育部门的联系与贡献设定以下指标:补习教育的效果、对高中教学效果的反映等[①]。法国、奥地利、西班牙和智利的绩效合同允许高校履行其承诺,并由此获得额外资金,实现教育部和各高校商定的若干国家目标。在许多国家,鼓励高等教育机构制订战略计划,制订未来发展规划以及为实现战略目标拟采取的具体行动。

但是,基于当下全球高等教育的实践,并不能认为绩效问责是放之四海而有效的问责实践。在这方面,范蒂尔(Van Thiel)和莱乌(Leeuw)曾经提出一个非常重要的相关概念——绩效悖论(performance paradox),这一概念揭示了被测量的结果和被问责组织实际绩效之间的关系正在逐渐弱化这一现象,指标的误用使得对高校绩效的测量更加困难[②]。也正如联合国教科文组织根据很多国家高等教育绩效问责实践所得出的结论:几乎没有证据能够表明,关注结果而非投入,并且很少进行激励的绩效问责能够改善教育体系。因此,该国际组织强烈支持对承诺的问责,呼吁警惕它变成对结果的问责[③]。

2.1.4.4 大学排名

大学排名是通过声誉这一非物质资产对高等教育机构进行问责的重要方式。自1983年《美国新闻和世界报道》周刊刊载"美国最优秀大学排名"报告以来,大学排名日益受到全球关注。近年来,大学排名和排行榜激增,出现在35个以上的发达和发展中国家中。现在,全球范围内共有国家大学排名50余个,世界大学排名约10个[④]。其中,由政府机构作为主办方的大学排名有12个,由独立机构作为主办方的大学排名有

① 王淑娟.美国公立院校的州问责制[M].北京:知识产权出版社,2010:129-130.

② Van Thiel S,Leeuw F L. The Performance Paradox in the Public Sector[J]. Public Performance and Management Review,2002,25(3):267-281.

③ Accountability in Education:Meeting Our Commitments(Global Education Monitoring Report 2017/18)[R]. Paris:UNESCO,2017:2.

④ Marope P T M,Wells P J,Hazelkorn E. Rankings and Accountability in Higher Education:Uses and Misuses[R]. Paris:UNESCO,2013:190.

14 个，15 个大学排名是由媒体作为主办方。不同的主办方进行大学排名的目的各不相同。政府机构进行大学排名的目的在于为本国高等教育机构寻找一个全球位置，旨在发展本国高等教育；而独立机构与媒体进行大学排名则多少有一些商业目的掺杂其中①。

总体来看，大学排名是把某一区域乃至全球的大学放在由教学、研究、社会服务和国际交流等方面数量指标组成的有限的可比框架内，根据所收集到的相关大学的数据和信息，对大学进行数量化评鉴，再通过加权对这些大学进行排序。大学排名主办方秉承科学主义，认为大学进行的所有活动成果皆可量化，以此用来比较和排名。因此，各大学排名主办方皆把大学的活动通过文献计量学、数据调查以及同行评议等手段，量化成数字进行统计②。

在大学排名过程中，问责以一种更隐蔽更持久的方式悄悄进行。大学排名在影响公立和私立大学的行为方面非常有效，因为这些机构已经把提高自己的声望作为一个首要的战略目标，并且在提高排名方面进行大量投资③。在这一过程中，声望作为最主要的交换产品，它通过公众舆论的力量对高等教育机构产生巨大压力，进而对高等教育机构的发展产生重要影响。一些高等教育机构可以通过大学排名逐步建立和扩散自己的声望。它们通过竞争获得有助于提高声望的条件，如卓越的学术声誉、优秀的教师、高质量的生源、更多的政府财政支持、更有利的政策和更丰厚的国内外社会捐赠等。这些资源方面的优势条件将助推这些大学取得进一步的发展。相反，那些排名不利的大学会逐步失去提升声望的条件，在竞争中将越来越处于不利的境地。

大学排名的重要意义在于，作为服务于问责的有益工具，满足了政策制定者、学生、企业、公众等不同利益相关者对高等教育透明和信息的需求，提高了对高等教育质量的关注，激励高等教育机构在竞争中提升自身教育质量，提高在国家内部乃至全球范围内的知名度和竞争力。特

---

① 滕珺，屈廖健．反思高等教育排名 重塑世界学术格局：联合国教科文组织《高等教育排名与问责：善用与滥用》[J]．比较教育研究，2014(7)：63－68．

② 滕珺，屈廖健．反思高等教育排名 重塑世界学术格局：联合国教科文组织《高等教育排名与问责：善用与滥用》[J]．比较教育研究，2014(7)：63－68．

③ Kelchen R. Higher Education Accountability[M]. Baltimore：Johns Hopkins University Press，2018：152.

别是自20世纪90年代以来，在世界上高等教育国际化浪潮快速推进，很多国家提出建设世界一流大学目标的背景下，大学排名似乎变得越来越不可或缺。即使认识到这些排名在方法上的局限性，在许多情况下，特别是在缺乏正式质量保证体系的国家，大众媒体向公众提供相关信息，也发挥了有益的教育作用。以波兰为例，当20世纪90年代初开始向市场经济转型，许多私立教育机构开始运作时，人们对关于这些机构各方面质量的信息十分渴求，这促使《珀斯派克特威》(*Perspektyvy*)杂志的所有者发起了该国的第一次大学排名。同样，在日本，许多年来，在没有任何评估或认证机构的情况下，《亚洲新闻报》发表的年度大学排名履行了基本的质量保障职能。

然而，全球范围内对大学排名产生越来越多的质疑，认为它们存在很多问题，可能产生多方面负面影响。这些质疑的焦点在于：评估指标有偏差，不能全方位反映高等教育的责任和使命，过分强调科研职能，而忽视服务于国家经济发展、促进社会公平和传承与创新文化等方面的价值；评估数据不透明，很多大学排名存在伪造数据等暗箱操作现象，结果很难令人信服；以牺牲高等教育多样性为代价导致高等教育趋同化发展，使得高等教育系统分层加剧，马太效应彰显；以西方标准为标准，使得世界高等教育“麦当劳化”现象严重；使得高等教育机构愈发急功近利，市场化行为增加，而远离大学之为大学的本真逻辑；等等。

2.1.4.5 法律问责

高等教育机构及其内部组织和成员作为权力主体，在运用权力的过程中存在利益最大化的倾向。而这种对自身最大利益的追求，则可能导致“公地悲剧”。因而，法律问责作为刚性的行之有效的问责方式，在高等教育问责中理应占有重要地位。

法律问责，简单地说，即问责主体依法追究问责客体的法律责任。法律责任是指问责客体根据教育法律关系内容应承担的某种必须履行的责任。问责客体应承担的某种必须履行的责任是指教育法律规范对其必须作出一定行为或不得作出一定行为的约束，又称法定义务，它以法律规定为前提，不履行者将受到国家制裁，承担不利后果。学校必须履行的责任主要包括：遵守法律、法规；贯彻国家教育方针，执行国家教育、教学标准，保证教育、教学质量；维护受教育者、教师及其他职工的合法权益；以适当方式为受教育者及其监护人了解受教育者的学业成绩及其他有关情况提供便利；遵照国家有关规定收取费用并公开收费项目；依法接受监督；法律、法规规定的其他义务[①]。这里的法律责任，应不仅包括行政法律责任，还包括刑事法律责任，以及违反教育法、高等教育法等法律的责任，在更广的范围上还包括违宪责任。

随着现代高等教育的发展，法律问责成为高等教育的重要规范形式，它通过惩罚和预防高等教育领域的不良甚至违法行为，补救不良行为后果，鼓励促进良性行为的发生，最终对评价和引导高等教育实践，促进高等教育的理性和良性发展，保障社会公共利益具有重要意义。联合国教科文组织甚至建议，“所有教育行动者都可以通过援引法律法规相互问责。相关机制包括政府确保各个层级和机构内部遵守规则，独立审计机构审查预算和财务报告以防止和惩治腐败，学校呼吁家长解释学生无故缺勤的原因。正式行为准则或者（更常见的）道德行为准则构成了教育的社会和专业问责的基础，它要求个人尊重其所在群体及同行认可的责任规范”[②]。

与其他问责方式不同的是，法律问责的范围和方式必须要有法律的明确规定，以法律为唯一的判断标准，法律至上，不受其他因素的干扰。但同时，法律也存在自身的局限性，例如法律形式结构的僵化性、法律的保守性和法律控制的限制性等方面。因此，一方面，需要摒弃高等教育领域内的“法律虚无主义”，继续将法律控制融入高等教育活动之中，依法治教，依法治校。另一方面，要尊重高等教育机构这一独特学术组织的特性，反对“法律独尊主义”发展倾向，达到法律控制和高等教育发展的理性结合[③]。

---

① 顾明远．教育大辞典[M]．上海：上海教育出版社，1998：298．

② Accountability in Education：Meeting Our Commitments（Global Education Monitoring Report 2017/18）[R]．Paris：UNESCO，2017：2．

③ 谭晓玉．当前我国教育法学研究的价值取向：若干问题与思考[J]．清华大学教育研究，2001（1）：56－62．

2.1.5 责任追究:如何处理问责结果

影响问责制度潜在有效性的下一个关键问题是:一所学校或其员工是否会被正式或非正式的问责制度诱导改变行为[①]。责任追究是公立高等教育问责过程中的重要因素,它回答的是问责结果如何处理的问题。责任追究即责任兑现,是问责主体基于责任的约定对问责客体行为结果的质询过程。这一过程既涉及问责客体向问责主体的解释、说明、汇报和辩护,即应答性问责,也涉及问责主体对问责客体良好行为的赞赏和奖励或者对其消极行为和结果的谴责或处罚,即奖惩性问责。不同的国家基于文化背景的不同对问责结果的处理方式是大相径庭的。无论是应答性问责,还是奖惩性问责,都不是目的本身,而是实现最终目的,即帮助高等教育机构行为改进和质量提升的手段。

2.1.5.1 应答性问责

许多研究问责的人认为,问责机制的权力基础是可执行性(enforcement),即可以实施奖励和制裁。然而,戈茨和詹金斯(Goetz & Jenkins)却认为,问责制介于应答性(answerability)和可执行性之间,这两者同等重要,但这两者都不够充分[②]。应答性引发了一场关于原因、思考、辩解的对话。应答发生在事实之前和之后,但都需要行为的正当理由。在某种程度上,一个问责制框架包含了给定的原因,也包含了应答部分。

学者伯克(Burke)指出,“权力是不透明的,而问责是公开的”[③]。谢德勒(Andreas Schedler)认为,“应答性”(answerability)是与问责最为接近的同义词[④]。亨德里和迪恩(Hendry & Dean)指出,高等教育问责体

---

① Kelchen R. Higher Education Accountability[M]. Baltimore:Johns Hopkins University Press,2018:16.

② Goetz A M,Jenkins R. Voice,Accountability and Human Development:The Emergence of a New Agenda,Background Paper for the Human Development Report 2002[R]. New York:United Nations Development Programme,2003:5.

③ Burke J C. Achieving Accountability in Higher Education:Balancing Public,Academic and Market Demands[M]. San Francisco:Jossey-Bass,2005:1.

④ Burke J C. Achieving Accountability in Higher Education:Balancing Public,Academic and Market Demands[M]. San Francisco:Jossey-Bass,2005:2.

现了整个机构或组织的应答性①。所谓的应答性，是指对自身行为合理合法性的说明、解释和辩护。因此，所谓的应答性问责，是指高等教育机构向内外部利益相关者就资源的使用情况、责任和使命的履行情况进行的解释、汇报、说明和辩护。

从理论上讲，公立高等教育问责是高等教育机构对所获得社会支持的回应机制，也是高等教育机构实现公共利益，证明自身行为合理合法性的反馈机制。公立高等学校从政府、公众、企业、基金会等外部利益相关者处获得大量的资金和资源，同时，作为一个整体系统获得自由研究高深学问的权利。作为回报，公立高等学校有义务有责任对其资金和资源的流向和使用效果以及权利的使用情况进行交代。任何两方问责关系的发生归根结底都起源于双方信息的不对称。问责就是借助一系列促进信息流通的手段，使一方对另一方就约定内容负起责任来。信息的力量是无穷的，但只有在被公开和利用时才是最有价值的②。高校通过信息公开的方式将结果向内外部利益相关者公布。高校在履行责任的过程中，必须为自己的行为给广泛的利益相关者造成的影响负责，这就意味着要能够解释和说明为何采取造成某种后果的特定行为，进而通过自我评估和自我总结，发现自身发展的弊端与不足，实现下一步工作的改进。

应答性问责往往不具有强制性后果，具有透明性和回应性的特点。艾纪（Edge）、雷斯伍德（Leithwood）和简特思（Jantzi）依照问责的难易程度将其分为解释性问责、描述性问责和证明性问责三类。解释性问责表现为主要责任主体或机构对行事的理由作出合理性解释；描述性问责则表现为通过定量或者定性的呈现方式对相关事件进行真实性描述；证明性问责要求责任主体或机构对相关事件进行合理性证明③。通常，应答性问责包括以下三个阶段。首先，是说明阶段。问责客体必须感到有义务向问责主体报告其行为，提供有关其任务履行、结果以及程序的各种

① Hendry G，Dean S. Accountability，Evaluation of Teaching and Expertise in Higher Education[J]. The International Journal for Academic Development，2002(1)：5.

② 王淑娟.美国公立院校的州问责制[M].北京：知识产权出版社，2010：63.

③ 陈大兴.高等教育中责任与问责的界定[D].上海：华东师范大学，2014.

信息。问责客体感觉到的义务,可以是正式的,也可以是非正式的[①]。这是较低层次的应答性问责。其次,是解释阶段。问责主体会发起对问责客体的质询,包括报告信息是否充分、某件事情或某个行为为什么会发生,问责客体有责任有义务对此作出解释。这是中间层次的应答性问责。再次,是辩护阶段。如果出现事故、失败或其他后果时,高等学校要提供辩护以证明其行为是正当的、合理合法的。这是较高层次的应答性问责。

博文思(Bovens)和库查普斯基(Kuchapski)从以下五个方面解释应答性问责的过程:①信息披露,使信息公开;②透明,明确披露的信息,并确保这些信息对接收信息的人有意义;③了解披露信息的后果,以及能够从披露的信息中采取某种形式的补救或适当行动;④有义务解释并证明信息的合理性;⑤被问责人与利益相关者之间的关系建构[②]。公立高等学校通过信息公开向利益相关者披露自己的信息,约束自己的行为,克服逆向选择与道德风险行为,从而为委托人服务。问责机制赋予家长知情权,赋予政府督导权,赋予专业组织评议权,这些问责监督力量能够促进高校提高教育资源的利用率,提高教育质量,加大科研力度,扩大社会服务范围[③]。

2.1.5.2 奖惩性问责

在一些国家,问责制被当作一种万能药,预防并在必要时惩罚政府官员、企业高管和非营利组织领导人的不道德、非法或不当行为。人们现在已经熟悉了这一口号:反对虚假交易、会计欺诈、证券欺诈、个人使用慈善和公共资金、交换政治恩惠和金钱等。因此,问责制的“问题”是以强调个人为成全自己而故意渎职的方式呈现的。普遍支持的“解决方案”是可预测性的:通过更严格的监管进行更好的监督,并结合严厉的惩罚作为威慑[④]。因此,主要的责任问题在于约束代理人的机会主义行

---

① 陈大兴.高等教育中责任与问责的界定[D].上海:华东师范大学,2014.

② Bovens M. Analysing and Assessing Accountability: A Conceptual Framework[J]. European Law Journal,2007,13(4):447 - 468;Kuchapski R. Conceptualizing Accountability in Education(SSTA Research Centre Report)[R]. Saskatoon:University of Saskatchewan,2001:17.

③ 王淑娟.美国公立院校的州问责制[M].北京:知识产权出版社,2010:63.

④ Ebrahim A, Weisband E. Global Accountabilities: Participation, Pluralism and Public Ethics[M]. Cambridge:Cambridge University Press,2007:1.

为。问责的逻辑由此而来。问责以外部审查为前提，并得到正当理由、制裁和控制的支持。“一些行为者有权要求其他行为者遵守一套标准，根据这些标准判断他们是否履行了责任，如果确定他们没有履行责任，就实施制裁。”[①]没有有效的整改，问责制是不完整的。

在高等教育领域，所谓的奖惩性问责，是指由政府、企业、媒体等组织和个人等问责主体在对高校资源的使用情况、责任和使命的履行情况作出评判后，对高校所实施的强制性奖励或惩罚行为。问责本身并不是目的，而是一套确定为实现既定目标而采取的行动和负责任的行动者的机制。由于高校的目标函数并不总是与利益相关者的目标函数一致，因此，如何建立有效的激励惩罚机制，使得高校在追寻自身利益最大化的同时最大程度地实现委托人的利益，是高等教育问责中的题中应有之义。

奖惩性问责一般具有强制性后果，也具有激励性或惩戒性特点。问责主体形成对问责客体行为的评判，它可以是正面的，也可以是负面的。当形成正面评判时，问责主体通常对问责客体采取一些奖励措施。当形成负面评判时，问责主体通常会对问责客体采取一些制裁措施。这些制裁可以是高度正式化的，如罚金、纪律处分，甚至刑事制裁；也可以是隐蔽的和非正式的，如曝光或公开批评[②]。从这个意义上说，奖惩性问责实质上是在一定的关系状态下对问责客体的责任追究过程，既包含问责主体对问责客体不为、误为或滥为行为或结果的谴责或处罚，也包含对问责客体良好行为的赞赏和奖励。

在一些国家，奖惩性问责简化为惩罚性问责，即只强调对问责客体的惩罚行为，而不强调为问责客体的奖励行为。而实际上，在问责过程中，奖励和惩罚都是不可或缺的手段和警示。而且，“当问责以建设性的方式进行时，比以类似宗教裁判所的方式进行时，问责效果更好……因此，问责不应仅仅是证明业绩不佳，而应更多是作出战略选择，以改善结果”[③]。

---

① Grant R W, Keohane R O. Accountability and Abuses of Power, in World Politics, International Law and Justice Working Paper[R]. Institute for International Law and Justice, New York University School of Law, 2004:3.

② 陈大兴. 高等教育中责任与问责的界定[D]. 上海：华东师范大学，2014.

③ Salmi J. The Growing Accountability Agenda: Progress or Mixed Blessing? [J]. Higher Education Management and Policy, 2009, 21(1): 1－22.

高校必须首先将潜在奖励或制裁的程度视为足以值得采取行动的标准。例如，绩效拨款对于高校来说，不合作的潜在威胁是损失来自政府的财政拨款，这种威胁使得高校主动放弃可能损失绩效拨款的行为，从而按照政府设定的绩效指标有所作为。再比如，大学排名对于高校来说，排名差意味着将损失高校可持续发展所需要的声望，这种威胁使得高校的行为与大学排名指标取向相吻合。

实施奖惩性问责，委托人应该事先约定具体的规定和奖惩标准，奖惩分明，标准清晰，这样才能发挥对问责客体更好的激励或警示作用。实施奖惩性问责，高校必须预期其行为可能会导致奖励或制裁。做到这一点，需要满足两个条件。第一，高校的努力和被测量的结果之间必须存在足够强大的联系。在可能的情况下，高校作为典型的反风险代理人更喜欢保全自身。此外，比起获取同等规模的收益来说，高校更倾向于应对可能的损失。这意味着高校可能会付出额外的努力来应对潜在的惩罚，而不是获取潜在的奖励。第二，高校必须预期委托人在问责制框架下采取兑现所有承诺的行动。这需要委托人做出可信的承诺，不随意更改协议条款[①]。

2.2 公立高等教育问责的运行过程

公立高等教育问责的运行过程，大致分为关系的重构、责任的重建、程序的进行和责任的追究四个方面，如图 2－3 所示。

2.2.1 关系的重构

“概言之，问责就是具有高度权变性的关系以及确保这些关系的实现机制。”[②]因此，公立高等教育问责运行过程的其中一个重要链条是问责关系在向度上发生实质性的变化，它既包括问责主体之间关系的重构，也包括问责主体和问责客体之间关系的重构。

---

① Kelchen R. Higher Education Accountability[M]. Baltimore：Johns Hopkins University Press，2018：17.

② Ebrahim A，Weisband E. Global Accountabilities：Participation，Pluralism and Public Ethics[M]. Cambridge：Cambridge University Press，2007：202.

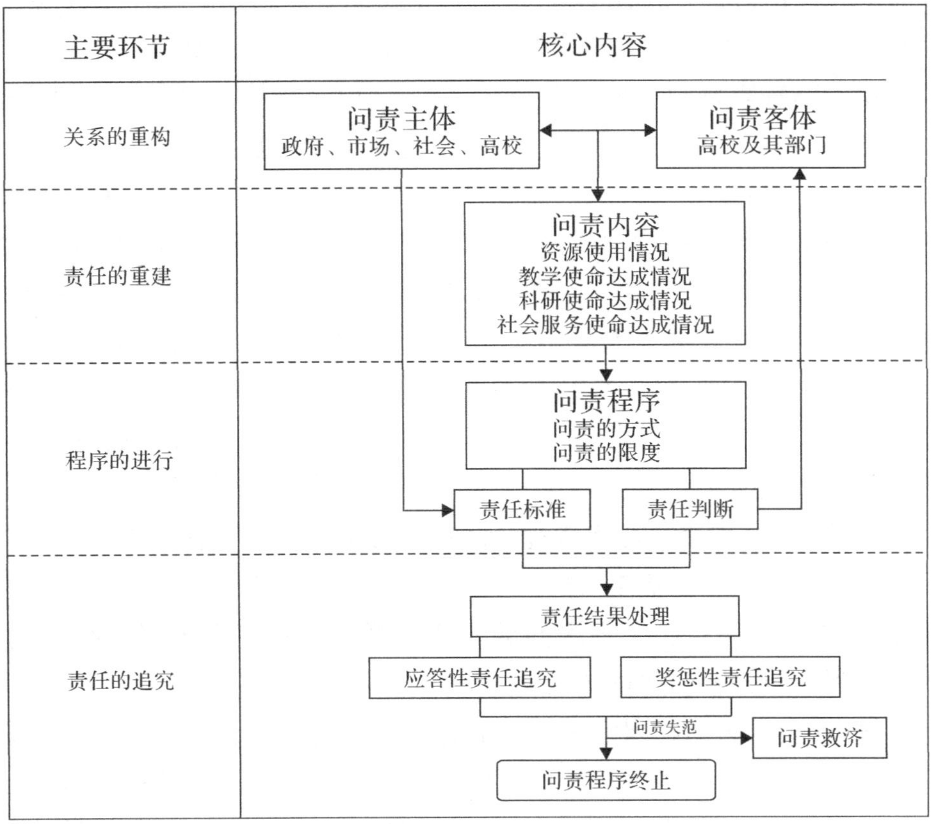

图 2-3 公立高等教育问责的运行过程

2.2.1.1 问责主体之间关系的重构

问责主体之间关系的重构即利益相关者之间关系的重构。利益相关者是指对大学有一定“投入”,进而能从大学获得一定利益并产生一定影响的个人或群体①。高等教育利益相关者以获取利益为目标,为高校提供其生存发展所需要的资源,并对高等教育发展产生一定的影响。作为一种典型的利益相关者组织,高等教育机构是利益相关者一系列关系的集合与联结,它通过显性契约和隐性契约来规范利益相关者的责任和义务,并将“组织剩余”进行非均衡性分布,在为自身谋取发展空间的同时,为利益相关者创造相应的价值。高校的责任是实现利益相关者整体

① 胡赤弟,田玉梅.高等教育利益相关者理论研究的几个问题[J].中国高教研究,2010(6):15-19.

利益的最大化，而不是仅仅某个主体利益的最大化。因此，如何塑造和管理利益相关者之间的关系对高等教育机构的发展至关重要。

由于高等教育利益相关者是多元的，他们的利益需求和价值期待是多取向的，因而他们与高等教育机构之间的关系是复杂多样的。在高等教育问责中，多个委托人对应单一代理人，代理人面临多重任务。这些任务往往是冲突杂乱的，不同委托人之间的自然合作往往是困难的。这就形成了多层次的、长度不一的、错综复杂的委托代理链。要满足所有利益相关者的所有要求和期望，并使其达到最大值，是极其不现实的。因为欲望是无尽的，资源恰又是稀缺的，并且多元的利益要求往往是相互冲突的。大学只能量力而行，统筹兼顾，努力达到一个理想的“帕累托最优”状态。这要求大学必须处理好此方利益与彼方利益、长远利益与短期利益、全局利益和局部利益之间的关系，在诸多利益主体之间寻求动态平衡①。高校管理者不得不重视利益相关者利益之间存在的内在冲突，妥善处理利益相关者之间的矛盾关系。很多情况下，找到一种协调所有利益相关者利益的方法并非易事。在利益相关者利益发生冲突时，高校管理者必须找到解决问题的方法。鉴于高校的利益相关者呈现层次性分布，其中一些利益相关者比其他利益相关者对高等教育机构来说更有影响力，这时高校面临着“在利益相关者中如何取舍”的问题。分析利益相关者的合理诉求是什么，哪些诉求是合理合法的，哪些不是，最终要保障的是利益相关者合理合法的权益。这只是解决问题的一种方案。更多的情况下，高校管理者需要考虑如何将存在冲突的利益相关者的利益结合在一起，甚至为他们创造更多的价值。

在价值创造过程中，利益相关者并不是孤立的。每个利益相关者的利害关系都是多层面的，且内在存在着密切联系。如果没有教师工资福利的提高，如何保障学生因雄厚的师资而提高学习质量？如果没有政府充足的经费供给，高等教育机构如何向社会提供高质量的高等教育产品和服务？如果没有用人单位对高校毕业生质量的反馈，校友如何获得高校人才培养质量的精确信息？高校利益相关者之间并非是零和博弈的

① 王连森.利益相关者与大学的责任、制度和资源[J].宁波大学学报(教育科学版)，2006(6)：103－106.

关系，而是异质共生与兼容互补的关系。某一利益相关者利益的增强可能会引起其他利益相关者利益的同步增强，而某一利益相关者利益的受损可能会引起其他利益相关者利益的同步受损。利益相关者之间既存在共同的价值诉求，也存在各自不同的价值诉求。也就是说，利益相关者之间利益的损益并非是零和的。比如，高校人才培养质量提高和学校声誉提升是高校各类利益相关者的共同价值诉求。再比如，学生知识技能的提高会给其他利益相关者带来更多的收益，而学生学习质量的下降则会给其他利益相关者带来利益的受损。很多情况下，高校管理者需要使利益相关者的利益大致朝一个方向移动，并且最大限度地满足各类利益相关者的共同价值诉求。

因此，对于高等学校来说，重构问责主体之间关系，重要的是建立"多中心而非控制的模式"。所谓的"多中心而非控制"，是指建立广泛的利益相关者参与机制，使得高校决策成为集体选择的结果。集体选择是"各参与者依据某项规则相互协商而确定集体行动方案的过程"，集体选择的结果往往是使参与选择的各方都获得可接受的满足。问责需要消除内部人控制，需要面向不同维度的利益相关者，依据不同的标准并在不同程度上实现不同的目的。契约关系的履责与维系，必须建立在签约主体对组织剩余能够拥有合理期待及控制能力的制度安排基础之上，每一种利益相关者都不应单独地对大学行使控制权。

建立基于利益的合作伙伴关系是高等教育利益相关者模式的又一基本特征。合作伙伴关系是以独立利益为前提的。首先，合作伙伴关系不是简单的集体主义，它不是用集体利益代替个人利益，而是在充分尊重各方利益基础上的合作。其次，合作伙伴关系力求发现其赖以存在的基础——共同利益。"求同存异"是合作伙伴关系比较坚实的基础①。不同的利益相关者相互尊重，相互制衡，共同协商，加强沟通，了解高等教育发展的主要目的和责任，从而将彼此之间的博弈竞争转化为高校发展的合力。建立多元主体参与机制以及各主体之间的协商合作机制，通过契约性关系设计和法人共治框架，提供利益整合渠道和民主决策机制，恰当处理不同权利主体之间的利益与风险分配问题，同时规范各方

---

① 胡赤弟.高等教育中的利益相关者分析[J].教育研究，2005(3)：38－46.

主体的博弈行为，从而有效率地实现大学目标，是保证其良性运行的重要制度条件①。

2.2.1.2 问责主体和问责客体之间关系的重构

问责是一个多层面的概念，在传统意义上，问责昭示着特定的关系安排，它规定了不同群体之间一种正式的控制与被控制关系，表明了一方就社会公共资源的管理与自身角色对另一方所负的某种责任②。根据委托代理理论，委托代理关系应当准确透明，符合工作任务；隐秘的委托代理关系可能造成不信任和目标分歧③。

有一种理解将问责理解为在两方（多方）之间的对话，其潜在的逻辑是：两方（多方）的社会关系应该以某种方式得以建构、组织和评估。构建这种社会关系的确切标准是：一个行为者与一个场域之间存在关系；行为者在其中有义务解释和证明他的行为；场域可以提出问题、作出判断；行为者可能面临后果④。“问责制的前提是权力拥有者和那些让他们负责的人之间的关系”，“问责的概念意味着被问责的行为者有义务以符合公认行为标准的方式行事”⑤。问责是“让行为者对行为负责的过程”，或“个人和组织向公认的权威机构（或多个权威机构）报告并对其行为负责的方式”，或“要求某人进行理性陈述以证明其行为正当的能力，和/或对不良表现进行处罚的能力”⑥。这些定义中的每一个都指向一种“核心责任感”（core sense of accountability）。穆根（Mulgan）认为，这种核心责任感有三个主要特征：第一，它是外部的，因为是向外部机构解释的；第二，涉及社会互动交流，一方要求解答或矫正，另一方回应并接

① 龚怡祖. 大学治理结构：现代大学制度的基石[J]. 教育研究，2009(6)：22 - 26.

② Ranson S. Public Accountability in the Age of Neo-liberal Governance[J]. Journal of Education Policy，2003，18(5)：459 - 480.

③ Abadzi H. Accountability and Its Educational Implications：Culture，Linguistics and Psychological Research[R]. UNESCO，2017：8.

④ Bovens M. Analysing and Assessing Accountability：A Conceptual Framework[J]. European Law Journal，2007，13(4)：9.

⑤ Grant R W，Keohane R O. Accountability and Abuses of Power，in World Politics，International Law and Justice Working Paper[R]. Institute for International Law and Justice，New York University School of Law，2004：3.

⑥ Ebrahim A，Weisband E. Global Accountabilities：Participation，Pluralism and Public Ethics[M]. Cambridge：Cambridge University Press，2007：4.

受制裁；第三，它暗示了权威的权力，在这种情况下，那些要求解释的人比那些负责的人拥有更优越的权力。这本质上是一种委托代理的责任观，即主要行动者或委托人设定目标并让代理人来完成目标①。

如前文所述，我们把公立高等教育机构的诸多利益相关者概括为政府、市场、社会、高校四大基本力量。大学履行社会责任的效果受学术力量、政府力量、市场力量与社会力量的影响，并且深深地根植于以这四大基本力量博弈为表征的高等教育治理结构中。这里的问责主体和问责客体之间的关系，是指政府、市场、社会与高校之间的关系。问责主体和问责客体之间的关系重构，既要保证高等教育机构与外部利益相关者联动机制的形成，又要保障大学的伦理自主性。高等教育机构与外部利益相关者联动机制的形成，关键在于高校有效地履行与利益相关者所建立的正式与非正式契约，承担应该承担的责任，在实现自我发展的同时为利益相关者创造价值。而高等教育机构作为一种独特的社会机构，伦理自主性和边界意识是维系其生存的前提条件。在高等教育问责中，政府、市场、社会、高校之间的关系如图 2-4 所示。

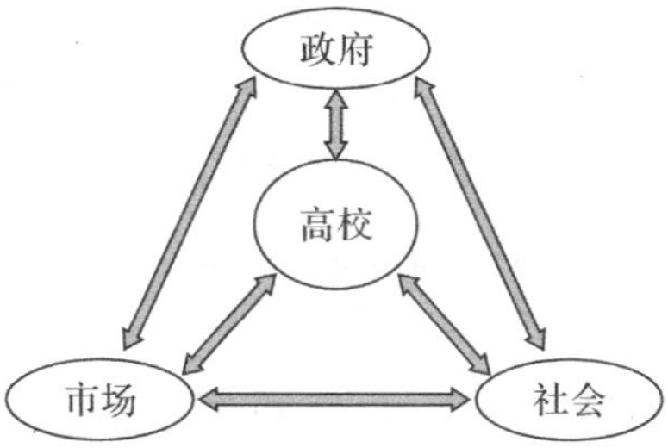

图 2-4　高等教育问责中政府、市场、社会、高校之间的关系

首先，从高校与政府之间的关系来看，自由与控制之间的张力是二者之间的永恒主题。高校作为社会的学术中心，以真理作为自身独特的沟通媒介。大学自治与学术自由乃至探求真理、发展学术是其内在诉求。政府是政治系统的典型代表，拥有管理社会公共事业、维护社会公共秩序的强制权力，它以追求权力的最大化作为组织的最高目标。作为高等教育资金资源的提供者，政府有权从维护公共利益的角度出发对高

① Mulgan R. "Accountability": An Ever-Expanding Concept? [J]. Public Administration, 2000, 78(3): 555.

等教育实施有效的干预，而且这一干预是不可或缺的。同时，政府尊重高校的学术属性，给予高校办学自主权，使高校能发挥自身的价值，并为社会创造价值。政府与大学关系的边界是处于一个不断变动的过程之中的。对高校而言，政府对其事务的干预不能超越高校作为一个具有独立法人地位的学术组织所拥有的对自身内部事务的基本自治权利；对政府而言，大学自治权利的行使不能超越其作为高等教育领域社会公共组织的范围，不能威胁和损害到社会公共利益和国家利益的实现①。

其次，从高校和市场之间的关系来看，相对于政府对大学的强权控制来说，从法律的角度来讲，大学与市场之间主要是一种平等的民事主体关系②。市场是社会发展的经济中心，市场内部的主体以追求利润即金钱为最大目标。大学作为文化系统的重要组成部分，具有外在的社会性和内在的学术性③。高等教育机构的第三部门属性意味着高等教育机构可以接受市场的调节，由于公共资源的有限性以及社会不同主体对教育需求的多元化，使接受市场的调节成为大学的一种自觉选择。竞争律和交换律是高等教育市场活动的两大基本法则④。由于外在的社会性，大学要对市场的变化保持一定的敏感性，接受市场公平竞争、优胜劣汰的竞争法则，遵循市场等价交换的原则，根据市场做出相应的调整，强化目标管理，提高资源利用效率，满足顾客需求，提高教育质量，提高竞争力。但同时，由于内在的学术性，大学是“知识的权威”“社会的良心”，承载着创造新的学术、培养和谐发展的人和导引社会前进的崇高使命，应该具有相对于功利的社会习性而言的超脱品性。在组织属性上，高校与企业有着本质区别，它不以营利为目的，以培养人才及服务社会为根本宗旨。基于此种原因，市场既应该发挥对高等教育的调节作用，同时又应该保持弥散和有限的影响。

再次，从高校与社会之间的关系来看，二者在当下语境下需要形成良好的互动关系。所谓的社会，是指“不能与国家相混淆或者不能为国

---

① 刘虹.控制与自治：美国政府与大学关系研究[M].上海：复旦大学出版社，2012：68.

② 许杰.政府分权与大学自主[D].北京：北京师范大学，2005.

③ 周光礼.学术自由与社会干预：大学学术自由的制度分析[M].武汉：华中科技大学出版社，2003：序4.

④ 陈列.市场经济与高等教育：一个世界性的课题[M].北京：人民教育出版社，1998：66.

家所淹没的社会生活领域”[①]，是“人们为了满足其社会欲求，依靠一定的社会共同性创建出的各种社会集团（家庭、社区、社会团体）等的总和”[②]。高校与社会之间的关系，实际上反映的是国家与社会在高等教育领域的关系。总体而言，国家与社会之间关系的研究经历了“国家与社会的二分”和“国家与社会的互动关系”两个阶段。20 世纪 90 年代以来，为超越国家-社会二分的视角，学术界开始强调国家与社会的互动关系。“社会中的国家”（state in society）、“嵌入性自主”（embedded autonomy）和“国家与社会共治”（state-society synergy）等概念都不同程度描述了国家与社会互动关系的重要形态[③]。从世界范围来看，公民社会逐步兴起，公共参与意识与公共责任感不断被唤醒，话语表达、自我组织等权利空间得以释放，社会组织、社区、公民等社会力量对高等教育的参与度与融入度大大加强。国家与社会发现利益的共同点，通过平等对话、协商与合作，共同对高等教育领域投入资源并实施监督与问责。社会力量作为资源提供方，通过信息权利保障、利益表达、政策规划、绩效监控等一系列参与式体制机制的建构，监督高校的办学行为，关注高校的产出结果，实施切实的问责行动。高等教育机构在发展过程中不可避免要融入社会，与社会形成良性互动，服务社会的需求，以负责任的态度使用公共经费，履行服务社会的责任，同时又要与社会保持边界，维护自身的学术自由与独立精神，最终发展为“公民社会的自我调节部分”。

伯克曾经按照委托人和代理人之间的关系，即利益相关者和问责客体之间的关系，将高等教育问责分为以下四种方向的问责：向上的问责、向下的问责、向内的问责和向外的问责。向上的问责代表了下级对上级的传统关系，包括程序的、科层的、法律的或垂直的问责；向下的问责强调高等教育管理者在参与性决策中向下级负责或向社团负责；向内的问责是指以按照专业或者伦理标准行事，且常常出现在专业人士占主导的

① 泰勒. 市民社会模式[M]//亚历山大. 国家与市民社会：一种社会理论的研究路径. 冯青虎，译. 北京：中央编译出版社，1999：4－31.

② 王世权，刘桂秋. 大学社会责任的本原性质、履约机理与治理要义[J]. 教育研究，2014(4)：85－93.

③ 郁建兴，关爽. 从社会管控到社会治理：当代中国国家与社会关系的新进展[J]. 探索与争鸣，2014(12)：7－16.

如学院和大学等组织中，在这类组织中，向内的问责成为专业的问责；向外的问责意味着要对外部的顾客、参与者、支持者做出回应，包括市场的和政治的问责[①]。政府对高校的问责，主要是向下的问责；市场对高校的问责，主要是向外的问责；社会对高校的问责，也主要是向外的问责；高校内部的问责则主要是向内的问责。

在政府、市场、社会等多样化的利益相关者面前，高校承载着多样化的角色预期，因而扮演着纷繁复杂的多重角色。高校不再将自己的身份认同为某一个或某一类角色，而是置身于复杂的角色群网络中。其中每一个角色都代表着一系列连带义务与利益，这些义务和利益是高校在发展过程中必须承担和满足的。这些角色并不是相容的，而是往往彼此存在着矛盾与冲突。在一系列的对抗性角色中，高校需要考量的是哪种角色具有优先权，哪种义务需要优先考虑，而不是迷茫地穿梭于多种角色中。

平衡(balance)是不同学者在构建高等教育问责制基本关系解释框架和探讨实践指导原则之时频繁出现的关键词[②]。为了解释如何平衡不同的利益相关者的利益和诉求，美国学者伯克(Burke)提出著名的“问责制三角形”(accountability triangle)模型，如图2－5所示。

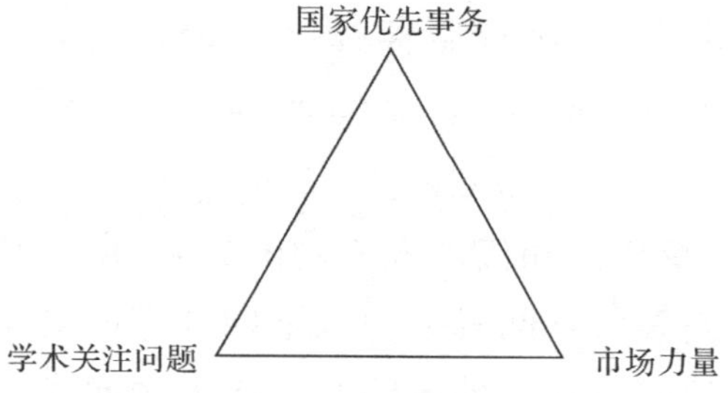

图 2－5　伯克的“问责制三角形”模型

资料来源：Burke J C. Achieving Accountability in Higher Education：Balancing Public，Academic and Market Demands[M]. San Francisco：Jossey-Bass，2005：23－24.

① Burke J C. Achieving Accountability in Higher Education：Balancing Public，Academic and Market Demands[M]. San Francisco：Jossey-Bass，2005：2.

② 柳亮. 高等教育问责制：内涵、缘起与实践[J]. 现代教育管理，2010(2)：37－40.

在这一模型中，三个角分别代表“国家优先事务”(state priorities)、“市场力量”(market forces)和“学术关注问题”(academic concerns)。“国家优先事务”代表了政府的诉求，高校必须对政府的优先事务作出回应；“市场力量”要求高校为学生、家长、企业以及其他资助高等院校的机构或个人的经济利益服务并满足他们的需求；“学术关注问题”涉及学术团体的利益与专业问题，强调高等院校对学术资源与学术标准的控制①。这三种力量之间既存在引起冲突的张力，也存在可动态协调的弹性，其形成变化是各种势力、利益或行动者之间相互影响的结果。博克认为，不同性质和类型的高等院校都必须对“国家优先事务”“市场力量”和“学术关注问题”进行回应。对三角形中的任何一个角负责，就意味着对其他两种诉求的最低限度的回应，而最理想的状态是平衡三个角的关系。因此，伯克提出在“问责制三角形”的中心找到一个理想点，以此来平衡“国家优先事务”“学术关注问题”和“市场力量”的不同诉求②。总之，作为社会组织之一的高等教育机构，不能逃避，也不应该逃避与其利益相关者之间建构持续的、适应性的关系③。

2.2.2 责任的重建

责任的确定并不总是根据公立高等教育的客观责任确定，而是在很多时候根据问责主体对高校的目标期待，是基于政策目标的责任重建。这样的责任重建使得大学的行为不是按照它应该做什么去作为，而是按照它需要做什么去作为。

2.2.2.1 问责目标价值的设定

从一开始，一个国家的问责制概念框架就必须反映出对高等教育的共同愿景④。问责制意味着对活动作出解释，证明运用最有效的手段达

---

① Burke J C. Achieving Accountability in Higher Education: Balancing Public, Academic and Market Demands[M]. San Francisco: Jossey-Bass, 2005: 23 - 24.

② 徐辉，袁潇. 美国高等教育“问责制三角形”研究[J]. 西南大学学报(社会科学版)，2015(2): 55 - 60.

③ Leveille D E. Accountability in Higher Education: A Public Agenda for Trust and Cultural Change [R]. Berkeley: Center for Studies in Higher Education, 2006: 161.

④ Salmi J. The Growing Accountability Agenda: Progress or Mixed Blessing? [J]. Higher Education Management and Policy, 2009, 21(1): 1 - 22.

到一定目标的责任①。而联合国教科文组织认为,“问责是一种实现特定教育目标的方法。面对教育挑战,公众想要知道由谁来负责,而政策制定者正在寻求应急的解决方案,加强问责常常是至关重要的”②。从某种程度上说,公立高等教育问责可以看作是监督教育目标进展和跟踪教育目标实现的过程。

问责过程中目标价值的设定非常重要。由于目标本身的激励作用,高校可以将问责目标转变为发展动机,使自己的行为朝一定的方向努力,并将行为结果与既定目标相对照,及时进行调整和修正,从而实现良性的发展。同时,有助于利益相关者将高校的行为与既定目标相比照,对高校行为进行有效的监督、激励或惩戒,对高等教育机构进行科学的管理。因此,问责对于高等教育系统的改进至关重要,而问责本身并不是目的,是实现教育目的的一种手段③。

问责目标价值的设定,既要考虑到高等教育组织属性的自在需求,又要关照提升公共利益的需要,实现二者最大程度上的重合与共同满足。正如前文提到的,从组织属性上看,高等教育兼具“学术性”和“契约性”双重属性。学术性是大学的本质属性,作为探索与传播高深知识的组织,大学承担其他社会组织无法承担或不适合承担的独特责任。契约性体现出大学以知识为中介满足利益相关者期待、对社会长远发展做出贡献的延展性功能,它是现代大学不可或缺的属性,但契约性的实现必须以尊重大学主体价值追求为前提。合适的问责目标价值,需要根据高等教育的组织属性设定,最大限度释放高校的学术性和契约性,提升探索和传播高深知识的能力,以知识为中介造福人类社会发展。公立高等教育作为引领社会价值进步的公共事务,不能像企业在私法领域内活动,其办学行为的目标不是只满足自身发展需要,而是要建立在公共利益的基础之上,通过负责任的行为和卓越的表现增进社会公共利益,引领人类社会进步。关注到这两个方面需要的目标,才会成为有效的问责目标。

---

① Hüfner K. Accountability[C]//Altbach P G. International Higher Education:An Encyclopedia. New York:Garland Publishing Inc.,1991:48.

② Accountability in Education:Meeting Our Commitments(Global Education Monitoring Report 2017/18)[R]. Paris:UNESCO,2017:2.

③ Accountability in Education:Meeting Our Commitments(Global Education Monitoring Report 2017/18)[R]. Paris:UNESCO,2017:2.

问责的目标价值注定是多样性的存在。这是因为，“复杂万端的高等教育系统从本质上讲就是一个‘混血儿’，而不是任何观念的极端产物。片面追求单一价值标准的代价太大，因此很快就会触发与之背道而驰的改革，从而导致其他价值观念的卷土重来。可见，现代高等教育系统在兼顾几种不同的基本社会价值观念的情况下，必然会产生出混合结构”[①]。同时，时间累积效应使得问责目标价值多样性的存在成为可能。从纵向发展历史来看，问责目标价值的设定具有明显的时间累积性。对高等教育来说，问责的目标随着时间的推移，经历了以下几个阶段：从最初强调系统效率（system efficiency）到强调教育质量（education quality），再到强调组织生产力（organizational productivity），一直到强调公共优先事项（public priorities）或市场需求（market demands）的外部回应性。像其他公共政策一样，新的目标不断增加，但早期的目标并没有被舍弃。

从世界范围来看，当下公立高等教育问责主要追求以下目标价值的实现。

第一，质量价值。高等教育质量是达到预先制定的质量标准的程度[②]。回顾公立高等教育问责的缘起，可以发现，不同利益相关者对高等教育信任缺失是造成公立高等教育问责缘起的直接诱因。问责在公立高等教育领域被强调主要是针对公立高等教育的质量危机而实施的，它是为实现公立高等教育质量提升而被引入的。公立高等教育问责制从产生到现在，质量是利益相关者的核心诉求，因而质量提升一直是公立高等教育问责的核心价值追求。“许许多多的社会团体需要一个行之有效的高等教育系统——这个高效率的组织既能创造、批判和传播知识，又能源源不断地培养出有一技之长并懂得处世为人的人才。到处都有人在谈论如何全面地提高或维持教育质量。”[③]高等教育机构必须提供高质量的教学，并使研究的卓越成为可能，提供值得公共和私人持续

---

① 克拉克.高等教育系统：学术组织的跨国研究[M].王承绪，徐辉，殷企平，等译.杭州：浙江大学出版社，1994：294－295.

② Green D. What Is Quality in Higher Education? [M]. Buckingham：Open University Press，1994：12－17.

③ 克拉克.高等教育系统：学术组织的跨国研究[M].王承绪，徐辉，殷企平，等译.杭州：浙江大学出版社，1994：276.

投资以及社区信任的服务。各国通过不同的问责方式诊断出公立高校存在的问题，高校根据诊断结果提出改善方案并采取行动，旨在提升质量的公立高等教育领域深层改革得以诱发。由此可以认为，高等教育问责是高校向内外部利益相关者证明其价值、质量得以持续改进的过程。

第二，效率价值。所谓效率，是指主体在改造客体过程中所表现出的能力大小或高低。效率是对事物运行有效性的定量描述，其指标是输入与输出之比、所得与所费之比、效果与消费之比、投入与产出之比①。高校运营的高效率，意味着以较少的资源投入获得较高的教育产出，以较少的能耗创造更多的社会价值。高等教育问责制是一个与资源、效率、效果和绩效评估相关的概念，它要求通过有效的方式证明大学正当、明智地使用所配置资源，并达到有效的目标②。高等教育机构是一种资源依赖性组织，在资源获取方面对政府和其他外部力量存在着天然的依赖关系。作为一种交换机制，政府和其他外部力量了解高等教育机构资源利用和教育产出结果的动机强烈。以新公共管理理论作为重要理论基础的公立高等教育问责制强调经济(economy)、效率(efficiency)和效能(effectiveness)的"3E"目标，关注高等教育产出或结果，而非投入和过程。特别是在高等教育规模不断扩大、高等教育财政压力持续加码的情况下，高等学校需要注重更加有效地使用公共经费，提高资源利用的效益和效率，以低成本、高效益的方式运营，并就经费和资源使用情况及产出结果向利益相关者做出合理解释和说明。

第三，效能价值。效能也是新公共管理强调的"3E"目标的其中之一，即 effectiveness。在一般意义上，效能是指系统确定其有意义的目标并实现其预期目标的程度③。所谓的教育效能，是指教育组织全面实现教育目标的特征和有效作用④。学校效能就是教育主体为了实现教育目标，完成教育任务，开展教育活动，不断取得高水平绩效的能力，简单地说，就是教育主体有效实现教育目标的能力⑤。合目的性是教育效能

① 褚宏启.教育政策学[M].北京:北京师范大学出版社,2011:78.
② 许杰.论治理视野中高等教育问责制的完善[J].教育研究,2009(10):54-59.
③ 褚宏启.教育政策学[M].北京:北京师范大学出版社,2011:73.
④ 孙绵涛.教育效能论[M].北京:人民教育出版社,2007:4.
⑤ 温恒福.学校效能的基本理论问题研究[J].教育研究,2007(2):56-60.

的本质特征。教育活动是一种在目的指导下的活动。考察公立高校效能，就是要衡量该校制定的教育目标正确有否，判断的标准是这一目标是否符合先进的教育理念，是否为社会的进步和人的发展做出贡献，同时依据一定的指标或标准考察该校教育实践行为在多大程度上可实现这一目标。凡是能够不同程度达成教育目标的教育活动都是有效的教育活动，都可称之为有效教育，即具有一定的教育效能[①]。

第四，公平价值。公平问题是“全世界所有国家和所有与教育问题有关的人最关心的问题”，自然，教育问责意味着对公平正义的价值承诺。教育公平是一种重要的社会公平，在整个社会公平体系中具有基础性地位。其主要内涵包括：人人享受平等的教育权利；人人平等地享有公共教育资源；公共教育资源配置向社会弱势群体倾斜（对“不平等”的矫正）；反对各种形式的教育特权（对“平等”的维护）[②]。为了促进和谐社会的建构，高等教育承载着提升教育公平、引领公平正义的价值期待。这一目标价值在起点上意味着高等教育机构开放办学和大规模升学机会、促进学生入学机会均等，在过程上意味着尽可能均衡地分配公共教育资源，同时对处境不利群体采取弱势补偿政策，保障弱势群体享受高等教育。

第五，回应价值。回应是指高等教育机构必须对利益相关者的需求作出及时和负责任的反应。问责的基本内涵本身隐含着对回应的价值期待。正如美国著名的公共政策学者斯塔林所指出的，“对于问责的一种恰当的理解是把问责看作一种回应能力，是一个组织必须向组织以外的个人或者团体做出回应的能力”[③]。说到底，公立高等教育问责是指公立高校在一定的关系状态下回应外部需求的过程。在传统的管理模式下，高等教育被锁在“象牙塔”里，融入社会的动机不强，对内外部需求缺乏回应性服务。而在新公共管理范式下，则强调作为接受公共经费、使用公共资源、提供公共服务的公立学校，要对学生、家长、政府、雇主、行业、投资伙伴和社区在内的广泛利益相关者负责，通过内部有效运作和优异表现回应利益相关者对大学履行使命和承担责任的合理需求。

---

① 温恒福，温宏宇.教育效能的本质、特征与改进方法论[J].教育学报，2020(2)：66－74.

② 石中英.教育公平的主要内涵与社会意义[J].中国教育学刊，2008(3)：1－6.

③ Starling G. Managing the Public Sector[M]. Chicago：Dorsey，1986：231.

总之，“高等教育机构需要发展一种外向的视角，而不是孤立的视角”[①]。同时，高等教育系统需要有弹性的容纳能力，以适应不可预见的需求变化。随着国家优先事项的发展和学生期望的变化，高等教育机构需要有组织和管理上的灵活性。各高校需要能够重新部署资源和调整人员配置，以满足出现的新需求。

当然，除质量、效率、效能、公平和回应这些价值目标外，在不同的国家和地区，因为教育发展状况的差异，还会表现出对其他价值目标，例如创新、民主、可持续发展等的追求。对于一所高校，为了回应外部和内部利益相关者的要求，高校管理者必须考虑实现多重问责目标。正如萨尔米(Salmi)所指出的：“大学领导必须考虑到许多问题，主要包括社会上所有群体平等获得教育的程度(公平)、教学和研究的标准(质量)、毕业生接受的教育与劳动力市场需求相匹配的程度(适切性)、大学对地方和/或国家经济发展的贡献(第三个使命)、高等教育机构所传授的价值观(公民和国家建设)、公共资源的利用方式(内部效率)和高等教育系统增长和保持高标准的财政能力(可持续性)。在一些国家，高等教育机构甚至要为对环境的影响负责。”[②]

这些问责目标之间存在着一定的冲突，各种相互冲突的目标产生方向上互相矛盾的行为、各种互相对立的形式和程序。其中一些原则之间不可避免地出现紧张关系，因为利益攸关方对许多概念和原则有不同的看法。“面临具有冲突性的不同责任，是体验伦理困境的最为典型的方式。这种困境涉及我们是如何有意或是无意地对价值观和原则进行排序。”[③]问责制是在冲突的需求和期望之间找到一个良好的平衡，高等教育机构应该“为所有利益相关者服务，同时不服从任何这些要求”[④]。如果存在竞争或缺乏共识，公众对高等教育实现其“社会”目标能力的信任会削弱，从而导致对高等教育的不信任。对其中一个目标的过分重视必

---

① Salmi J. The Growing Accountability Agenda: Progress or Mixed Blessing? [J]. Higher Education Management and Policy, 2009, 21(1): 1-22.

② Salmi J. The Growing Accountability Agenda: Progress or Mixed Blessing? [J]. Higher Education Management and Policy, 2009, 21(1): 1-22.

③ 库珀.行政伦理学：实现行政责任的途径[M].张秀琴，译.北京：中国人民大学出版社，2001:96.

④ Burke J C. Achieving Accountability in Higher Education: Balancing Public, Academic and Market Demands[M]. San Francisco: Jossey-Bass, 2005: 23-24.

然会导致对其他目标的忽视，最终将引发教育变革的发生。例如，对质量的过分强调必然会导致对效率、效能、公平和回应的忽视，这样会导致教育问题丛生，最终会导致旨在追求效率、效能、公平和回应的变革。因此，对于问责目标之间的冲突，可行的方案是兼顾这些多样性的存在，保持不同目标之间的妥协。正如伯顿·克拉克所指出的："就高等教育而言，任何重大事业的成功都是各种互相矛盾的价值观念彼此妥协的结果，高等教育的组织系统本身就显然是一个妥协的产物。"[①]同时，高等教育机构不应追求相同的目的、目标或组织结构。高校需要评估自己的优势和挑战，发展自己的特色方向，在高等教育系统内发展形成自己独特使命的机会。

2.2.2.2 责任判断标准的确定

所谓的责任判断标准，是指对问责客体代理结果进行好坏判断的依据。在制度经济学看来，制度是一种人为设计的界定人们相互关系的约束机制。它既包括正式的约束机制，如规则、法律、法规，也包括非正式的约束机制，如行为准则、习惯、自我行为规范等[②]。既然所有的制度安排都是显性契约和隐性契约的混合体，那么高等教育作为一种制度安排自然也不例外。为了保证利益相关者利益的合理实现，最大程度地解决利益冲突，就必须设计一套合理的利益协调制度，而契约就是确定高校责任判断标准的有效制度安排。从根本上讲，高等教育机构是不同主体之间由复杂显性契约和隐性契约交汇所构成的集合体，而在显性契约和隐性契约的分布上，呈现的是以隐性契约为主、以显性契约为辅的契约安排结构。

所谓显性契约，是指规制不同主体之间的协作关系和利益关系的书面协议或法律协议，如规则、法律、法规等。显性契约具有明确的书面形式，具有强制性，能够为高等教育机构责任的履行提供刚性的约束，签订契约的各方一旦违反契约规定，就会受到法律规则的严厉制裁。在高等教育领域，许多利益相关者的现实利益诉求通过显性契约得以保障。

---

① 克拉克.高等教育系统：学术组织的跨国研究[M].王承绪，徐辉，殷企平，等译.杭州：浙江大学出版社，1994：284.

② 诺斯.制度、制度变迁与经济绩效[M].刘守英，译.上海：上海三联书店，1994：5.

“制度和法律在大学利益相关者责任的供需关系中起着协调的作用。对于大学利益相关者责任的供给,一方面引导大学自觉承担起对利益相关者的责任,另一方面可以强制大学承担由于利益驱动不足而对利益相关者的责任。”①“大学必须履行文明社会任何一名成员都应承担的基本义务。大学必须履行合同义务,必须杜绝一切欺诈行为,必须遵守法律法规。更广义地说,大学还应该避免给他人带来无端的伤害。”②但是,法律、法规、规则等手段在高等教育领域存在适用边界的问题。正如亚里士多德所说的:“所有的法律都是普遍的;但是,有些东西用普遍的词语是不可能说得正确的。”③很多利益诉求根本无法显化,或者是显化的成本极高以至于双方都愿意放弃对这种显化的努力。而且,对于高等教育系统来说,过多的强制力尤其无济于事,过分的控制是高等教育系统运转的最大危险。“完全只遵循规则和法律,可能演变为控制。”④因此,在高等教育问责过程中,显性契约作用的发挥是有限的,而且呈现出很大的不完备性。只有在社会规范、习俗、信念、道德等普遍运行的非法律途径约束失灵的情况下,才会考虑显性契约的干预和作用。

相比较而言,隐性契约在高等教育机构满足利益相关者的诉求方面可以发挥更大的作用。所谓隐性契约,是指规制不同主体间关系的非正式的组织承诺与心理契约,如约定俗成的行为准则、习惯、行为规范、道德等。高等教育领域的契约更多的是基于潜在利益基础上,更多地表现为一种由社会规范、习俗和信念所规定的非正式的、隐性的契约形式,而不是正式的、书面的显性契约形式,强调“做正确的事,做应该做的事”。与显性契约的实施以强制力为基础不同,隐性契约的实施建立在契约双方的信任基础上。“国家高等教育部门的核心是它的社会契约和它所服务的民众及其选出代表机构的尊重和信任,这是一种政治和社会合法性的需要。这种关系具有典型的历史根源,经受住了时间的考验。这种关

---

① 李福华.大学治理与大学管理[M].北京:人民出版社,2012:105.

② 博克.走出象牙塔:现代大学的社会责任[M].徐小洲,陈军,译.杭州:浙江教育出版社,2001:338.

③ 唐纳森,邓菲.有约束力的关系:对企业伦理学的一种社会契约论的研究[M].赵月瑟,译.上海:上海社会科学院出版社,2001:64.

④ Koppell J. Pathologies of Accountability: ICANN and the Challenge of “Multiple Accountability Disorder”[J]. Public Administration Review, 2005(1): 94-98.

系被称为公共信任。”[①]简而言之，高等教育机构与利益相关者的关系，在很大程度上是建立在信任基础上，而非强制力基础上的。信任对于高等教育的发展至关重要，“没有信任，高等教育就会枯萎”[②]。信任是社会契约达成的唯一基础，它一直是社会公众与高等学校之间不可分割的纽带。“一个深思熟虑的、有意义的问责制度应使内部和外部利益相关者能够根据国家与其高等教育系统之间的历史性社会契约来评估双方做出的成绩。”[③]高等教育机构除了依法经营，还应该遵守社会成员共同认可的行为守则和道德规范即隐性契约，为基于利益关系的外部利益相关者服务，同时获取来自外部利益相关者的各种社会支持，而并不能以“契约中没有明确规定”为由逃避责任和推卸责任。“大学在处理与外界的各种关系中，必须不断地面对各种道德问题和道德责任。”[④]道德责任是伦理学上一个重要的核心概念，它具有广泛性、层次性和自愿性等特征[⑤]。在法律未约束或弹性约束范围内，特别是当国家的监管缺位、错位或失位时，高等教育道德伦理规范的自我约束就显得尤为重要。作为“社会的良心”，高校应该成为从社会伦理到道德规范的引领者。如果高校对利益相关者的合理诉求不做慎重考虑，甚至做出不符合道德伦理的行为，必然会导致利益相关者对高校的不信任。失去社会外部支持和未来合作机会，从长远来看，这必定会对高校的长久生存和持续发展产生毁灭性影响。

显性契约和隐性契约相辅相成，互相补充，在高等教育问责中共同发挥作用，甚至在合适的条件下，根据情况发展的需要，二者可以相互转换。显性契约具有法制约束力，责权利配置明确，能够对双方关系产生刚性约束力，对于初期双方合作关系的建立提供强有力的保障。其弊端表现为刚性有余而灵活性不足，而建立在信任和默契基础上的隐性契约的达成和实施，对于克服显性契约的这一弊端大有裨益。而随着高校与

---

① Leveille D E. Accountability in Higher Education：A Public Agenda for Trust and Cultural Change [R]. Berkeley：Center for Studies in Higher Education，2006：13.

② Leveille D E. Accountability in Higher Education：A Public Agenda for Trust and Cultural Change [R]. Berkeley：Center for Studies in Higher Education，2006：18.

③ Leveille D E. Accountability in Higher Education：A Public Agenda for Trust and Cultural Change [R]. Berkeley：Center for Studies in Higher Education，2006：55.

④ 博克．走出象牙塔：现代大学的社会责任[M]．徐小洲，陈军，译．杭州：浙江教育出版社，2001：338.

⑤ 王向华．论大学的道德责任[J]．教育研究，2018(1)：50－58.

外部利益相关者交往的进一步增加，高校的社会性日益加强，双方不再依赖于正式的书面约定，而道德承诺与心理默契在双方的互动交往中作用增强，双方自身的履约动机与履约能力得到升华，这样隐性契约在合作共同体利益的协调中开始发挥越来越重要的作用。但是，隐性契约模糊性有余而刚性约束不足，会导致机会主义行为增加，而建立在强制力基础上的显性契约的达成与实施，对于弥补隐性契约的这一缺陷则发挥重要的修补作用。因此，当不信任的情况出现时，许多高等教育的利益相关者依靠法律、法规和政策等机制来降低风险，协调彼此之间的利益。

2.2.2.3 责任缺口的适度保持

高等教育问责体现的是高等教育机构履行社会责任以满足利益相关者期望的过程。然而，自产生之日起，高等教育机构自身履行社会责任实际表现与利益相关者对其期望自始至终存在着差距。对于这一差距，我国学者王世权等将其命名为“责任缺口”，并以图 2-6 加以说明。

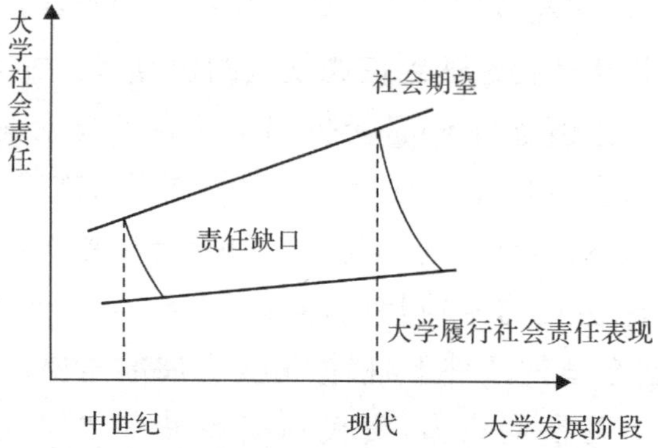

图 2-6 社会期望与高等教育履行社会责任的表现

资料来源：王世权，刘桂秋. 大学社会责任的本原性质、履约机理与治理要义[J]. 教育研究，2014(4)：85-93.

责任缺口的存在暗喻着利益相关者对高等教育的期望与高等教育履行责任表现之间的张力。缺口越小，说明高等教育机构履行社会责任的实际表现与利益相关者的期望的一致性越高，这样有利于高等教育的发展和社会问题的解决。而实际情况是，现代社会条件下，随着高等教育对社会价值和个人价值的日益凸显，二者之间的差距即责任缺口呈现逐步增大的趋势。究其原因，一方面来自高等教育机构对责任的“善意”

规避或“恶意”逃避，另一方面则来自利益相关者对高等教育机构行为、价值和贡献的过高期望①。

高等教育机构对责任的规避或逃避，来自其主观意愿和行动，它分为两种情况：一种情况是当利益相关者强加给高等教育机构不合理的责任，或者说这些责任超出了高等教育机构的能力范围，或者说可能会给高等教育机构带来危险性代价的时候，为了自身的生存与发展，高等教育机构选择“善意”规避这些责任；另一种情况则不同，即高等教育机构利用自身信息优势和与利益相关者信息不对称的条件，为了自身利益，对于其本应该承担的社会责任，选择“恶意”逃避，消极履约。同谋求权利是人与机构的内在冲动一样，逃避责任也是人与机构的内在普遍倾向。高校也不例外，同样存在着故意忽视、转移或逃避责任的情况。对于前者，合理的态度是鼓励与提倡；对于后者，则需要根据相应的责任标准进行警告或惩戒。高校只有努力承担起其本应该承担的责任与使命，自身才能健康发展行稳致远。

而且，利益相关者也应将期望值限定在适度水平，期望的设定不能过分繁杂、过分高远。随着高等教育从社会的边缘进入社会的中心，高校面临的内外部压力越来越大，肩负着内外部利益相关者越来越高的期望，特别是对高等教育的社会政治需求和期望增加，而这些期望值往往超出高校的行为能力。与此同时，在大多数国家，高等教育的公共资金水平停滞不前或下降。这导致许多利益相关者对高等教育提出的期望、迅速反应的要求与高等教育机构对这些需求作出充分反应的能力之间的不平衡②。在这样的情况下，高校进行战略性调整和积极作为的空间毕竟是有限的。因此，期望适中方为良策。

然而，需要指出的是，减小责任缺口并不意味着消除责任缺口。责任缺口保持在适度水平不仅是必要的，而且是必需的。尽管高等教育机构责任的履行需要与利益相关者期望相向而行，但是，二者之间永远不能重叠在一起。也就是说，高等教育机构责任的履行永远不可能完全满足利益相关者的期望。“距离是美”是把握高等教育机构与内外部相关

---

① 王世权，刘桂秋. 大学社会责任的本原性质、履约机理与治理要义[J]. 教育研究，2014(4)：85－93.

② Salmi J. The Growing Accountability Agenda：Progress or Mixed Blessing？[J]. Higher Education Management and Policy，2009，21(1)：1－22.

者关系的关键之一。只有二者之间存在合适的距离，利益相关者才不会把无穷无尽的欲望强加于高等教育机构身上，高等教育机构才能在属于自身的职责和使命范围内做出应有的甚至卓越的贡献。

2.2.3 程序的进行

2.2.3.1 问责制度的选择

问责是考察或督促组织或个人兑现责任的一系列制度建构，问责在更多的时候并不表现为一种静态的责任，而是一系列保证责任实现和考察尽职情况的制度设计。在这个制度框架内，问责所采取的手段往往比责任的内容更为重要①。

问责制度的选择与问责价值目标的内容有着密切的关系。不同的问责目标往往借助于不同的问责制度来实现。学者萨米尔在不同的问责价值目标和不同的实现方式之间建立了连接，它们的对应关系如表2－2所示。其中，质量与适切性的实现方式最为广泛，可通过战略计划、关键绩效指标、公开报告、认证/学术审计/评估、绩效合同、奖学金/助学贷款/教育券、排名/基准等制度实现；资源利用效率可通过关键绩效指标、预算、财务审计、公开报告、绩效合同、奖学金/助学贷款/教育券等多种制度得以实现；学术诚信可通过许可、认证/学术审计/评估实现；财务诚信可通过财务审计实现；公平可通过战略计划、关键绩效指标、公开报告、绩效合同得以实现。每一种问责制度对应着不同的问责价值目标，总体来看，关键绩效指标、公开报告和绩效合同是问责价值目标实现过程中使用最多的制度。

表2－2 不同问责价值目标及其实现方式

制度	目标				
	学术诚信	财务诚信	资源利用效率	质量与适切性	公平
战略计划				√	√
关键绩效指标			√	√	√
预算			√		

① 王淑娟.美国公立院校的州问责制[M].北京：知识产权出版社，2010：19.

续表

制度	目标				
	学术诚信	财务诚信	资源利用效率	质量与适切性	公平
财务审计		√	√		
公开报告			√	√	√
许可	√				
认证/学术审计/评估	√			√	
绩效合同			√	√	√
奖学金/助学贷款/教育券			√	√	
排名/基准				√	

资料来源：Salmi J. The Growing Accountability Agenda：Progress or Mixed Blessing? [J]. Higher Education Management and Policy，2009，21(1)：1－22.

2.2.3.2 问责环节的构成

在高等教育问责制实施的过程中，高等教育问责程序由一系列连续的问责环节构成，主要包括问责启动、信息整理与呈现、介入与反馈、救济与改进等①。

在问责启动阶段，包括制定目标、设计指标、测量评价三个分环节。这里的制定目标是指近期目标的确定，区别于上文提到的长期目标价值设定，即通过教育改革期望高等教育领域发生的变化。所谓设计指标，是指通过对组织内部流程的输入端、输出端进行设置、取样、计算、分析来衡量结果的一种目标式量化关键参数。所谓测量评价，是指根据评价过程具体性的特点，采取合适的评价方法，获取相应的评价信息，得出相应的评价结论。

信息整理与呈现是指高等教育问责客体通过收集、整理及公开信息的方式来回应问责主体的质询及接受问责主体的监督的过程②。美国某州教育委员会将问责体系描述为“输入、过程和结果信息的系统收集，并将这些信息用于对学校、学区或州绩效的判断”。也就是说，问责意味着测量和报告③。新的问责手段有助于促进关于高等教育机构成果透

① 周湘林. 从管理到治理：中国高校问责制范式转型[J]. 华中师范大学学报(人文社会科学版)，2011(3)：144－149.

② 韩丽娟. 我国高等教育问责制的构建研究[D]. 太原：山西大学，2018.

③ 王淑娟. 美国公立院校的州问责制[M]. 北京：知识产权出版社，2010：18.

明文化的建构。尽管过度的问责要求给高校的发展带来了问题，但是雇主、学生和高等教育机构都受益于高校成果信息的增加。当高等教育机构将报告义务作为监测实现战略目标能力的管理工具时，问责制才有用①。在加拿大魁北克省，法律要求大学校长每年向议会作报告，这为大学展示它们的计划和成就提供了机会。而在美国，许多大学意识到提高自身透明度的重要性，已经主动采取行动，在自愿的基础上接受问责。2007年9月，美国州立大学协会(American Association of State Colleges and Universities，AASCU)及全国州立大学和赠地学院协会(the National Association of State Universities and Land-Grant Colleges，NASULGC)宣布，将在自愿问责制度下开始公布关键绩效指标。根据这两个协会发布的计划，每个参与的大学都将使用一个名为"学院肖像"的通用模板，发布有关运营成本、转学率、毕业率和学生满意度等关键数据。

介入与反馈是指高等教育问责主体参与问责制定到实施的全过程中。从本质上说，问责系统是一个闭环，反映了对所感知的需求或要求的一系列反应，为满足这些需求而出现的一项或一系列活动，这些活动产生的结果，以及对需求来源的结果的反馈。反馈可能产生新的需求，也可能导致旧需求的再生。在这两种情况下，前一组活动可能被修改或保持完整，可能产生新的或更改的一组结果，循环通过对需求源的反馈再次完成。其结果是：当联系紧密，信息自由生成和传递时，问责制是连续的、动态的；当这些条件得不到满足时，它的响应性就差得多②。这一闭环体现了输入→过程→输出的循环往复性。在这一过程中，利益相关者的介入和反馈对于问责制的实施至关重要。他们将需求和要求输入到高等教育系统，提供资源给高等教育机构，监督高等教育机构的运行，对高等教育机构的产出和绩效进行评价，并将评价反馈到高等教育系统，由此产生新的需求或对旧需求进行更改。

救济和改进也是高等教育问责过程中的重要环节。在《牛津法律大

---

① Salmi J. The Growing Accountability Agenda: Progress or Mixed Blessing? [J]. Higher Education Management and Policy, 2009, 21(1): 1-22.

② Levin H M. A Conceptual Framework for Accountability in Education[J]. The School Review, 1974(3): 364-374.

辞典》中，所谓的救济，是指纠正、矫正或改正发生或业已造成的伤害、危害、损失或损害的不当行为①。高等教育问责作为产生惩戒的制度，必须设置救济的环节以弥补可能出现的偏差和失误。事实上，无法保证问责主体对问责客体的处理结果完全合法合理，也无法保证问责过程不存在任何恣意滥用误用问责权力的行为。高等教育问责中的救济是指在高等学校被问责处理后，不服从问责处理结果，申请对原处理行为进行复审以保障自身合法权利的制度。救济的价值一方面在于恢复、补救和实现问责客体的合法权利，另一方面在于提供问责行为纠错机制，规范问责权力。问责本身不是目的，其目的是实现高等学校工作的持续改进。正如我国学者周湘林所认为的，高等教育问责是在高校与其利益相关者的不同关系状态下，双方就一定的责任事由进行质询与回应的过程，其目的是通过奖惩等措施，使高校满足利益相关者的利益诉求并改进自身工作、提升教育质量与服务的品质②。问责使得对高校领导的角色要求更高。他们不断受到压力，要报告高校的发展计划并证明高校的成绩，如果高校成绩不能达到预期，自身将面临严厉的惩罚或制裁。这一点被美国最近几年一连串解雇大学校长的事件所证明。问责的所有过程最终应体现在高等学校工作的改进与完善上，高校根据问责结果进行自我审查，深入省思，进而提升高等教育质量，证明自身存在的价值及其合理合法性。具体而言，在短期的、规则导向的问责机制与更加长期的评估方式和组织学习之间找到平衡，特别是要注意发展与组织使命和愿景相互关联、能够回应客户需求的问责机制，以及建立鼓励赋权而非形式化和符号化的参与机制，以切实提升而非抑制组织的批判性反思和学习能力③。

2.2.3.3 问责限度的框定

问责的重要性一再被强调，但不等于说，问责可以无限度地进行，问责存在限度上的张力，任何超越限度的问责行为只会带来消极的后果。联合国教科文组织在问责制度设计上做出这样警示，“问责是解决方式

---

① 程燎原，王人博. 赢得神圣：权利及其救济通论[M]. 济南：山东人民出版社，1993：358.

② 周湘林. 从政府问责到社会问责：中国高校问责制的内涵、类型与变革[J]. 新华文摘，2010(13)：119－123.

③ 柳亮. 美国公立大学问责的演进与运行研究[M]. 北京：知识产权出版社，2020：42.

的一部分，应该谦逊地去设计，慎重地去推进。对人们的问责，应当首先针对那些他们可控的行动”①。问责限度上的张力，是指既要防止问责内容的无限泛化，也要防止问责力度的无限强化。

所谓防止问责内容的无限泛化，是指遵循高等教育责任的边界，不过多地强加给高等教育机构其本不应该承担的责任。正如马丁·特罗所指出的，具有讽刺意味的是，问责义务越严厉越详细，就越不能揭示高等教育机构被问责的根本现实②。前文已经提到，高等教育责任需要确定自身的“自成目的性”、内在的“有限性”和“相对性”，它的确定必须遵循合乎理性的边界。责任边界是高等教育权利与资源配置的范围界限，是高校有效开展其“分内工作”的基础。在现代社会条件下，随着高等教育越来越走向社会的中心，高校越来越被动或主动地融入社会，前摄性地考虑利益相关者的利益诉求，承担起本不属于其自身职责和使命范畴内的工作。高等教育责任的边界在被无限扩大的同时，内在规定性的责任被忽视，而内在规定性之外的责任则不断膨胀，学术与政治、市场的场域边界因此变得模糊。对于当下的这种危险现象，有学者慨叹：“大学是怎样被环境的适应者们引入歧途的，它们需要如何去‘发现自己是否有大脑和躯体’。这就是说大学最好能找到它过去实际上所从事的行为。”③“大学不是风向标，不能流行什么就迎合什么。大学应不时满足社会的需求(what the society needs)，而不是它的欲望(what the society wants)。”④

所谓防止问责力度的无限强化，是指高等教育问责只能是有限度地问责，而不应是无限度地过分干预。具体是指需要厘清高等教育机构与其外部环境的界限，使高等教育机构保持其应有的相对独立性，尽量弱化不良因素对高等教育正常活动的干扰与破坏。这一点对于以高深学问探究作为本真逻辑的高等教育来说，尤其重要。高等教育问责的进行，不可避免地带来不同利益主体对高等教育的干预。然而，干预的边

---

① Accountability in Education：Meeting Our Commitments(Global Education Monitoring Report 2017/18)[R]. Paris：UNESCO，2017：2.

② Trow M. Trust，Markets and Accountability in Higher Education：A Comparative Perspective[J]. Higher Education Policy，1996(9)：309－324.

③ 克尔. 大学的功用[M]. 陈学飞，陈恢钦，周京，等译. 南昌：江西教育出版社，1993：102.

④ 弗莱克斯纳. 现代大学论：美英德大学研究[M]. 徐辉，陈晓菲，译. 杭州：浙江教育出版社，2001：25.

界应以不损害大学自治和学术自由这一高等教育的核心价值为底线。大学自治和学术自由是高等教育得以存在的逻辑前提,戕害这一前提的结果是高等教育将失去存在的理由,或者异化为其他组织的附属物。正如研究现代大学社会责任的学者博克所指出的:"任何一所大学都不可能在维护其学术自由和学校自治权时持'中立'态度。相反,这些价值观点是大学使命的核心之所在,如果没有令人信服的理由,是决不能放弃的。"[①]高等教育哲学家布鲁贝克在这方面也表达过类似的观点:"尽管高等教育可以容忍立法机关对学术自治的轻微冒犯,例如'肯定行动'的规定,但是立法机关不得限制大学的理智自由。如果政府真的这么做了,那大学就不存在了。"[②]学术自由和自治权对于所有社会的福祉都是不可或缺的。高等教育的成功发展将取决于在可信的问责实践和良好的自治条件之间找到适当的平衡。只有这样,高等教育机构才能灵活和迅速地运作,提高效率,并实施创新举措,最终将产生更卓越的学习成果、更大的劳动力市场和更好的社会适切性[③]。

---

① 博克.走出象牙塔:现代大学的社会责任[M].徐小洲,陈军,译.杭州:浙江教育出版社,2001:340.

② 布鲁贝克.高等教育哲学[M].王承绪,郑继伟,张维平,等译.杭州:浙江教育出版社,2002:34.

③ Salmi J. The Growing Accountability Agenda: Progress or Mixed Blessing? [J]. Higher Education Management and Policy,2009,21(1):1-22.

3 部分国家的公立高等教育问责运行机制

3.1 德国公立高等教育问责[①]

3.1.1 问责主体

3.1.1.1 外部问责主体

两德合并以来，德国高等教育问责体系伴随着高等教育系统权力关系的重建而确立。高等教育系统涉及众多利益主体，这些利益相关者是对高等教育机构进行问责的主体。根据各主体与高校的关系，可分为高校内部与外部的问责主体。两德统一后，在高等教育改革过程中，问责主体的权力不断变化。此外，问责主体之间关系也有所变化。

外部利益相关者主要包括国家力量、认证机构、非政府组织、公共的第三方资金提供者、企业以及新闻媒体等。随着权力的扩大，国家力量以及第三方资金提供者是目前最为重要的外部问责主体。

国家是高等教育的承办者，对高等教育机构负有主要责任。国家力量主要包括联邦与州层面的政府部门和协调机构。德国作为联邦制国家，各州承担文化和教育事务，因而州政府是问责高等教育机构的主体。

① 郭荣梅.两德统一后的德国高等教育问责制研究[D].杭州：浙江大学，2019.

联邦层面主要通过《德意志联邦共和国高等学校总纲法》为基本纲领规定高等教育事业的一般事务，联邦政府通过执行联邦与各州共同签署的《高等教育协定2020》划拨资金，支持高校科研项目的开展、保障高等教育质量、促进教育公平，并就这些方面对州领导下的高等教育事业进行问责。德国联邦教育与研究部是联邦部会之一，是国家层面最主要的教育行政机构之一，主要通过资金支持和制定教育政策对各州高等教育事业进行问责。联邦教育与研究部由八个部门组成，其中第四部门负责管理高校与科研系统，承担与高等教育发展和资助相关的事务，其政策性任务包括落实“卓越计划”、《高等教育协定2020》、教学质量公约、“博洛尼亚进程”和《德意志联邦共和国高等学校总纲法》的有关问题等。此外，其任务还涉及德国科学体系的进一步发展，与联邦各州共同促进科学事业，资助研究基础设施建设和改善科学发展的框架条件等[①]。

各州政府作为高等教育的主要承办者，主要通过制定本州高等教育法和财政拨款引领高等教育发展。各州议会通过制定州内高等教育法，对高校的基本任务、组织架构、学生入学与资助、学制与学年等基本问题进行明确规定。在管理层面上，一般由各州文化或教育部门主管高等教育事务。但由于德国各州拥有相对较大的自主权，各州政府部门设立的具体情况及其名称有很大差异，例如，巴登-符腾堡州的科学、研究与艺术部，梅克伦堡-前波美拉尼亚州的教育、科学与文化部等。虽然各州教育政策不完全统一，但是总体来说，各州文教部是直接对高校进行问责的主体。

文教部长联席会议是德国16个联邦州负责教育、研究与文化事业的部长联合会，旨在促进各州之间教育的协调性和一致性。各州部长对政策进行表决，形成不具有约束力的建议，在此基础上，部长帮助各州通过立法程序将“建议”变为具有约束性的规定[②]。会议在协调各州教育发展、促进教育合作方面发挥了重要作用，其工作任务主要涉及实施教

---

① Bundesministerium für Bildung und Forschung. Die Organisation des Hauses[EB/OL]. (2018-03-20)[2019-01-03]. https://www.bmbf.de/de/die-organisation-des-hauses-192.html.

② NCEE. Germany: Governance and Accountability[EB/OL]. (2016-02-03)[2019-02-28]. http://ncee.org/what-we-do/center-on-international-education-benchmarking/top-performing-countries/germany-overview/germany-governance/.

学与科研质量保障计划、参与国家教育政策制定、提出跨区域性的决议或建议、协调各州教育标准等。

共同科学会议由联邦及各州主管科研与财政的政府部长参加，负责协调联邦与各州科学与研究事业的发展和资助。联邦与州政府在以下几个方面提供资助合作和拨款，包括高校基本建设、高校的科研机构与研究项目等①。会议商讨为高等教育机构提供资金，并就资金使用情况和结果进行问责。

当前，认证委员会与认证代理机构也是问责高校的主体。认证委员会是负责保障德国各州大学科研与教学质量的机构，决定对高校专业、质量保证体系和替代程序进行认证和重新认证。认证委员会由23名成员组成，包括8名高校代表、1名大学校长联席会议的代表、4名联邦州政府成员、5名职业领域的代表、2名国际专家、2名学生以及1名认证代理机构的代表。认证代理机构是对高校实施认证的具体机构，其自身要在欧洲高等教育质量保障登记处（European Quality Assurance Register for Higher Education，EQAR）注册，并且需要通过认证委员会的认证和审核。认证代理机构可根据认证对象的范围分成两类：一类是跨专业性的机构，可以认证所有的专业；另一类机构只认证特定的专业。目前共有10所德国国内外的认证代理机构得到认证委员会的认可，具体机构名单如表3－1所示。

表3－1　认证代理机构名单

跨专业的认证代理机构	面向特定专业的认证代理机构
瑞士认证与质量保障机构	卫生与社会专业的认证代理机构
认证、认可与质量保证所	神学专业质量保证和认证代理机构
奥地利质量保证和认证机构	工程科学、信息科学、自然科学及数学专业的认证机构
专业认证与质量保证机构	国际商务管理认证基金会
巴登-符腾堡州评估机构	
汉诺威中央评估与认证机构	

资料来源：孙进. 德国高等教育认证：机构、程序与标准[J]. 高等教育研究，2013，34(12)：88－95.

① 徐昭恒，王琪. 走进世界名校：德国[M]. 上海：上海交通大学出版社，2014：94.

对高校进行定期评估是各州高等教育法的规定之一。评估机构承担监督与评价高校工作的任务。为支持内部评估以及对高等教育机构承担的不同任务进行外部评估，德国现已形成州层面的评估机构和跨区域的评估机构①。根据评估机构的性质，可将其分为两类：一类是政府机构或政府下设的评估机构，如巴登-符腾堡州评估机构、下萨克森科学委员会、汉诺威中央评估与认证机构等；另一类是非政府组织，一般是专门负责评估的专业性机构或者大学联盟，如北德大学联盟、高校评估联盟、科学评估网、工业大学联盟等。此外，因德国大学对研究成果评估具有较悠久的传统，很多机构也参与到高校的科研评估中，如科学委员会、莱布尼茨协会、亥姆霍兹协会、马克斯·普朗克协会、弗劳恩霍夫协会和一些联邦研究机构，以及研究信息和质量保证研究所等。

德国高等教育发展研究中心、大学校长联席会议、科学委员会以及德意志科学基金赞助者联合会等非政府组织均是重要的高校利益相关者。德国高等教育发展研究中心是一个非营利性机构，成立于 1994 年，由贝塔斯曼基金会与大学校长联席会议推动成立②。该机构致力于建设高效且公平的高等教育体系，进行大学排名以及关于高校政策的研究等工作。大学校长联席会议是由超过 200 所德国高校校长共同组成的协会，其工作任务是：整理高校数据资料，为其他高校与公众提供信息咨询服务，促进成员高等教育质量保证和国际化，整合成员内部意见并向政府部门发声，为政府的教育决策和立法工作提供咨询，联合高等教育其他利益相关者共同制定教育基础和标准等。科学委员会是联邦层面的半官方机构，成员包括联邦及各州政府代表、科学家、公共领域的代表，主要任务是为联邦政府和各州政府提供关于高等教育、科学和研究发展方面的建议③。德意志科学基金赞助者联合会是由德国经济界创立的，其目标是凭借自身的行动和专业知识，改善学术教育以及加强德

---

① Secretariat of the Standing Conference of the Ministers of Education and Cultural Affairs of the Länder in the Federal Republic of Germany. The Education System in the Federal Republic of Germany 2015—2016[R]. Boon：Secretariat of the Standing Conference of the Ministers of Education，2017：247.

② Centrum für Hochschulentwicklung. Über uns[EB/OL]. (2015 - 01 - 03)[2019 - 04 - 03]. http://www.che.de/cms/? getObject=237&getLang=de.

③ Wissenschaftsrat. Aufgaben[EB/OL]. (2015 - 01 - 02)[2019 - 01 - 03]. https://www.wissenschaftsrat.de/ueber-uns/aufgaben.html.

国高等教育系统的竞争力[①]。

20世纪90年代以来，第三方资金逐渐成为高校的重要财政来源，其中最重要的资金提供者是德国科学基金会(Deutsche Forschungsgemeinschaft)。该基金会是全国性科学资助机构，负责资助德国高等学校和公共性研究机构的科学研究。该基金会为高等教育机构的研究项目、基础设施建设、国际合作等方面提供经费。除此之外，欧盟，特别是欧洲理事会也是重要的第三方财政经费提供者。

企业作为高等教育利益相关者发挥愈来愈重要的作用。当前，高校与企业主要在教学、研究、区域发展以及企业创新四个方面开展合作。通过合作，大学可以了解劳动力市场的前景，培养更具竞争力的人才，并加速知识的转移；企业可利用最新技术，实现科技转换与创新，获得更多经济效益，并且促进区域的发展。此外，企业与高校开展产学研合作，为其投入资金，这属于高校第三渠道的财政来源。

媒体在提高教育问题的能见度、向教育行动者施加压力使其履行责任，以及寻求政策变革方面具有巨大潜力。通过公开证据和引导关注点，它们可以为公众和决策者设定议程[②]。德国新闻媒体作为高等教育信息的直接获取者，承担监督高校的责任。媒体可以发布高校新闻满足公众的信息需求。德国许多报纸与杂志都专门设置“文化”栏目，如发行量较大的《南德意志报》(Süddeutsche Zeitung)，经常发布高等教育的最新动态与评论文章，使高校的发展情况更加透明。同时，网络媒体的发展为高等教育信息的传播提供了便利，例如，“教育点击网”是一个专门发布教育信息的网站，设置了“高等教育与研究”“国际化”“联邦州”等版块，读者可通过浏览新闻获取德国及各联邦州高等教育最新发展情况。此外，德国媒体还对高校排名进行监督。目前，德国较为权威的高校排名是由德国高等教育发展研究中心与《时代周刊》(Die Zeit)合作推出的“CHE Ranking”，发布在《时代周刊》的“校园”版块，该项排名成为学生与家长评价高校质量和选择高校的依据之一。

---

① Fraune C. Stakeholder von Universitäten: Eine gegenwarts-und zukunftsorientierte Anforderungsanalyse [M]. Technische Informationsbibliothek u. Universitätsbibliothek, 2012: 17.

② Accountability in Education: Meeting Our Commitments(Global Education Monitoring Report 2017/18)[R]. Paris: UNESCO, 2017: 2.

改革之前，在高校外部，主要由国家通过法律和规章细则管理高等教育。如图 3-1 所示，国家力量是问责高校的单一外部主体。20 世纪 90 年代以来，高等教育系统外部问责主体的权力关系发生改变，如图 3-2所示。国家力量依然是问责高校的最重要主体，但以认证机构为代表的第三方机构和公共的第三方资金提供者权力上升，也成为高校外部问责主体。

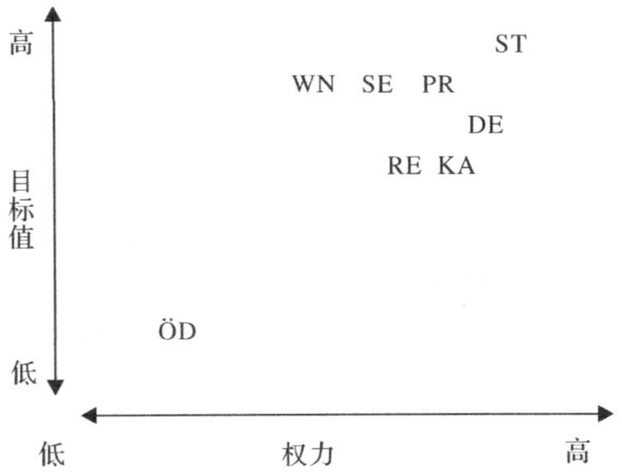

图 3-1 改革之前高等教育问责主体的权力及目标值

注：ST＝国家，PR＝教授，SE＝大学生，WN＝青年科学家，DE＝院长，KA＝总务长，RE＝校长，ÖD＝公共的第三方资金提供者

资料来源：整理自 Fraune C. Stakeholder von Universitäten：Eine gegenwarts-und zukunftsorientierte Anforderungsanalyse[M]. Technische Informationsbibliothek u. Universitätsbibliothek，2012.

首先，国家力量依然对高校的影响非常大。改革以来，国家与大学之间的关系一直处于重新界定的阶段[1]。德国政府减少对高校的细节干预，高校获得更大的自主权。但事实上，国家对高等教育机构的控制范围扩大，引入了新形式的机构问责制，迫使高校负责任地提供使用资源的证据。具体来说，政府减少了官僚主义的以"投入"为基础的控制，增加了战略目标设定，建立了各种产出和成果评估等机制[2]，转向以产出为主的监督控制模式。

---

① Kehm B M，Lanzendorf U. Ein neues Governance-Regime für die Hochschulen：Mehr Markt und weniger Selbststeuerung? [R]. Weinheim：Beltz Verlag，2005：41.

② Teichler U. Recent Changes of Financing Higher Education in Germany and Their Intended and Unintended Consequences[J]. International Journal of Educational Development，2018(58)：37-46.

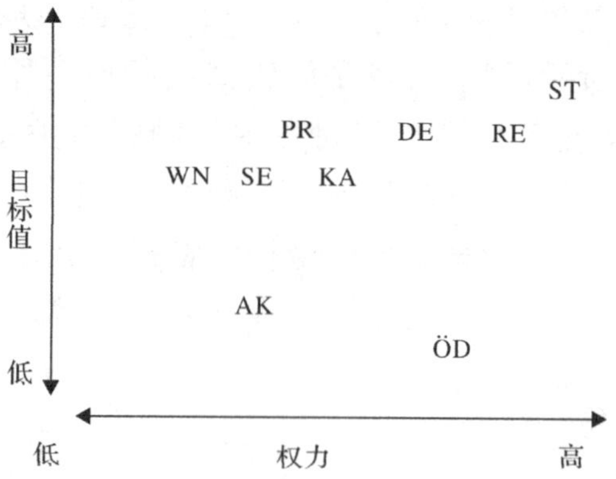

图 3-2 改革之后高等教育问责主体的权力及目标值

注：ST＝国家，PR＝教授，SE＝大学生，WN＝青年科学家，DE＝院长，KA＝总务长，RE＝校长，AK＝认证机构，ÖD＝公共的第三方资金提供者

资料来源：整理自 Fraune C. Stakeholder von Universitäten: Eine gegenwarts-und zukunftsorientierte Anforderungsanalyse[M]. Technische Informationsbibliothek u. Universitätsbibliothek，2012.

其次，认证机构作为新的权力一极逐渐发挥重要作用。德国公民社会的发展对高等教育的治理产生重要的影响。一方面，为保证高等教育机构的自治权，德国将政府的部分职权让渡给专业性较强的组织机构，如认证机构与评估机构，这些组织机构独立于政府与高校之外，参与高校治理，并就专业性内容向高校问责。另一方面，高等教育利益相关者所成立的组织团体，如大学校长联席会议等机构，能够代表其组织成员的整体利益，就自身关切问题对高校的发展和政府部门的教育决策进行问责。因此，认证机构等第三方机构的权力也有所增加。

最后，第三方资金提供者的权力有所扩大。面对紧张的国家财政资源，德国高校逐渐走出象牙塔，拓展财政来源渠道。一方面，高校积极争取公共的第三方资金，通过竞争的方式获得财政支持；另一方面，高校与企业进行产学研合作，以获取经济利益保证高校运转。在这个过程中，公立的第三方资金提供者，如德国科学基金会的权力大大增强。

3.1.1.2 内部问责主体

内部问责主体包括教授、青年科学家、大学生、评议会、校长、校务委员会、总务长、理事会、院长等。其中，校长是高校的最高领导者，其责任在于战略合同管理、资源决策、组织决策以及人事政策决策等[①]。校长的权力不断增加，目前成为问责高校的十分重要的力量。总务长负责高校的行政管理。具体任务包括预算编制、财产及设施管理、非科研人员的人事管理等方面。同时也与其他管理人员共同参与学校发展规划的制订、目标协议的协商等工作。院长是学院的领导者，负责学院内部的发展规划、资金分配及学业管理等事务。评议会是德国高校内部学术决策和自治机构。它主要由教授、非教授类学术工作人员、非学术性工作人员、学生这四类人员的代表组成，其中教授代表人数最多。各州高等教育机构的评议会职责略有不同，但总体上包括以下方面：表决学校的规章制度，确定教学与研究的基本原则，如教学专业的设置和修改、研究的重点与方向、对预算和资金分配等相关事务发表意见等。校务委员会是学校层面主要的领导机构。从宏观层面来说，校务委员会应对高等教育法中未明确规定的事宜负责，执行校内具体事务，确立校内评估与质量保证原则。从具体事项上来说，校务委员会负责以下事务：在各学院提出的发展规划的基础上制订“高校发展规划”；开展评估和执行高校发展规划；与评议会一起负责完成目标协定；筹备评议会的会议；执行评议会和理事会的决议；等等[②]。理事会是 20 世纪 90 年代以来新设立的管理机构，是高校内部多元治理模式的重要体现。理事会在不同的州名称有所差异，如大学理事会、管理委员会、董事会与监事会，但在行使职权方面类似，以监督与咨询为主。理事会一半或一半以上的成员来自校外政治、经济、文化与科学等领域。理事会主要负责以下事务：大学的发展计划；大学的形象建设；一般预算问题；与评估设计相关的政策决定；与政府达成目标协议；大学的设备管理；大学提供的学习课程；与大学发展有关的一般性问题[③]。

传统上，德国主要由国家力量和学术寡头管理高等教育事务。在高校内部，教授和由教授领导的系所具有很大的权力，能够自主决定教学

---

① Kleimann B. Professionalisierung der Hochschulleitung? [M]//Professionalisierung im Nonprofit Management. VS Verlag für Sozialwissenschaften, 2011: 201 - 226.

② 孙进. 政府放权与高校自治：德国高等教育管理的新公共管理改革[J]. 现代大学教育, 2014(2): 36 - 43, 112 - 113.

③ Kehm B M, Lanzendorf U. Ein neues Governance-Regime für die Hochschulen: Mehr Markt und weniger Selbststeuerung? [R]. Weinheim: Beltz Verlag, 2005: 48.

与科研的内容以及资金的分配等方面。在改革之前，高校内部问责主体的权力及对高校的目标值有很大的差异(如图 3-1 所示)。教授和代表教授意志的院长等学术力量权力较大，对于高校的要求与期望也相对较高。在管理方面，院长由学院委员会从学术人员中选举产生，在组织部门工作方面具有中介和协调职能，包括制订课程方案以及拟订学习和考试条例①。同时，因高校由学术权威主导，总务长作为高校的行政力量，负责校内除学术事务外的所有行政事务，在学术事务和管理事务之间发挥关键作用，权力相对较大，而且很多高校总务长负责预算工作，因而也被称为"大学的法律与经济良知"②。

两德合并后，德国高等教育系统的改革逐渐展开，高校内部问责主体的权力发生很大的变化(具体如图 3-2 所示)。在高等教育机构内部，加强高校领导力量成为改革最为突出的地方，所有州的校长和院长的决策能力都有所提高③，校长权力大大增加，而代表学术力量的评议会权力减小，并将部分权力让渡给高校。同时以总务长为代表的行政力量也听命于校长，校长成为高校实际的领导者。此外，院长作为学院层面的领导者，其作用也有所增强。这一改革导致了学术力量的弱化，教授、青年科学家以及学生的权力减小。因此，尽管学术群体依然是高校内部治理中的关键成员，但学术自治组织的角色已经从决策者转变为参与者，"教授治校"的传统逐渐被"校长治校"所取代，校长成为高等教育机构内部最重要的问责主体。

高等教育利益相关者是问责高校的主体，彼此之间互相联系。随着利益相关者权力的变化，其自身的影响力及对其他利益相关者的影响力也有所变化。如表 3-2 所示，左侧代表改革之后问责主体自身的影响力变化大小。除校长、国家及公共的第三方资金提供者外，其他的问责主体影响力均减弱，尤其是高等教育机构内部的教授、青年科学家等学

---

① Kehm B M. Higher Education in Germany: Developments, Problems, and Perspectives[R]. Institute for Higher Education Research, UNESCO European Centre for Higher Education, 1999: 69.

② Blümel A, Hüther O. Verwaltungsleitung an deutschen Hochschulen. Deskriptive Zusammenfassung der in 2015 stattgefundenen Befragung der Kanzlerinnen und Kanzler an deutschen Hochschulen[R]. Kassel: Universität Kassel, 2015.

③ Schimank U, Lange S. Germany: A Latecomer to New Public Management [M]//University Governance. Berlin: Springer, 2009: 51-75.

术力量，这是由于校长权力的显著增强，造成了学校内部权力的集中。此外，国家和公共的第三方资金提供者通过掌握财政经费对高校施加影响，自身的影响力也在增强。

表 3－2 右侧呈现出改革之后各问责主体对其他问责主体的影响变化。其中最为明显的是校长通过扩大权力范围对其他所有问责主体的影响力增强。国家通过划拨资金对认证机构与公共的第三方资金提供者的影响力增强。这也从侧面反映出，虽然国家对高校放松管制，但是通过影响其他利益相关者依然加强了对高校的问责。而公共的第三方资金支持者对教授的影响也明显增强，因为改革之后教授需要通过提高科研绩效来参与竞争，从而获得更多的第三方资金。

表 3－2 德国高等教育问责主体之间的关系变化

问责主体自身的变化		问责主体对其他问责主体的影响								
		教授	青年科学家	大学生	校长	总务长	院长	国家	认证机构	公共的第三方资金提供者
教授	－		－	－	＋		－			＋
青年科学家	－				＋					
大学生	－	－			＋					
校长	＋					－				
总务长	－				＋					
院长	－	－	－	－	＋					
国家	＋	－		－	＋	－				＋
认证机构	－	－			＋		－	＋		
公共的第三方资金提供者	＋	－	－		＋			＋		

注：“＋”代表影响力增加，“－”代表影响力减弱

资料来源：Fraune C. Stakeholder von Universitäten：Eine gegenwarts-und zukunftsorientierte Anforderungsanalyse[M]. Technische Informationsbibliothek u. Universitätsbibliothek，2012.

总体来说，德国高等教育内部问责主体成了以校长为核心的网络关系。校长作为承接内外部利益相关者对高校进行问责的中心力量，对外作为高校的代表，向政府、认证机构、公共的第三方资金提供者等外部问责主体进行汇报和说明，争取更多的资源；对内作为问责高校内部成员

的主体，要求教授、青年科学家及大学生保证教学、科研质量和效率，并对总务长及院长等行政机构人员进行管理。同样，高校内部成员也要求校长合理使用权力。

3.1.2 问责内容

根据《德意志联邦共和国高等学校总纲法》规定，德国高等学校的主要任务在于：高等学校在自由、民主和社会型的法治国家中根据职责开展科研、教学、学习等活动，扶持和发展各种科学和艺术事业。高等学校是为学生今后从事各种需要运用科学知识和科学方法，或需要具有艺术创造能力的职业活动打下基础。高等学校须向公众公布责任履行情况[①]。尽管德国通过法律规定了高校的任务，但对高校的问责内容并不仅限于此。因为高等教育事业作为公共性事业是关乎国计民生的重中之重，其发展涉及方方面面，不能完全涵盖于法律之中。而且，德国高等教育问责主体的多元性决定了对高校问责的内容具有广泛性的特征。

综合考察，本章将从三个角度阐释德国对高等教育问责的内容：①德国高等教育利益相关者的利益诉求；②德国高等教育机构接受各界资源的投入，需对资源的使用情况进行汇报与解释；③高等教育机构承担教学、科研、社会服务、国际化等基本职能，需就其使命达成情况接受问责。总体来说，德国高等教育利益相关者的利益诉求是问责高校的主要依据，但并非所有的利益诉求都能得到有效问责。高等教育职能达成以及资源合理使用既是问责主体的主要利益诉求，亦是对高等教育机构问责的实际内容。

3.1.2.1 高等教育问责主体的利益诉求

德国高等教育问责主体众多，每个主体的利益诉求有所不同，因此对高校问责的内容也有所不同。高校需要满足不同利益相关者的期望与要求，并积极进行回应。具体而言，问责主体的利益诉求如表 3－3 所示，主要包括自治、学术自由、学术服务、教学质量、学业组织、研究质量、管理能力、决策能力、人才培养、科研转化能力、资源分配与使用、国际合

---

① Bundesministeriums der Justiz und für Verbraucherschutz. Hochschulrahmengesetz (HRG) [EB/OL]. (2017－05－23)[2019－01－03]. https://www.gesetze-im-internet.de/hrg/HRG.pdf.

作等方面。与此同时，高等教育利益相关者希望高校达成其利益诉求，应积极履行自身应承担的责任，以做到权责统一。

表 3-3 问责主体与高校的利益诉求

问责主体	对大学的期望与目标	大学对其的期望与目标
教授	关于工作组织方面的自治； 关于工作内容的自治； 关于优先完成何种任务方面的自治； 合理的物力和人力配备	通过研究、教学、学习和继续教育扶持和发展科学和艺术事业； 根据科学知识的变化、专业实践以及职业领域的需求，进一步发展学习的内容与形式，完成教学任务； 在大学整体战略意义上完成研究任务； 获得第三方资金； 参与自我管理
青年科学家	职业准备； 通过研究和教学获得资助； 提供合适的职位，给予足够的资金支持； 在其职责框架内，有充足的机会进行科学研究工作； 在工作组织和学术自由方面的自主权	获得大学授课资格； 提供科学服务； 提供研究服务； 获得财政资源； 承担教学重担
大学生	为其感兴趣的职业工作做准备； 获得专业知识； 能够进行科学研究工作； 自主和负责任地开展工作； 合理的学制； 合理的指导及指导关系； 合理的成功率； 良好的学习组织； 适当的基本设备/适当的学习条件； 实践性学习； 过渡到就业阶段的帮助； 适当的自学/电子学习机会； 充足的儿童保育	财政资源； 职业资格； 形象大使

续表

问责主体	对大学的期望与目标	大学对其的期望与目标
大学管理者/校长	具有吸引力的目标协议，具有社会尊重、长期优秀和单独报酬的专业活动； 在大学形象建设和大学质量管理方面的设计和决策能力； 关于以下方面的决策和领导权力：战略合同管理、资源分配和使用、组织决策、人事政策	确保基本资金； 组织教学活动； 组织研究活动； 外部沟通； 形象建设； 质量管理； 大学与外部政治、经济和社会的联系
行政部门/总务长	管理者的专业任务和能力； 对理事会的领导、决策和设计权力； 对学院和教授的领导、决策和设计权力	日常管理的实施与领导； 支持高校的领导管理； 学院与教授的行政服务
学院/院长	实现学术自治的任务； 参与高校管理的责任； 实施新公共管理改革； 维护学院在高校中的利益； 学院的自主权； 辅助性决策权	实施学业管理； 实施绩效拨款； 实施质量管理； 建立公共关系； 实施研究管理； 组织学院层级的集体决策； 在学院内部，代表并执行高校领导层的利益
联邦政府/州政府	创建具有国际竞争力的研究和科学区位； 促进德国经济发展	经济资源； 合法化； 法律保护； 在教育竞争中的保护
认证机构	出售服务	对学位课程的专业认证
非政府组织	通过建立基于市场的分配原则和企业组织原则，增强德国科学研究力量	项目合作伙伴及第三方资助机构； 通过提供科学专业知识影响高等教育政策的内容
公共的第三方资金提供者	建立竞争； 跨学科研究； 国际合作； 跨机构合作； 资助科研后备人才	研究经费； 成功和声誉

续表

问责主体	对大学的期望与目标	大学对其的期望与目标
企业	以需求为导向、与实践相结合的教育； 继续教育； 获得最新的科学知识； 创新； 促进区域发展	履行“就业能力”的政治要求； 在教学领域开发新目标群体； 企业的合同研究与咨询； 承担社会责任； 赞助和资助

资料来源：整理自 Fraune C. Stakeholder von Universitäten：Eine gegenwarts-und zukunftsorientierte Anforderungsanalyse[M]. Technische Informationsbibliothek u. Universitätsbibliothek，2012.

基于自身利益诉求，教授与青年科学家作为高校教学与科研责任的主要承担者，主要期望高校保证学术自由与自治的环境以及充足的资源配置，此外，青年科学家还希望获得一定的资助。大学生作为高校的“顾客”，期望在就读期间获得合适的学习环境、良好的学习与就业指导机会，同时，为了更好地接受教育，大学生希望高校提供生活方面的帮助，如儿童保育等。管理者与行政人员希望保证其在管理和决策方面的权力，而院长作为学院的领导者希望有机会参与学校事务，并具有一定的决策权，保证本学院的自主权。联邦政府与州政府、非政府组织、公共的第三方资金提供者均期望高校增强国际竞争力，同时，政府希望通过发展高等教育促进经济增长，公共的第三方资金提供者期望高校建立竞争与合作机制。企业期望高校与社会实践相结合，为其提供科学创新等方面的支持，并且促进区域经济发展。认证机构则期望通过高校购买其服务，获得经济收入。

各问责主体在根据自身利益诉求对高校进行问责的同时，也应承担相应的责任，满足高校对其的期望与要求，主要包括教学、科研、管理、财政、法律保护、咨询、声誉维护、评价等方面的责任。具体来说，在教学与科研方面，主要由学术力量——教授与青年科学家承担；在管理方面，高校要求校长、总务长以及院长等具备专业的管理能力和素养，做好日常领导与管理工作；在财政资源方面，高校不仅要求学生、政府、公共的第三方资金提供者、企业给予资金的支持，还期望校长、教授与青年科学家努力争取更多的财政资源；在法律上，高校希望政府给予法律保护；在咨询方面，主要依托非政府组织和企业进行咨询；在大学声誉与形象建设方面，依靠校长、大学生以及公共的第三方资金提供者维护高校的声誉与形象；而认证机构主要承担评价高校专业课程和质量体系的工作任务。

3.1.2.2 教学使命达成情况

作为“教学与科研相统一”理念的发源地，传统上德国极为重视教学与科研两大职能。教学是培养人才的主要途径，也是德国高校承担的主要任务之一。《德意志联邦共和国高等学校总纲法》规定，高等学校须重视科学和艺术后备人才的培养。因此，问责德国高等教育机构教学使命的达成情况，既包括教师的教学情况，又包括学生的学习情况，即人才培养情况。各州文教部长联席会议指出，为了持续保障教学的质量与发展，采取形式多样的补充措施和程序是必要的。德国的所有大学都应采取此类措施与程序，不过在设计和权重方面，根据各州及高校的差异性和发展情况可有所不同①。具体来说，教学质量可通过认证、评估、提高师资水平等举措加以保证。

一方面，对于教学科研人员来说，教学是最重要的工作任务之一。为此，各州文教部长联席会议颁布《关于高等教育机构中的教学义务(除艺术类大学外)的条约》，规定了教学科研人员的教学义务，各州均需遵守这一条约。条约规定，教学义务以课时量计算，一课时意味着每周至少 45 分钟的讲课时间。不同职位的教师的课时量规定有所区别，但以教授授课为主。其中，综合性大学教师承担的课时量如下：

①教授，8 课时；

②青年教授，处于第一阶段 4 课时，处于第二阶段 4～6 课时；

③任期制讲师，6～8 课时；

④终身制讲师，8 课时；

⑤高级助理和高级工程师，6 课时；

⑥承担教学职责的学术助理，最高 4 课时；

⑦属于任期制公务员并承担教学职责的学术人员，最高 4 课时；

⑧属于终身制公务员的学术人员，最高 8 课时；

---

① Kultusministerkonferenz. Qualitätssicherung in der Lehre [R]. Berlin: Kultusministerkonferenz, 2005:6-7.

⑨承担特殊职责的专聘教师，根据其职责，12～16 课时[①]。

另一方面，为了保障并提高教学质量，培养优秀的人才，文教部长联席会议制定了评估教学质量的标准，具体指标如下：学生的数量、在规定学制内的学生占比、学生的学习时间、毕业率、教学和考试的组织情况、向学生提供指导的情况、关于专业人才培养方案的实施情况、课程的可学性、课程相互关联性和相互协调性、国际化、多媒体的运用、性别平等、考试与评价的实施程序、毕业生的去向[②]。可见，德国在教学使命达成方面不仅问责教师的教学内容、时间与方法，同时强调问责学生的学习成果。

3.1.2.3 科研使命达成情况

德国的科研创新能力长期以来居于世界领先地位，这在很大程度上得益于高等学校开展的大量科研工作。因此，科学研究作为高校的重要任务之一，不可避免地要接受各方问责。2006 年各州文教部长联席会议提出要实施高校科研质量保证举措，并要求各州采取绩效指标、评估与排名等多种方式对高校科研发展进行问责。

2011 年各州文教部长联席会议对各州采取的工作进行了总结与分析。总体来看，各州均采用绩效拨款这一方式对高校科研工作进行问责，具体指标如下：获得的第三方资金及其来源，出版活动，博士和/或青年科学家的数量，授课教师的数量，应用科学大学毕业生中的博士生，访问学者的参与情况，参加国际或国内资助项目的情况，专利、专利申请及使用的数量，与国内外高等教育机构、非高校研究机构以及经济界（地区经济）的战略合作与联系情况，校办公司状况，校友网络的管理与扩充，出版物与引用次数[③]。总体来说，科研资金的多少、科研人员的数量及科研产出成果是问责的主要内容。

大学除一般性科研使命的达成之外，若申请成为“卓越大学”，则要

---

① Kultusministerkonferenz. KMK-Vereinbarung über Die Lehrverpflichtung an Hochschulen (ohne Kunsthochschule)[R]. Berlin: Kultusministerkonferenz, 2003: 4－5.

② Kultusministerkonferenz. Qualitätssicherung in der Lehre[R]. Berlin: Kultusministerkonferenz, 2005: 6－7.

③ Kultusministerkonferenz. Instrumente der Qualitätsfeststellung in der Hochschulforschung: Erfahrungen der Länder[R]. Berlin: Kultusministerkonferenz, 2011: 7－8.

求在科研方面有更高的要求。2016年联邦与各州政府规定“卓越大学”的评价标准主要包括:①研究成果指标,如第三方资金、研究奖项、科学基金会的资助情况、在加入“卓越计划”前的成果;②大学的战略性机构理念的一致性与质量,以及大学治理或相关合作伙伴的参与、以研究为导向的教学、对研究基础设施的使用、对世界领先科学家的吸引力、人员发展、平等的机会等方面[①]。

3.1.2.4 社会服务使命达成情况

传统上德国将高校视为研究高深学问的机构,而且是由国家建设高校,高校与社会的联系并不紧密。但随着知识社会的发展,“在过去20年中,高校已成为重要的地区服务中心,其专门技术和文化设施给周围地区带来了益处和利益。西德大学校长会议要求高校的服务功能应得到更自觉、更系统的实施,使之成为高校除研究、培养学术后备力量和教学之外的‘第四根支柱’”[②]。德国高校与社会联系日趋紧密,也逐渐承担社会服务职能。其中,《德意志联邦共和国高等学校总纲法》有以下明确规定。①高等学校应促进本校人员的继续教育。②高等学校要参与学生的助学金管理工作;应考虑到带有孩子的学生的特殊需求;应确保残疾学生在学习期间不会处于不利地位,并且可以在没有外部帮助的情况下使用大学提供的服务;重视在本校范围内开展体育活动。其中性别平等尤为重要,各州均将其视为高等教育的任务之一。③高等学校应促进科技与知识转化。因此,德国高校的社会服务职能与扶持弱势群体、平等、继续教育、科技转化、服务社会等方面紧密联系在一起。

根据各州绩效指标以及合作协约中规定的目标,可概括出对高校社会服务领域的问责具体包括以下内容:高校入学名额增长数量;聘用女性工作者的人数,尤其是女教授的数量;具有移民背景的学生的参与度;具有专业资格的学生人数;在职学士学位项目;知识与科技的转化率等。

3.1.2.5 国际化使命达成情况

德国是世界范围内高等教育国际化程度较高的国家,这与德国政府

① Bundesministerium für Bildung und Forschung, Exzellenzstrategie[R]. Berlin: Bundesministerium für Bildung und Forschung, 2016:4.

② 派泽特,弗拉姆汉. 联邦德国的高等教育:结构与发展[M]. 陈洪捷,马清华,译. 北京:北京大学出版社,1993:15.

的重视密不可分。“高等学校须重视在高等教育范围内发展国际合作，特别是与欧洲其他国家的合作，促进德国高校与外国高校的交流，并须考虑到外国留学生的特殊需求。”[①]为了更好地促进德国高等教育融入全球知识链，培养具有国际竞争力的人才，高校的国际化使命达成情况成为问责的重点内容之一。

2013 年德国联邦政府与州政府颁布了《联邦与州科学部部长推进德国高校国际化战略》，制定了高校国际化发展的九大领域及目标。这些目标达成情况成为问责高校国际化的主要标准，包括：①高校制定国际化战略，国际化应涵盖高校所有领域，如研究、教学、继续教育、管理、行政等领域；②改善与之相关的法律政策条件，如保证外国留学生的权利等；③营造“欢迎文化”，高校教师与行政人员应参加外语学习和跨文化培训，以便为留学生提供更佳的服务等；④建立国际化校园，为留学生提供英语研讨课程以及德语语言培训课程，以帮助其更好地参与学术与社会生活；⑤增强学生的流动性，增加国际化课程，促进学分转化；⑥增强德国高校的国际吸引力；⑦吸引卓越的科学家，拓展博士学位项目；⑧建立国际研究合作；⑨建立跨国教育项目[②]。该战略为高校国际化发展确定了框架，也成为问责主体对高等教育机构进行问责的主要参照标准。

3.1.2.6 高等教育资源使用情况

如何在现有的条件下利用有限的教育投入培养出高质量的人才，是衡量高校办学效益的重要依据[③]。德国相较于其他发达国家在高等教育投入方面有其特殊性：一是学生入学不需要缴纳学费，政府是高校财政资源的主要提供者；二是高校教师大部分隶属于公务员系统。这种资源投入的特性要求德国高校必须向政府与公众详细说明资源使用情况，以获得更多的资金支持。

---

① Bundesministeriums der Justiz und für Verbraucherschutz. Hochschulrahmengesetz (HRG) [EB/OL]. (2017-05-23)[2019-01-03]. https://www.gesetze-im-internet.de/hrg/HRG.pdf.

② Bundesministerium für Bildung und Forschung. Strategie der Wissenschaftsminister/innen von Bund und Ländern für die Internationalisierung der Hochschulen in Deutschland[EB/OL]. (2013-04-12)[2018-12-13]. https://www.bmbf.de/files/aaaInternationalisierungsstrategie_GWK-Beschluss_12_04_13.pdf.

③ 欧亿容.关于提高高校资源使用效率的思考[J].会计之友，2002(11)：14-15.

德国高校的经费使用以完成规定的任务和达到协商的目标为准绳。20 世纪 90 年代以来，德国各州改革高等教育财政预算模式，引入“总体预算”模式，即州政府将资金整体划拨给高校，但不具体规定资金使用条目。在这种模式下，高校的财政自主权扩大，但问责主体对收益结果的透明度要求更加严格。此外，为了证明资金被合理使用，按照各类高等教育机构统一原则，高校引入成本和收益核算体系。对于德国高校经费使用情况的问责主要包括：高校是否将从各渠道所获得的经费用于学术领域；高校合理利用资金，以达成预定的目标；资金的使用是否公开透明；高校是否按照绩效指标，获取更多的成果。

人力资源是高等教育机构的主要资源之一。对于高校人员的问责是保证合理运用高校人力资源的基础。德国高校通过两方面保证人力资源的合理配置：一方面，明确规定工作人员的职责和权利，以便评估其履职情况，并且详细规定招聘、管理以及在职培训等流程，以保证高素质的人员服务于高校；另一方面，通过绩效奖金鼓励职工提高工作效率。德国高校人员可分为教学科研人员与非科研人员。教学科研人员主要指高校教师，又可分为两个层次，即教授和教授之下的学术中层。学术中层主要包括高校中的学术助教、学术助理、专聘教师等[①]。联邦及各州通过制定法律法规详细地规定了不同人员的职责范围。

德国对于高校教师的责任划分较为清晰。以巴伐利亚州“教授”承担的责任为例，2006 年巴伐利亚州颁布《巴伐利亚州高校人员法案》，并于 2016 年进行了修订。法案对不同类型的教师责任要求不同。其中，教授的任务是：根据聘用合同的具体规定，独立承担本学科范围内该高校的科学和艺术、研究和教学方面的任务。主要责任包括：①承担教学改革与咨询；②参加关于大学录取与招生的能力测试和选拔程序；③在其学科领域的所有课程和其他学习活动中开课，以及实施高等教育机构为确保课程提供所做的决定；④参与高校考试以及与州层面开展的大学结业考试；⑤参加高校管理；⑥在无特殊报酬的情况下，应按高校或州政府部门的要求提交鉴定报告，包括为此做必要的调查研究[②]。不仅对于

① 邓静芬. 20 世纪 90 年代以来德国高等教育管理体制改革研究[D]. 杭州：浙江师范大学，2009.

② Der Landtag des Freistaates Bayern. Bayerisches Hochschulpersonalgesetz-BayHSchPG[EB/OL]. (2016-12-13)[2019-02-24]. http://www.gesetze-bayern.de/Content/Document/BayHSchPG.

教授，德国对高校教学科研人员的责任均有明确的法律要求，这也是问责其责任履行的基本标准。

高等教育机构内部兼职和全职非科研人员包括学校行政管理部门的人员、图书馆工作人员、工程师和技术人员、管理员、门卫、受训人员和护理人员等①。以校长为例，校长作为高校的代表和最重要的管理者，其职责包括行政、财务、机构发展、学习课程的开发、评估的实施、员工管理以及公共关系等，其责任的履行受到政府及学校各部门的监督。

此外，从 2002 年起德国引入《教授薪资改革法》，改变传统以教授资历为标准拨付薪资的方式，采取“基本工资＋绩效奖金”的方式。在个人绩效与工资相挂钩的拨款方式下，各州有权设置绩效指标问责，并激励教授取得更多成果，指标内容一般包括研究、教学、继续教育、青年人才培养以及承担高校管理任务这五大领域②。以慕尼黑工业大学为例，教师的绩效指标涉及科研、教学与社会服务三个模块。科研主要包括科研项目、论著、创新能力、国际声誉等，教学包括教学质量、教学贡献、教学能力发展等，社会服务包括参与学校层面的服务、参与本校青年人才培养的服务、参与学术界和社会的服务等③。各指标下又分为更加详细的标准来衡量教师的成果。

3.1.3 问责方式

德国高等教育利益相关者采取多种方式对高校进行问责，包括合同管理、绩效拨款、认证、评估、排名等方式，保证了各利益相关者从不同角度出发监督高校的发展状况。不同的问责主体所采用的问责方式和程序不同。政府通过合同管理和绩效拨款对高校给予资金支持并确定高校发展方向与目标，鼓励高校提高绩效；认证机构通过认证对高校专业和质量体系进行认定，确定了教育教学的基本标准；评估机构通过评估

---

① Secretariat of the Standing Conference of the Ministers of Education and Cultural Affairs of the Länder in the Federal Republic of Germany. The Education System in the Federal Republic of Germany 2015—2016[R]. Boon：Secretariat of the Standing Conference of the Ministers of Education，2017：247.

② Kultusministerkonferenz. Eckpunkte zur Systematik der Besoldungsanpassung in Umsetzung der Entscheidung des Bundesverfassungsgerichts vom 14. 02. 2012[R]. Berlin：Kultusministerkonferenz，2012：1.

③ 王梅，赵亚平，安蓉. 德国大学教师绩效管理体系及其特点：以慕尼黑工业大学为例[J]. 外国教育研究，2016，43(2)：46－58.

对高校学科发展进行评价，并提出意见与建议，“以评促改”；新闻媒体及其他机构通过排名的方式，对高校各方面发展情况进行资料收集与分析，最大程度上为消费者提供信息，同时也督促高校不断完善自身。

3.1.3.1 合同问责

合同管理是目前德国政府对高校进行管理的主要方式之一。20世纪90年代以来，德国政府在以目标为导向的新调控模式下，改革高等教育管理方式，给予高校更多的自主权。州政府与高等教育机构之间的关系从单向控制转变为伙伴关系，二者通过协商谈判，签订为期三年左右的“合同式协约”，由此确定在一定时期内各自应承担的责任。协约通常会涉及以下几个方面的内容：高校要形成的办学特色、教学和科研质量的改善、培养后备人才、国际化、现有专业和新设专业的发展目标等①。此种合同管理方式属于契约式管理，得到各州高等教育法的认可。

自1997年柏林州教育部与州内高校率先签订“大学合同”以来，目前德国16个州均采用类似的管理模式。根据协约对象的不同，联邦州的协约管理可分为两种模式。

第一种模式为州政府与州内每所高校单独签订一份合同，即“目标协议”或“大学合同”。目前有柏林州、不来梅州、梅克伦堡-前波美拉尼亚州、莱茵兰-普法尔茨州、萨尔州、萨克森-安哈尔特州6个州采取此种模式。以柏林州为例，从1997年以来，每隔3～4年，州政府与高校签订一次“大学合同”，明确这一时期内的财政拨款总额与拨款方式，并详细规定高校发展目标和计划，包括增加入学名额、保证教学质量、开展教师培训、促进研究发展、增强高校的国际化、促进平等以及加强高校与经济产业的合作等方面。

第二种模式为“共同合约＋目标合约”，目前有10个州采取该种模式，分别是巴登-符腾堡州、巴伐利亚州、勃兰登堡州、汉堡州、黑森州、下萨克森州、北莱茵-威斯特法伦州、萨克森州、石勒苏益格-荷尔斯泰因州以及图林根州。在这种模式下，一方面，州教育部门与每所高校单独签

① Kehm B M, Lanzendorf U. Ein neues Governance-Regime für die Hochschulen-mehr Markt und weniger Selbststeuerung? [C]. Hochschullandschaft im Wandel, 2005: 41－55.

订一份合约，根据高校的情况，对高校未来几年的战略目标与发展重点进行规定；另一方面，政府与州内所有高校共同签订一份合约，规定高校财政拨款模式，同时包括该州高校的发展前景与重点①。以巴伐利亚州为例，自 2005 年起，每 3～5 年州政府与州内所有高校共同签订"创新公约"，截至 2022 年底，共签订四份公约。例如，"创新公约 4.0"规定了 2018—2022 年，高校应达成的三个政策目标：保证提供多元化和以需求为导向的教学服务、在绩效方面提升高校的质量和卓越性、增强高校作为参与社会并对社会负责机构的作用与职能。除此之外，公约还规定了州政府对高等教育的总体财政预算和特殊拨款项目。根据"创新公约"的总体目标与框架，州政府与每所高校签订"目标协议"，制订适合各高校的详细目标计划，内容涉及加强与促进教学质量、科学实践、性别平等、培养青年人才、高校的国际化、知识技术转换、管理效率等方面。除政府与高校层面的目标协约外，高等教育机构与学校院系就部门发展计划签订类似的合同。

此外，大学管理机构可与教授进行谈判，签订一份为期约 5 年的合同，以此确定教授职能、成就目标以及工作所需的人力与物力资源②。

通过签订协约，政府放弃对高校的具体控制，不再进行事无巨细的管理。而高校获得了更多的自主权，但同时有义务向政府部门提交报告，按时汇报目标履行情况，以回应政府及公众的问责。

3.1.3.2　绩效问责

传统上德国采用财政预算法，即高校制订一年或两年的预算计划，列出经费开支项目，提交州立法机构通过。在这种模式下，大学的预算通常只是仅"超出"上一年的预算，并采用上一年的预算项目。此种财政预算基于大学的财政收入和支出账户，由国家行政部门的输入导向控制。通过这种财政预算的方式不能反映公务员所消耗的资源的效率和效力③。

---

① 巫锐．德国高等教育治理新模式：进程与特征——以"柏林州高校目标合约"为中心[J]．比较教育研究，2014，36(7)：1－5．

② Teichler U. Recent Changes of Financing Higher Education in Germany and Their Intended and Unintended Consequences[J]. International Journal of Educational Development，2018(58)：37－46.

③ Lange S. Neuer gesellschaftlicher Legitimierungsbedarf der Wissenschaft in Deutschland-Veränderungen in der Wissenschafts-Governance am Beispiel der Universitäten [J]. Exzellenz durch Steuerung，2009(2)：80.

早在1979年,科学委员会就已提出要采用绩效拨款,但直到1991年,莱茵兰-普法尔茨州才成为首个引入绩效拨款制度的联邦州。20世纪90年代以来,各联邦州采用“总体预算”模式,高校获得财政自主权。在此基础上,各州引入绩效拨款制度,以“产出”为导向制定资金分配标准,对高校绩效成果进行问责。

目前,16个联邦州均采用绩效拨款方式,并通过高等教育法确立其合法地位,如北莱茵-威斯特法伦州的《高等学校自由法》在第五条规定:政府对高校的资助以高校的任务、双方商定的目标以及高校所取得的办学成绩为导向①。而且,各州政府在目标协约或专门文件中,对绩效拨款的实施进行说明。例如,北莱茵-威斯特法伦州在2018年9月出台《2019年州立高等教育机构绩效拨款说明》,规定了州内综合性大学和应用科学大学财政绩效指标及其所占绩效资金的份额,具体如表3-4所示。

表3-4 北莱茵-威斯特法伦州高等教育机构财政绩效指标及其所占绩效资金的份额

绩效指标	高校类型	
	综合性大学	应用科学大学
教学	45%	70%
科研	45%	20%
平等	10%	10%

资料来源:Ministerium für Kultur und Wissenschaft des Landes Nordrhein-Westfalen. Hinweise und Erläuterungen zur leistungsorientierten Mittelverteilung an den Hochschulen in der Trägerschaft des Landes NRW 2019[R]. Düsseldorf: Ministerium für Kultur und Wissenschaft des Landes Nordrhein-Westfalen, 2018: 4.

近年来,一些州政府逐渐提高绩效拨款所占份额,财政拨款制度从以绩效为导向转变为以绩效为基础。但目前来看,各联邦州绩效拨款占财政资金总额的比重不等,所占份额最少的州为萨克森州,仅为1.4%,

① Ministerium für Kultur und Wissenschaft des Landes Nordrhein-Westfalen. Gesetz über die Hochschulen des Landes Nordrhein-Westfalen(Hochschulgesetz-HG) mit Begründungen[EB/OL]. (2014-09-16)[2019-01-20]. https://www.mkw.nrw/fileadmin/Medien/Dokumente/Hochschule/Gesetze/HZG_mit_Begr%C3%BCndung.pdf.

所占份额最多的州是柏林州,为65.7%①。不过,各州绩效指标的设置标准类似,主要包括教学、科研、平等三个方面。一般来说,在教学方面,以毕业生以及常规时间内的在校生数量为主;在科研方面,主要关注高校所获得的第三方资金数量与教授人数等;在平等方面,强调女性学生与职员的数量,尤其是女教授的数量等。此外,三种指标的比重根据高校类型的不同也有所区别,一般来说,综合性大学中科研指标所占比重较大,应用科学大学的教学指标所占比重较大。以绩效份额占比最多的柏林州为例,财政资金具体分配占比如表3-5所示,其中综合性大学基础资金占34.3%,绩效资金占65.7%,绩效资金又包括教学、科研、平等/多样性、继续教育四大领域。

表3-5 柏林州高等教育机构财政资金分配占比

绩效指标		高校类型		
		综合性大学	应用科学大学	艺术类高校
基础资金		34.3%	23.4%	52.2%
绩效资金	教学	29.5%	53.8%	33.5%
	科研	31.1% (科学研究、后备人才培养)	10.2% (知识转化、区域合作)	8.7% (艺术发展、区域合作)
	平等/多样性	3.8%	10.6%	4.3%
	继续教育	1.3%	2.0%	1.3%

资料来源:Berlin Senatsverwaltung für Bildung,Wissenschaft und Forschung. Leistungsbasierte Hochschulfinanzierung[R]. Berlin:Senatsverwaltung für Bildung,Wissenschaft und Forschung,2011:6.

除州政府制定绩效拨款指标向高校分配一定份额的资金外,学校内部亦可通过类似绩效指标划拨资金。高校可根据学校绩效指标在院系或部门层级进行资金的再分配。学院对系、所的拨款也采取绩效指标制度。此外,高校在教授工资薪酬方面也采取绩效模式。2003年德国大学教授薪酬制度改革也加强了激励性拨款的作用,教授薪资从基于服务

① Institut für Hochschulforschung Halle-Wittenberg. Übersicht über die aktuellen Modelle der Leistungsorientierte Mittelvergabezwischen Staat und Hochschule[EB/OL]. (2014-05-21)[2019-01-23]. https://www.hof.uni-halle.de/fis/dokumentationen/hochschulsteuerung/steuerung2012/.

年限的模式转变为基于成就的模式。新的教授工资计划规定，约占三分之一的工资应根据教授的实际业绩进行分配①。由此，绩效拨款制度促使高校内外部形成竞争，高校的管理层与相关人员必须提高绩效任务的完成率，发布绩效报告，从而获得更多的拨款。

除上述绩效拨款之外，德国在联邦政府层面通过一些项目增加拨款，支持科研与教学的发展。在科研领域，2005 年联邦政府与各州政府协商实施“卓越计划”，旨在推动德国尖端科学研究，培养高质量的科研后备人才，建设世界一流的研究型大学，提高德国科研国际竞争力。截至 2017 年，已实施 2007—2012 年、2012—2017 年两期，分别给予 19 亿和 27 亿欧元的资助。“卓越计划”通过遴选“研究生院”“卓越集群”“未来构想”(或称“卓越大学”)三大项目，对入选的学校或项目提供资助。

2016 年联邦政府与各州政府肯定“卓越计划”的有效性，决定在此基础上实施无限期的“卓越战略”，其目的是：通过提高国际竞争力，持续增强德国科学研究在全球的地位；通过促进科学的卓越性、增强科学系统的独特性与合作能力来提高高校的实力；促进“卓越研究”，提高德国高等教育和科学研究的质量②。其具体举措是通过外部专家评审遴选“卓越集群”和“卓越大学”项目。申请成为“卓越集群”的大学或大学联盟将在具有国际竞争力的研究领域获得资金支持，以便组织不同学科和机构的科学家共同合作，并帮助科学家将精力集中于研究目标，同时培养青年科学家，招募国际顶尖人才。“卓越大学”资助项目旨在促进大学或大学联盟的发展，加强其在研究领域的国际领先地位。为此，联邦政府与州政府按 75∶25 的比例在 2017 年提供 8000 万欧元的资助，并且自 2018 年起每年提供 5.33 亿欧元的资助。

3.1.3.3 认证

20 世纪 90 年代末德国引入认证制度，旨在对新成立的三级学位制度的专业课程进行认定。认证制度发展到今天已成为保障高校教学质量的重要手段，也是问责的方式之一。对德国高校进行认证的机构主要

---

① Schimank U, Lange S. Germany: A Latecomer to New Public Management[M]. Berlin: Springer, 2009: 51 - 75.

② Bundesministerium für Bildung und Forschung, Exzellenzstrategie[R]. Berlin: Bundesministerium für Bildung und Forschung, 2016: 1.

由两部分组成——认证委员会和认证代理机构。认证委员会是负责认证的中心机构,负责制定认证标准以及认定认证代理机构的资格,还负责决定是否接受高校的认证申请。认证代理机构负责具体的认证工作。当前,德国最主要的两种认证形式是专业认证以及质量保障体系认证。

专业认证主要认证高校的学士和硕士专业,旨在保证专业的质量、透明度、等值性以及多样性①。重点考核指标包括专业结构、学习年限、培养目标、毕业标准、内容设置、成功率、性别平等、学分体系、双学位等项目。由于专业认证每次只能认证一个专业,给高校造成比较沉重的经济负担,而且缺乏对高校整体质量体系的关注。因此从 2008 年开始,认证委员会开始尝试对高校内部质量保障体系进行认证。美因茨大学在 2011 年成为首个通过体系认证的高校②。体系认证主要关注:质量管理体系的理念,包括目标、过程及管理工具;具体实施质量管理的方式;与非高等教育机构的合作;高校间的合作等。

专业认证与质量保障体系认证采取的程序类似,主要包括以下步骤:①高校向某个认证代理机构提出认证申请;②高校提交申请材料;③认证代理机构成立评估小组;④评估小组分析申请材料,进行实地考察;⑤评估小组撰写认证报告,并做出是否通过认证的决议;⑥认证代理机构的决策委员会做最终决定,包括三种形式,即通过认证、附加限定条件地通过认证、不通过认证或者中止认证程序③。

3.1.3.4 评估

评估是衡量高校办学水平、保障高等教育质量的重要工具。德国在实施高等教育评估方面晚于美、英等国,有学者评价"德国是评估方面的后来者"④。20 世纪 90 年代,德国掀起对高等教育评估的讨论与争辩,最终在 1998 年修订版《德意志联邦共和国高等学校总纲法》中正式将"评估"作为高校义务载入法案,从法律上保障了评估的地位。值得一提的是,德国通过评估方式问责高校的职能达成情况,不是以整个高校为

① 孙进.德国高等教育认证:机构、程序与标准[J].高等教育研究,2013,34(12):88-95.

② 矫怡程.德国高等教育体系认证:缘起、进展与成效[J].外国教育研究,2016,43(2):3-16.

③ 孙进.德国高等教育认证:机构、程序与标准[J].高等教育研究,2013,34(12):88-95.

④ Schiene C, Schimank U. Research Evaluation as Organizational Development: The Changing Governance of the Sciences[M]. Berlin: Springer, 2007: 171-190.

评估对象，而更多地倾向于系所和学科的发展情况。这与德国传统上重视高校的均质性有密切关系。当前德国16个州均将这一规定列入州内高等教育法，尽管在表述上各不相同，但各州对评估都非常重视。如巴登-符腾堡州高等教育法第五条即为“评估”，其详细规定：为了评价高等教育机构根据第二条以及在实施男女机会均等方面完成的任务，大学需定期进行自我评估。此外，必须定期进行外部评估，外部评估的实施应委托给外部评估机构或外部专家委员会。学生要参与教学评估。评估结果将根据第十三条第九款作为年度报告的一部分提交科学部，并予以公布①。

目前，德国广泛采用内部和外部评估相结合的评估体系。内部评估由高校内部个别部门或教师进行，外部评估机构给予一定的指导，最终评估结果以书面报告的形式呈现。在此基础上，由外部专家进行评估，多是采用同行评审的方式，最终同样以报告的形式提出调查结果和建议。

德国并没有对评估标准做统一规定。一般来说，评估对象以学科或院系为主，评估的内容主要涉及教学、学习与科研三大领域，评估流程包括自我评估、外部评估、评估结果的执行和后继性评估②。但不同的评估机构进行的评估侧重点有所不同，如表3-6所示。

表3-6 不同评估机构的评估侧重点

评估机构/大学联盟	内部评估	外部评估	参与方式	评估内容
汉诺威中央评估与认证机构	指导高校撰写自我评估报告	组织外部专家评估	一般而言，由高校主导评估实施	学习与教学
北德大学联盟	指导高校撰写自我评估报告	组织外部专家评估	一般而言，由高校主导评估实施	学习与教学
巴登-符腾堡州评估机构	指导高校撰写自我评估报告	组织外部专家评估	一般而言，由高校主导评估实施	学习与教学

① Verwaltungsgerichtshof Baden-Württemberg 9. Senat. Gesetz über die Hochschulen in Baden-Württemberg[EB/OL]. (2018-03-13)[2019-01-23]. http://www.landesrecht-bw.de/jportal/portal/t/kfe/page/bsbawueprod.psml/action/portlets.jw.MainAction?p1=7&eventSubmit_doNavigate=searchInSubtreeTOC&showdoccase=1&doc.hl=0&doc.id=jlr-HSchulGBWV19P5&doc.part=S&toc.poskey=#focuspoint

② 张新科.教育评估：德国高等教育界推崇的监督模式[J].外国教育研究，2004(7):41-44.

续表

评估机构/大学联盟	内部评估	外部评估	参与方式	评估内容
高校评估联盟	分析优缺点	组织外部专家评估	“目标协议”主导	研究、学习与教学
科学评估网	网络组织	组织相互评估	高校内部实施	学习与教学
工业大学联盟	指导高校撰写自我评估报告	组织相互评估	高校内部实施	研究、学习与教学
下萨克森科学委员会	指导高校撰写自我评估报告	组织外部专家评估	通过政府部门和高校实施，科学委员会提供咨询支持	研究

资料来源：整理自 Schmidt U. Evaluation an deutschen Hochschulen-Entwicklung，Stand und Perspektiven[M]//Evaluation. VS Verlag für Sozialwissenschaften，2009：163－169.

以高校评估联盟为例，该联盟是一个大学联盟，成立于 2003 年，成员包括德国 22 所高校，主要实施对高校系所、专业的评估。评估包括以下四个流程。①系所决策过程：部门应提前确定具体程序和时间表，了解预期评估的基本目标和前提。②内部评估：收集定量数据和描述专业结构，并通过个人谈话和部门小组谈话完成定性分析，以内部评估报告的形式呈现所评估专业的优缺点。③外部评估：通过同行评审，在内部评估报告的基础上，进行为期两天的与该专业教师和学生的圆桌对话或单独谈话以获得信息，形成口头与书面报告。④目标协议：部门和大学管理层的代表在外部评估和内部评估报告的基础上，进行目标协议的设定讨论，确定对建议的实施举措和时间[①]。

德国实施高等教育评估的根本目的在于促进高校各层级重视和改进质量，而不是对高校进行批评。通过评估，一方面，高校各院系部门能够从内部审视发展情况，实现自我监督和内部问责；另一方面，外部评估专家以外部视角对高校提出改进的意见和建议，帮助高校更好地完善不足之处，提高质量。

---

① Hochschulevaluierungsverbund. Evaluationsverfahren des Hochschulevaluierungsverbundes [EB/OL]. (2017－03－14)[2019－01－23]. https://www.hochschulevaluierungsverbund.de/evaluation/evaluationsverfahren-des-hochschulevaluierungsverbundes/.

3.1.3.5 大学排名

德国高校的均质性和等值性是其办学传统之一。但随着新公共管理的改革以及市场机制的引进，德国大学逐渐走向竞争与分化，“大学排名”是其主要表现之一。第一个德国大学排名是由德国《明镜周刊》(Der Spiegel)以“哪所大学才是最好的大学”为引子于1989年发布。此后，德国媒体纷纷发布单向指标的排名，如《经济周刊》《焦点》等均发布过高校排行榜，引发了公众对于高等教育质量的讨论。尽管目前德国官方层面没有对高校进行统一的排名，但以CHE Ranking为代表的大学排名，成为高等教育利益相关者了解高校发展状况的重要依据。

CHE Ranking大学排名并不对高校进行总体排名，而是基于学科专业的多维度排名，目前共涉及39个学科门类。CHE Ranking旨在通过对高校的调查研究与细致分析，为学生择校提供依据。排名参照37条评价项目，包括劳动力市场与就业、基础设施、研究、国际化、学习成果、高校位置、在校生、学习与教学8个维度。评价项目将客观指标和主观评价相结合，力图向人们展现完整的大学形象；主观评价主要采用教师、学生、人事管理人员等的评价，目前排名包括15000名学生和9000名教授的评价①。CHE Ranking排名结果并不是对高校进行的排序，而是将高校划分为高、中、低三个层次，同一档次内的大学按照名称字母进行排序。

除了CHE Ranking大学排名外，德国第三方组织与新闻媒体根据评价对象不同采取了形式多样的排名，如表3-7所示。举例来说，针对科学家与科学研究领域，德国科学基金会根据高校获得的第三方经费数目对高校进行排名，洪堡基金会根据洪堡科研奖金获得者的人数对大学进行排名等；再如，《经济周刊》通过调查企业人事部门的评价对应用科学大学部分专业进行排名。此外，还有一些以学生为主要群体的网站通过对学生的调查，对高校、学科专业、课程、教师等多方面进行考察，如“我的教授”网络平台根据学生对课程与教师的评价进行排名，以保证德国大学的教学质量公开。目前该平台已有十余年历史，共开展

① ÜBER DAS RANKING[EB/OL]. (2016-04-17)[2019-01-23]. https://ranking.zeit.de/che/de/ueberdasranking/index.

过465000份对116000个课程和53000名教师的学生评价①。

表3－7　德国大学排名的情况

排名发布者	对象	排名方法
德国高等教育发展研究中心和《时代周刊》	以研究为导向，以第三方资金的研究绩效为基础进行比较	根据德国科学基金会、欧盟和政府提供的第三方资金公布说明，以及从洪堡基金会、德国学术交流中心和经济研究委员会获得的资金
洪堡基金会	学校的国际声誉	计算获得洪堡科研奖金的外国人在德国停留情况，详细分析4个学科领域
《经济周刊》	基于人力资源经理的调查，为感兴趣的公众提供信息	调查500名人力资源经理，分析5个领域类别
《明镜周刊》	为学生提供信息	调查针对学生和毕业生，开放访问在线问卷
“我的教授”网	对整个大学、讲师、教授和课程进行排名，以及对MINT（数学/自然科学）学科进行排名	网站用户评价课程及教师
大学生名录网	为学生提供信息	用户回答关于学生生活的问题

资料来源：整理自Roessler I，Roman John J. What Happened? What Remains? What's to Come? 15 Years of Ranking Experience[R]. Gütersloh：CHE，2009.

通过对德国排名的分析，不难发现，第三方组织与新闻媒体对排名比较热衷。但从排名对象上来看，德国主流大学排名方式不同于世界目前流行的方式，较少有针对大学整体的排名，多是侧重于高校的部分学科领域的教学与研究情况。在排名方法上，除量化研究与数据统计分析之外，许多排名重视学生以及用人单位的意见，增强了结果的可信性。应该说，多样化的大学排名从多种角度衡量高校办学成果，能够为公众提供信息并在一定程度上影响高校的声誉，对学生、学者、高校管理者乃至政府决策者等利益相关者的判断与选择也会施加影响，从而促使高校不断完善自身，提升办学质量，起到了对高校进行问责的作用。

① MeinProf. de. Lehrevaluation Online[EB/OL].（2015－03－12）[2019－01－23]. https://www.meinprof.de/.

3.1.4 问责结果的处理

德国高等教育问责以应答性问责与奖惩性问责两种处理方式相结合。应答性问责是指高等教育机构根据自身应承担的责任及各相关问责主体的利益诉求，主动进行解释、汇报与说明；奖惩性问责是指高等教育问责主体对高校进行监督和控制，并根据高校的实际行为及结果采取相应的奖惩措施。

3.1.4.1 应答性问责

高校根据问责指标主动总结、汇报与解释责任履行状况，属于应答性问责。应答性问责一般不具有强制性后果。德国高校应答性问责主要通过信息公开和教育报告公开得以实现。

信息公开旨在使高校事务公开透明，是公众获取教育信息的重要渠道，也是政府了解高校事务、进行有效管理的基础和依据。德国将“信息公开”视为高等学校的义务和责任，以法律法规形式加以规范。自第一版《德意志联邦共和国高等学校总纲法》问世以来，“高等学校需向公众公布自己的工作情况”这一条款一直作为高等学校的任务进行规定。各州的高等教育法也均将高校信息公开视为高校的任务之一，而且各州高等教育法规定要将对高校进行评估与认证的结果公开发表。因此，在法律的规范下，德国高等学校重视校情的公开与透明。

“教育报告”是学校向政府部门汇报和解释责任履行的方式之一。目前，德国大多数州规定高校有法律义务定期提交关于教学和研究方面的报告。报告应由高校内部相关部门完成并出版。教育报告中的内容指标可包括开始学习课程的人数与完成课程的人数比例、在标准学制内学生的比例、考试通过率和毕业生的去向等。目前有部分州已开始制定教育报告内容与形式。有些州要求报告应较为简练，以数据为主。除此之外，高校应根据与州政府协商签订的合同或协约定期提交报告，以说明自身在合约期限内目标达成情况，这也是政府进行拨款的依据之一，如柏林州在目标协定中规定高校应一年一次“简单汇报”、两年一次“详细汇报”[①]。同样，各州政府根据《高等教育协定 2020》，需在每年 12 月

① 巫锐，帕斯特纳克. 德国高等教育“合约管理”模式的经验与启示：基于柏林洪堡大学七版目标协定文本的比较分析[J]. 清华大学教育研究，2020，41(1)：126－133.

份向共同科学会议提交本州项目履行情况。随后共同科学会议对此进行汇总,并在该项目结束之时进行总体评价。

在此基础上,联邦政府每隔两年发布的《德国国家教育报告》为公众提供关于德国教育发展的一般性的重要信息,该报告是联邦与各州政府针对所有教育领域实施战略监测的成果①。因此,高等教育也是重要内容之一。例如,2018 年《德国国家教育报告》中介绍了高等学校数量与服务能力、大学招生与入学、教学人员、学生学习过程、毕业生五大版块。

3.1.4.2 奖惩性问责

奖惩性问责是问责主体对问责客体的责任追究,往往伴随激励性或惩戒性后果。对德国高校奖惩性问责的结果一般与财政资金的拨付挂钩。

随着德国高等教育机构承担越来越多的社会责任与期望,与德国研究联合会、联邦教育与研究部、欧盟以及工业领域的联系更加密切,面临的竞争压力也不断增加。为了满足各方要求,高校与各主体达成协议,如果高校完成设置的目标,便能获得资金的支持。各州政府通过设定合同管理与绩效拨款,在高校履行责任后进行审查,对于完成指标的学校给予资金上的激励。各州绩效拨款占财政资金总额的比重不等,所占份额最少的州为萨克森州,仅为 1.4%,所占份额最多的州是柏林州,为 65.7%②。可以说,自 20 世纪 90 年代实施绩效拨款以来,份额占比不断提高,政府将其作为奖惩性的主要手段影响高校的工作取向。

同时,学校层面与院系层面、院系层面与教师个人也采取签订合同和协商绩效拨款方式,进行奖励或惩罚,促进高校内部的效率提升。例如,根据《教授薪酬改革法》,教授在最低限度的基本工资之外,可根据实际情况获得"招聘及挽留补贴""业绩补贴"和"领导职务补贴"这三类浮动的奖励性工资。其中业绩补贴是根据教授工作的成效设定的绩效工资,数额主要根据教授在科研、教学、艺术、继续教育及青年人才培养上产出的业绩而确定。补贴幅度变化较为显著,根据教授个人的业绩水平

---

① Weishaupt H. Germany:Steps to More Responsibility and Efficiency in an Expanding System[M]// Education Policy Reform Trends in G20 Members. Berlin:Springer,2013:289 - 308.

② Institut für Hochschulforschung Halle-Wittenberg. Übersicht über die aktuellen Modelle der Leistungsorientierte Mittelvergabezwischen Staat und Hochschule[EB/OL]. (2014 - 05 - 21)[2019 - 01 - 23]. https://www.hof.uni-halle.de/fis/dokumentationen/hochschulsteuerung/steuerung2012/.

设定相应的数额，每月300～4000欧元不等[①]。

除在资金方面激励或惩罚高校外，问责主体对高校进行问责后，会对高校进行评判，对高校的声誉和发展产生一定的影响。例如，认证代理机构在对高校进行审查后，如果高校的专业或质量管理体系符合认证标准，就会通过认证并纳入相应的数据库，认证有效期持续六年左右；如果不符合标准，则将作出不通过认证或中止认证程序的决定，并向认证委员会通报[②]。高校如果未通过认证，将不得不承担重复认证费用、无法开设新的专业以及声誉受损等多方面的后果。再如，CHE Ranking每年会公布新的专业排名，排名的依据包括上万名大学生与教师的评价，排名结果发布在《时代周刊》上，在一定程度上可影响大学的声誉。

“无法辨别成功或失败，就无法奖励成功或惩罚失败，不能奖励成功，实际上就可能在奖励失败。”[③]高等教育问责制是对高校责任履行不当的惩戒机制，也是激励高校及其工作人员履行责任、提高质量与效率的机制。只有采取一定的奖惩举措，才能震慑有关人员与机构的不作为行为，鼓励其采取积极行为，保证高校有效运转。德国不仅重视实施强制性的奖惩问责，而且注重高校采取应答性举措，将高校视为实施高等教育的主体，给予高校解释与说明的机会。应答性报告亦是实施奖惩举措的参考与前提。这两种方式的结合促使高校有效进行内部自审、提高工作效率，并满足内外部利益相关者的诉求。

3.2 法国公立高等教育问责

3.2.1 问责主体

总体来说，法国高等教育的问责主体呈现多元化的特征，具体如图3-3所示。

---

① 陈志伟，陈洪捷．德国高校教授薪酬制度的结构特征及激励机制研究[J]．教师教育研究，2021，33(1)：115-120，128．

② 孙进．德国高等教育认证：机构、程序与标准[J]．高等教育研究，2013，34(12)：88-95．

③ 韩兆柱．责任政府与政府问责制[J]．中国行政管理，2007(2)：18-21．

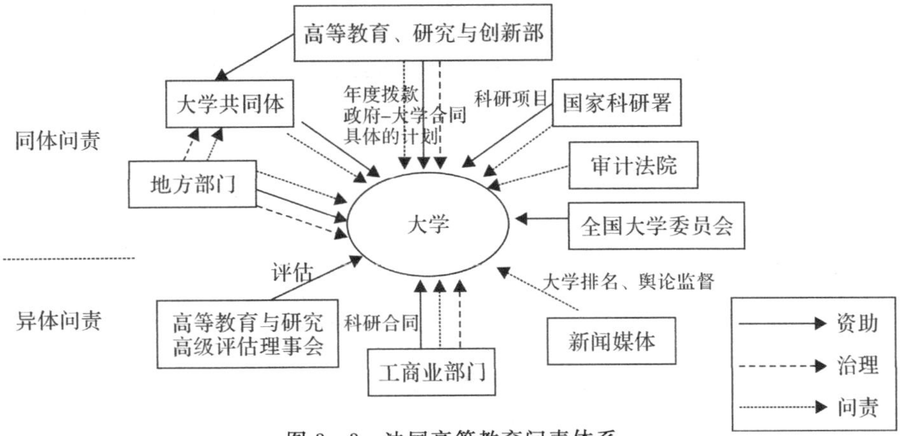

图 3－3 法国高等教育问责体系

参考资料：Boitier M，Rivieère A. Are French Universities under Control? [J]. Public Money & Management，2013(33)：2，105－110.

3.2.1.1 外部问责主体

受集权制的深刻影响，法国教育行政管理部门等政府部门是高等教育系统外部占主导地位的问责主体，掌握着高等教育发展的大方向。同时，第三方机构、工商业部门、新闻媒体等来自社会与市场层面的利益相关者也参与到高等教育问责中来。

政府拨款是法国高等教育机构最主要的经费来源，因此，政府是高等教育系统外部最主要的问责主体。在中央层面，法国高等教育问责制的实施主体有高等教育、研究与创新部，国家科研署，审计法院，全国大学委员会等；在地方层面，问责主体主要为大学区总长与地方政府。

高等教育、研究与创新部是法国高等教育领域重要的教育行政管理部门，它在 2007 年正式从国民教育部门中分立，成为独立的中央部门。2017 年，该部门经历了一次改革，其名称也由最初的高等教育与研究部更名为高等教育、研究与创新部，体现了法国政府对于高等教育与科研的创新功能的重视。法国高等教育、研究与创新部的核心组织结构如图 3－4所示。

部长参与制定与实施政府关于发展高等教育的政策，包括经费等资源分配的政策、创新政策、建设具有国际影响力的研究型大学的政策等。部长领导着三个总督导局与两个附属总局，进行各自领域内的监督与指导，辅助部长达成其职能。国民教育总督导局对高等教育的培训类型、教

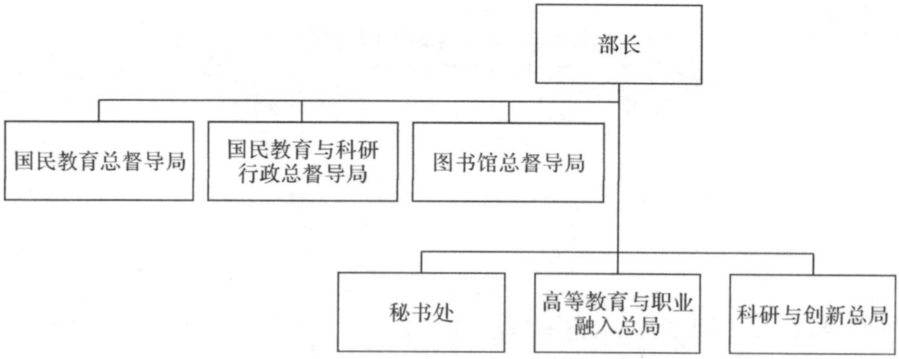

图 3－4　法国高等教育、研究与创新部的核心组织结构

资料来源：Ministère de l'Enseignement supérieur，de la Recherche et de l'Innovation. Organigramme de l'administration centrale[EB/OL]. (2017－10－11)[2018－07－12]. http://www. ensei-gnementsup-recherche. gouv. fr-/pid24542/organigramme-de-l-administration-centrale. html.

学内容、教学方法、教学程序等环节进行评估与监督。国民教育与科研行政总督导局对高等教育机构的管理、财务、会计、人事、服务等运作程序进行监督与控制，并评估整个系统的有效性。图书馆总督导局对大学的图书馆负有监督、评估与咨询的作用，并实施一定的技术控制。高等教育与职业融入总局负责高等教育不动产的政策的实施，确保高等教育机构的政府-大学合同的准备、融资、监督和评估，在国际事务中，它确定了建设欧洲共同高等教育与科研空间所需的措施，并促进高等教育的国际化。科研与创新总局则负责制定科研与创新政策和指导方针，并确保其实施。

此外，高等教育、研究与创新部中还设置了一些自主管理、独立运行的专业委员会，负责评估与认证各自专业领域内的课程的教学资格、教学内容、教学质量等。例如，国家商业管理文凭认证委员会负责工商管理类高校的质量监督，工程师职衔委员会负责工科专业与机构的评估与认证，大学科技学院国家教育委员会负责对大学科技学院的教学内容、教学质量等进行评估与认证，并审核其学位授予。

在中央层面，法国政府的准司法机构审计法院也是高等教育问责制的外部问责主体之一。审计法院负责绝大部分公共组织与部分私营组织的财务审计工作，对高等教育机构的审计也在其职能范围中。审计法院对高等教育机构的财政预算情况进行审计，对划拨给高等教育机构的公共资金的使用情况进行问责。若高等教育机构出现严重或连续的财政赤字，审计法院将发出警告，政府将收回大学的财政自主权，由国家统一管理。除此之外，国家科研署主要负责为大学提供科研资金，与大学签订科研合同，并对大学的科研情况进行评估与问责。全国大学委员会是特别负责教师（包括大学教授和讲师）和研究人员的招聘及职业生涯管理的法国国家咨询与决策机构。全国大学委员会由学科小组组成，负责各学科内的工作。每个小组均由教授代表以及讲师代表组成。

在地方层面，整个法国分为30个大学区，每个大学区都由总长管理。总长由共和国总统任命，负责管理大学区的整个教育系统。他在地方层面代表高等教育、研究与创新部部长，执行部长指令。在国家指导方针框架内，总长可以确定大学区内的教育和培训政策，并与学术界和该地区的政治、社会、经济领导者保持联系。此外，地方政府也会参与到对高校的拨款与治理中，是地方层面的问责主体之一。

进行高等教育问责的第三方机构主要为高等教育与研究高级评估理事会，负责评估高等教育与研究。该理事会根据2013年《高等教育与研究法》成立，取代了于2006年创立的高等教育与研究评估署。高等教育与研究高级评估理事会是法国独立的行政部门，“代表国家行事并拥有实权，但不属于政府权力管辖范围”①，因此，理事会无须向法国教育部门或其他政府部门负责，不必回应政府官僚的指令，独立地对高等教育与科研进行评估。除了“独立性”，“专业化”也是该理事会的特征之一。理事会由一个核心委员会领导与统筹，其成员除学生之外，都具有研究员、工程师或教师的工作经历和相关背景，以保证对于评估对象——法国高等教育机构及其教学与科研行为的详细了解与密切接触，使得评估与问责程序专业、持久、有效，使得问责结果具有说服力。

随着社会与高等教育的不断发展，工商业部门与高等教育之间的关系越来越密切。工商业部门可以为高等教育的发展提供资金支持，反之，高等教育可以为工商业部门的发展提供科研成果与人才支持。因此，作为利益相关者之一，工商业部门是高等教育系统外部的重要问责主体。首先，工商企业领导参与大学行政决策的制定与执行。《大学自

① Conseil d' Etat. RAPPORT PUBLIC 2001, Jurisprudence et avis de 2000, Les autorités administratives indépendantes[R]. Paris：La Documentation Française，2001：253.

由与责任法》指出，大学行政委员会的成员组成中至少要包括一名企业家或公司经理，以及一名经济领域的成员[①]。其次，为高等教育与科研提供资金支持的企业可以问责高等教育产出的质量与效益。2014年，法国高等教育经费中8.8%来自企业[②]，这是除政府之外较为重要的经费来源渠道，参与高校投资融资的企业可要求税收减免、科研转化等利益。为此，有些大学还设立了工商活动服务部门承担大学与工商企业之间的沟通任务，负责协助双方对合同的谈判、评估知识产权、审计合同成本等。最后，工商联合会作为一个地区内工商业部门的代表，参与高等教育问责。工商联合会经营着法国150多所高等学校，包括高等商学院、工程师学院以及烹饪、设计、多媒体等专业学院[③]，为工商业界培养高级工程师、商业精英以及专业技术人才。对其他高等教育机构，工商联合会也尤其关注那些能够满足工商企业需求的学科，如理工科、商科、管理学科等，敦促其提高教学质量并输出高质量人才。

新闻媒体也是高等教育系统的重要问责主体，它通过舆论监督的方式，有效地传递信息，引发公众对于高等教育的关注与讨论。这些媒体既报道高等教育的发展与成绩，同时也暴露高等教育的问题与不当行为。例如，《费加罗报》(*Le Figaro*)是法国发行量最大的综合性报纸之一，它开辟了“大学生”专栏，并用大学排名的方式对高等教育机构进行舆论监督。具有广泛国际影响力的报刊《世界报》(*Le Monde*)设置了高等教育版块，负责介绍高等教育领域的时事新闻，并刊登时评。在《高等教育与研究法》颁布之后，《世界报》刊登了来自巴黎第一大学、南特大学、斯特拉斯堡大学的三位政治学教授撰写的檄文《大学自治：改革的幻影》，对大学自治改革进行了尖锐的批评：“2005年以来，法国大学经历了一系列未经磋商的改革，2013年法案下的高等教育徒有其表，教学与研究被扼杀。这些改革的后果就是教学质量恶化，职工士气低落。”该文

---

① République Française. LOI n° 2007-1199 du 10 août 2007 relative aux libertés et responsabilités des universités[R]. Paris：Journal Officiel de la République Française，2007：3.

② Ministère de l'Enseignement supérieur，de la Recherche et de l'Innovation. L'état de l'Enseignement supérieur et de la Recherche en France[R]. Paris：Ministère de l'Enseignement supérieur，de la Recherche et de l'Innovation，2017：15.

③ Chambre de commerce et d'industrie. Enseignement supérieur[EB/OL]. (2017-02-03)[2018-07-13]. http://www.cci.fr/web/enseignement-superieur.

章引爆了舆论，一时间公众都在讨论法国大学自治改革的合理性，加强了公众对于高等教育的问责与监督。除了传统的纸媒，各大广播电视台如 TV5Monde、Franceinfo、France24 等，也有专门的教育栏目，介绍教育领域时事新闻。同时，随着互联网的兴起，网络成为新的电子媒体，法国的社会各界人士都可以在网络论坛、社交媒体上对高等教育自由发表看法，进而开展互动交流，形成对高等教育的舆论监督。

3.2.1.2　内部问责主体

在高等教育系统内部，由校长与行政委员会构成的行政部门、以学术委员会为代表的学术权力机构，以及高等教育消费者大学生是最主要的问责主体。其中，校长、行政委员会与学术委员会构成了高等教育机构的决策模式，他们既是高等教育机构内部治理的主体，也是高等教育系统内部的问责主体。

21 世纪以来，随着法国大学的自治改革，校长及行政委员会的权力有所增强，在微观层面上形成了“再集权”。校长由行政委员会中的教师与研究人员选举产生，实行绝对多数当选制。校长不限国籍，不限工作经历与背景，任期四年，可连任一次。校长确保大学的发展方向，其具体权力包括：领导行政委员会，审议并执行其决议；审议并执行大学与政府之间签订的合同；是大学的法定代表人，代表大学与第三方或司法机构签订协议；是大学收入与支出的组织者；拥有校内教职工的人事权；任命不同的陪审团；代表大学行使管理权与行政权等。同时，校长也肩负着众多责任：负责维持校园秩序，保障安全；确保教学和建筑物可供残疾人使用；贯彻男女平等的使命等[①]。

行政委员会由 24～36 名成员组成，包括 8～16 名教师与研究人员代表、8 名校外人员代表、4～6 名学生代表以及 4～6 名行政人员代表。在 8 名校外人员代表中，男女人数需一致，至少包括 2 名地方当局的代表、1 名科研机构的代表、1 名该大学的毕业生以及不超过 5 名的公司管理层人员、来自中学的代表、工会代表。行政委员会负责决定大学的政策方针，如批准大学与政府的合同、表决大学预算、批准校企合同、批准

① République Française. Code de l'Education[R]. Paris：Journal Officiel de la République Française, 2018：222－223.

校长提交的年度报告、设置大学的章程、授权校长采取法律行动、根据校长提议分配工作职位等[①]。

学术委员会由科研委员会、培训与大学生活委员会组成。科研委员会由20～40位成员组成，其中，科研人员代表占比60%～80%，博士生代表占比10%～15%，外部人士代表占比10%～30%，外部人士可以是专职教师、其他科研机构的人员。科研委员会负责以下方面：分配由行政委员会划拨的科研资源，并遵循其分配战略框架；规定实验室的操作规则；负责与其他科研机构签订协议；采取措施使学生能够开展科学、技术和工业文化的传播活动等[②]。培训与大学生活委员会的成员数量为20～40人，其中教师和学生代表占比75%～80%，行政、技术、劳务和服务人员代表占比20%～25%（至少要有1名来自中学的代表）。培训与大学生活委员会负责以下方面：分配由行政委员会制定的培训资源，并遵守行政委员会制定的分配战略框架；制定与考试有关的规则；制定教学评估规则；制定旨在争取最多学生成功的措施；为学生的学习、生活、就业提供支持；制定促进和发展科学与社会之间相互作用的措施等[③]。

学生是高等教育的核心利益相关者，他们参与高等教育培养的全过程，是高校人才培养的对象，因此，也是高等教育的重要问责主体，是提高高等教育质量与效率的关键因素。学生主要通过学生教学评价制度参与高等教育问责。学生是高校教学的对象，对高校教学的质量与效率有着较为全面的了解与认识，因此，在高校教学评价中占据着核心地位。学生教学评价制度由2014年颁布的《关于设立颁发国家学位、专业执照和硕士学位的国家学位培训框架的法令》确定为高校常设的制度性安排。学生可以对课程的组织、课程材料、教学方法、师生互动、学习评估等方面进行评价与反馈，帮助教师更好地了解学生的期望和偏好，从而提高高等教育教学与人才培养的质量。

---

① République Française. Code de l'Education[R]. Paris: Journal Officiel de la République Française, 2018:223-225.

② République Française. Code de l'Education[R]. Paris: Journal Officiel de la République Française, 2018:226-227.

③ République Française. Code de l'Education[R]. Paris: Journal Officiel de la République Française, 2018:226-227.

3.2.2 问责内容

法国高等教育问责的内容非常广泛，涵盖教学、科研、社会服务以及国际化四大职能达成情况，以及财政、人力、基础设施等资源使用情况两大部分。每项问责内容都设有发展目标、细致的主指标和副指标。

3.2.2.1 高校职能达成情况

2000年《法国教育法典》阐述的高等教育的使命涵盖以下四个方面：提供初始高等教育和继续教育、进行科学与技术的研究并利用其成果、传播文化以及科技信息、进行国际合作。随着高等教育的发展，其使命不断深入与细化，最新的《法国教育法典》这样陈述高等教育的使命。①提供初始高等教育与终身教育。②进行科学技术研究，传播和利用能为社会服务的成果。后者基于创新的发展、技术成果的转化和技术能力，依靠公共协会与基金会的扶持和公共政策的支持。③提供职业定位、年级自动升级服务，促进学生就业。④通过人文科学与社会科学的发展传播人文主义文化，传播科学、技术、工业文化。⑤参与欧洲共同高等教育与科研空间的建设。⑥进行国际合作[①]。

为了更好地量化高校的行为，法国在每年的年度绩效计划中制定了高等教育目标，并在不同的目标下设置不同的绩效指标，以此为依据考核高校职能的达成情况。以2017年为例，高等教育目标包括通过终身学习满足社会对于人才的更高需求、提高学生的学业成功率、产出具有国际水准的科研成果、促进科研成果的转化和利用、增强高等教育机构对欧洲以及对世界的开放度。每个目标下的绩效指标如表3-8所示。

---

① République Française. Code de l'Education[R]. Paris: Journal Officiel de la République Française, 2018:12-13.

表 3－8　2017 年高等教育目标与绩效指标

目标	绩效指标
目标 1　通过终身学习满足社会对于人才的更高需求	指标 1.1　17～33 岁年龄组中获得高等教育文凭人口的比例 指标 1.2　高等教育毕业生的就业率 指标 1.3　提供继续教育的时长
目标 2　提高学生的学业成功率	指标 2.1　学生辍学率 指标 2.2　学生的学业成功率，副指标有： 3 年内获得本科学位的比例 2 年内获得硕士学位的比例 40 个月内获得博士学位的比例 52 个月内获得博士学位的比例
目标 3　产出具有国际水准的科研成果	指标 3.1　研究人员的科研产出情况，副指标有： 在欧盟范围内法国研究人员发表的科研成果占比 在世界范围内法国研究人员发表的科研成果占比 在法德英范围内法国研究人员发表的科研成果占比 学术成果的影响因子
目标 4　促进科研成果的转化和利用	指标 4.1　通过专利许可或出让知识产权所获经费 指标 4.2　通过与公司签订科研合同所获经费
目标 5　增强高等教育机构对欧洲以及对世界的开放度	指标 5.1　硕士和博士中外国学生的比例 指标 5.2　教师、研究人员中外国人的比例 指标 5.3　国际合作情况，副指标有： 国际联合培养的博士数量 欧盟范围内合作发表的科研成果所占比例 指标 5.4　欧盟科研框架计划中的参与率，副指标有： 参与人数中法国研究人员所占比例 入选项目中法国项目所占比例

资料来源：République Française. Budget général mission interministérielle rapports annuels de performances annexe au projet de loi de règlement du budget et d'approbation des comptes pour recherche et enseignement supérieur[R]. Paris：République Française，2017：43.

在教学职能方面，法国不仅注重高校本硕博阶段高等教育的质量与效率，也十分注重高校提供的继续教育以及终身教育的质量与效率。从绩效指标来看，17～33 岁年龄组中获得高等教育文凭人口的比例、学生辍学率、学生的学业成功率、提供继续教育的时长等为高等教育教学职能的达成情况指标。这些指标体现了利益相关者对于高等教育教学的期望。2015—2016 年教学指标达成情况以及 2017 年设立的目标见表 3-9。

表 3-9 2015—2016 年教学指标达成情况以及 2017 年设立的目标

指标	2015 年情况	2016 年情况	2017 年目标
17～33 岁年龄组中获得高等教育文凭人口的比例	49.2%	50.4%	50%
学生辍学率	22%	—	16%
3 年内获得本科学位的比例	27.5%	27.8%	30%
2 年内获得硕士学位的比例	52.2%	52.6%	60%
提供继续教育的时长/小时	69731890	67560123	80000000

资料来源：République Française. Budget général mission interministérielle rapports annuels de performances annexe au projet de loi de règlement du budget et d'approbation des comptes pour recherche et enseignement supérieur[R]. Paris：République Française，2017：44-54.

随着欧洲以及世界其他国家科研水平的提高，法国科研的国际竞争力受到冲击，因此在高校科研职能的达成方面，法国既重视高校科研成果的数量与质量，同时也十分重视高校科研成果的国际影响力。在 2017 年的绩效指标中，在欧盟范围、世界范围以及法德英范围内法国研究人员发表的科研成果所占比例以及学术成果的影响因子是两大类评价指标。2015—2016 年科研指标达成情况以及 2017 年设立的目标见表 3-10。

表 3-10 2015—2016 年科研指标达成情况以及 2017 年设立的目标

指标	2015 年情况	2016 年情况	2017 年目标
在欧盟范围内法国研究人员发表的科研成果占比	8.4%	8.3%	8.2%
在世界范围内法国研究人员发表的科研成果占比	2.4%	2.4%	2.3%
在法德英范围内法国研究人员发表的科研成果占比	18.9%	18.9%	18.8%
学术成果的影响因子	1.14	1.13	1.23

资料来源：République Française. Budget général mission interministérielle rapports annuels de performances annexe au projet de loi de règlement du budget et d'approbation des comptes pour recherche et enseignement supérieur[R]. Paris：République Française，2017：54.

此外,《法国教育法典》还规定,高等教育机构还应与其他国家的研究机构合作,参与国家重点支持的科学和技术研究;鼓励年轻研究人员和新团队的工作;培养各种形式的互补学科或不同机构的团队,提高国家的科学发展潜力等[①]。

高等学校的社会服务职能,其含义为“从直接满足社会现实需要出发,以人才培养、科学研究为依托,有目的、有计划、有组织地为社会发展提供一系列服务”[②]。在法国,高等教育的社会服务职能主要分为以下三类:①为社会发展培养人才;②为区域内社会经济发展做出贡献;③为文体艺术与科技发展服务。因此,在 2017 年的绩效指标中,毕业生就业率、高校通过专利许可或出让知识产权所获经费、通过与公司签订科研合同所获经费为社会服务方面的指标。2015—2016 年社会服务指标达成情况以及 2017 年设立的目标见表 3-11。

表 3-11 2015—2016 年社会服务指标达成情况以及 2017 年设立的目标

指标	2015 年情况	2016 年情况	2017 年目标
毕业生就业率/%	92	93	93
通过专利许可或出让知识产权所获经费/亿欧元	0.2	—	0.21
通过与公司签订科研合同所获经费/亿欧元	2.2	—	2.4

资料来源:République Française. Budget général mission interministérielle rapports annuels de performances annexe au projet de loi de règlement du budget et d'approbation des comptes pour recherche et enseignement supérieur[R]. Paris:République Française,2017:45-57.

法国强调通过对就业率的考核促进高校的人才培养,通过对出售知识产权以及与公司签订科研合同所获经费的考核促进高校的科研成果的转化。此外,高等教育机构还需做到以下方面:在所在区域内建立和发展高水平的科学团队,为区域规划政策做出贡献;实施与工业研究有关且与所有生产部门合作的政策;应对社会挑战,满足社会、经济和可持续发展需求;促进艺术、文学、科学和技术领域的创新与创作;确保促进与丰富法语和地区语言及文化;参与研究和发展国家和区域的文化遗

---

① République Française. Code de l'Education[R]. Paris:Journal Officiel de la République Française, 2018:14.

② 成丙炎,朱红.对高校社会服务职能内涵的思考[J].教育与职业,2008(5):35-37.

产；采取行动反对性别刻板印象；出版和销售科学和技术出版物；促进博物馆、信息和文献中心以及数据库的创建、翻新、扩展等①。

法国注重问责高校的国际化水平。在2017年的绩效指标中设立了较多国际化相关指标与副指标，如硕士和博士中外国学生的比例、教师、研究人员中外国人的比例、国际联合培养的博士数量、欧盟范围内合作发表的科研成果占比、欧盟科研框架计划参与人数中法国研究人员占比、欧盟科研框架计划入选项目中法国项目占比等。2015—2016年国际化指标达成情况以及2017年设立的目标见表3-12。

表3-12　2015—2016年国际化指标达成情况以及2017年设立的目标

指标	2015年情况	2016年情况	2017年目标
硕士和博士中外国学生的比例/%	14.6	14.4	15.3
教师、研究人员中外国人的比例/%	12.9	14.4	20
国际联合培养的博士数量/人次	1687	1490	2000
欧盟范围内合作发表的科研成果占比/%	30	31.2	32
欧盟科研框架计划参与人数中法国研究人员占比/%	1.73	1.33	2.3
欧盟科研框架计划入选项目中法国项目占比/%	2.16	1.95	3.5

资料来源：République Française. Budget général mission interministérielle rapports annuels de performances annexe au projet de loi de règlement du budget et d'approbation des comptes pour recherche et enseignement supérieur[R]. Paris：République Française，2017：58-61.

法国的高等教育国际化职能体现在两个层次：一是参与“博洛尼亚进程”，即欧盟层面的高等教育国际化；二是世界层面的高等教育国际化。因此，法国高等学校被要求参与欧洲共同高等教育与科研空间的建设；注重与欧盟内部伙伴国家建立合作关系；在政府规定的框架内参与欧洲以及世界范围内的高等教育合作协定；确保接收外国留学生；参与国际科学、文化领域的研究与会议；支持位于海外的法国机构和法语课程的发展，提供数字教育服务与资源以促进法国语言文化在世界范围内的传播；促进与国外研究人员的合作；与海外高校与研究机构进行交流

① République Française. Code de l'Education[R]. Paris：Journal Officiel de la République Française，2018：14-15.

合作;使法国和外国人员能够获得新技术和科学研究实践的培训等①。

3.2.2.2 资源使用情况

资源的使用情况也成为法国高等教育问责的重要内容,这里的资源包括财政资源、人力资源与基础设施资源。尤其在 2007 年法国进行大学自治改革后,大学获得了更多的财政自主权、人事自主权以及不动产产权,其相应的资源的使用情况更是成为利益相关者的关注重点。

国民教育与科研行政总督导局制定的《高等教育与研究机构审计指南》中较为详细地阐述了问责高校资源使用情况的三重目标:①集中关键业务部门的服务能力,从而提高组织核心业务效率;②促进某些职能的专业化,为内外部用户提供高质量的服务;③通过简化涉及大规模处理的流程,促进规模经济的发展。

在财政资源方面,高等学校每年接受来自政府、企业、家庭、社会的财政支持,且拥有自主制定预算支出的权力。政府敦促高校预算与高校发展战略相符合,并以结果为导向制定与执行预算。问责财政资源使用情况的核心内容主要包括以下八点:①前瞻力的提升和财务规划的质量;②机构发展战略中财务影响的衡量和风险管理;③根据绩效原则优化资源分配;④使得高校权责一致;⑤与提供金融服务的组织分担财务责任;⑥机构的动产和不动产管理;⑦衡量结果和绩效,对高校执行政策进行评估;⑧预算和会计信息系统的使用②。问责财政资源使用情况的目标包括效率、服务质量和效益。衡量效率的具体指标包括财务职能部门管理的非工资支出金额、执行子功能(支出执行子功能、收入执行子功能、会计和财务处理执行子功能)的生产率、财务采购订单等。衡量服务质量的具体指标有供应商的支付截止日期或客户的收款截止日期、金融服务向管理部门和决策机构提供的服务质量等,而衡量效益方面的指标是机构消耗的财政资源和提供的服务方面的比率。

人力资源使用情况是法国问责高校的重要内容。政府要求法国高

---

① République Française. Code de l'Education[R]. Paris: Journal Officiel de la République Française, 2018:15-16.

② Inspection générale de l'administration de l'Education nationale et de la Recherche. Guide d'audit des établissements d'enseignement supérieur et de recherche en vue de l'optimisation des fonctions de support[R]. Paris: IGAENR, 2010:5.

校具备人力资源政策制定和管理所需的所有技能,优化人力资源使用,确保开展人力资源的质量管理。在招聘教职工时,高校需要根据自身的优势学科与重点发展学科来决定招聘领域。教师入职后,高校需要制订教师培训计划,更新教师的知识与职业技能。高校通过合理的绩效评估政策来评估教职工的工作表现,通过公平公正的晋升政策、奖励机制来激励出色的教职工,以吸引与留住优秀人才。此外,高校需要制订合理的薪酬管理计划,保证教职工工资按时足额发放。随着时代的发展,在传统的人力资源管理活动,如上述的人员的行政管理、薪酬、招聘等基础之上,人力资源管理的内涵有所延伸,涉及许多新的知识与技术,如建立人力资源信息系统、促进人力资源管理程序正规化、以结果为导向加强代理人专业性、深化内部和跨职能团队工作等方面。问责人力资源使用情况的目标也体现在效率、服务质量和整体效益上,主要以执行相同类型任务或不同类型任务主体的生产率等量化指标来衡量人力资源使用效率。服务质量指标则通过定性或定量分析的方式,从学生评价结果、教师培训评估报告、第三方评估报告、预测就业情况等中获取。人力资源的使用效益则通过与其他方式的人力资源管理和使用情况的对比来得出①。

基础设施使用情况也是法国高等教育问责的重要内容。特别是在2007年《大学自由与责任法》颁布后,部分大学获得了校园内不动产的产权,基础设施使用情况成为利益相关者关心的核心利益。问责基础设施资源使用情况的内容主要包括以下四点:①预测和战略政治指导的能力,如总体规划能力,与其他大学和学校、地方当局的合作能力等;②超过四年合同周期的多年投资计划的发展;③对需求和维护手段的了解和预测;④优化相关资源。问责基础设施资源使用情况的目标同样是效率、服务质量与效益。衡量基础设施使用效率的指标包括每位学生平均访问图书馆的次数、图书馆资源借出次数、建筑资源占用率、资源维护与管理的情况等。基础设施服务质量,主要是以基础设施资源所提供的教学、科研、管理、学生生活等核心业务能够满足学生、教师、科研人员、职

---

① Inspection générale de l'administration de l'Eìducation nationale et de la Recherche. Guide d'audit des établissements d'enseignement supérieur et de recherche en vue de l'optimisation des fonctions de support[R]. Paris: IGAENR, 2010: 28 - 29.

工等用户需求的状况来衡量。基础设施使用的效率则通过消耗的资源和提供的服务的比率来衡量①。

3.2.3 问责方式

随着问责主体的日渐多元化,法国高等教育问责方式不断调整,目前已形成包括契约型管理基础之上的绩效问责、评估、认证、大学排名等多样化的高等教育问责体系。其中,政府通过契约型管理、认证、绩效拨款、"卓越大学计划"遴选等具体制度把握高等教育发展的大方向,监控高等教育质量,市场/社会主体主要通过第三方评估和大学排名参与高等教育问责,而专业力量即大学则通过自我评估、管理控制系统等方式参与问责,如图 3-5 所示。

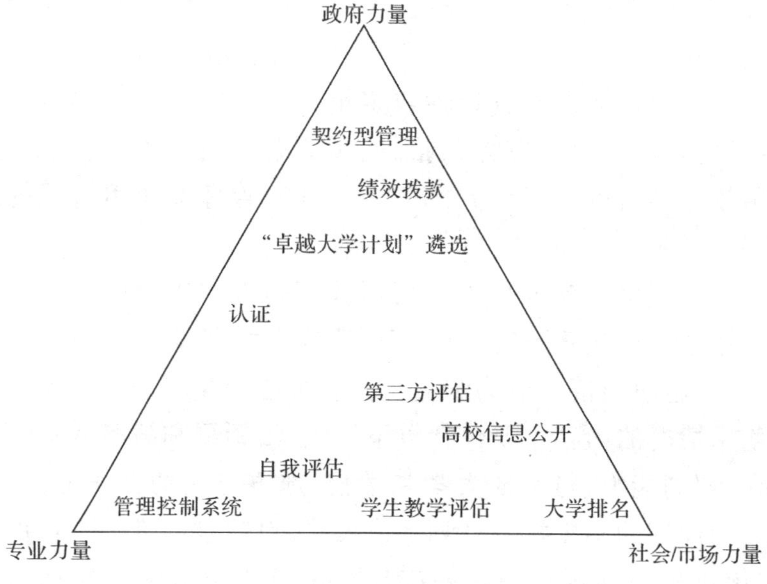

图 3-5 法国高等教育问责方式

① Inspection générale de l'administration de l'Eìducation nationale et de la Recherche. Guide d'audit des établissements d'enseignement supérieur et de recherche en vue de l'optimisation des fonctions de support[R]. Paris:IGAENR,2010:40-42.

3.2.3.1 契约问责

1989 年,法国进行了政府与高校的合同制改革,在高等教育领域内引入契约型管理模式。所谓契约型管理,是指“高校制订自身的发展目标和计划,通过协商机制与政府达成契约;根据契约规定,政府给予必要的政策与经济支持,并在一定周期内对高校进行考核评估,按照考核评估结果对高校予以激励”①。每隔四年,每所高校准备一份合同,与政府协商谈判。合同完全由高校自主拟定,政府不会为此设定任何先决条件,这意味着高校可以自主确定自身发展方向、教学与科研发展目标等有关高校发展的重大事项。2007 年《大学自由与责任法》进一步确认了合同制在高等教育管理体制中的核心作用,并使其成为一项强制性措施。合同制的实施是大学自主权提升的标志,它使得高校处于与政府平等协商与谈判的地位,促进了政府与高校之间的有效对话。高校自主权的提升随之带来的是高校责任的增强。政府根据合同对高校进行宏观管理与远距离驾驭,对高校合同目标的达成进行评估与考察。若高校在上一个合同期内没有履行好当初双方达成的协议,政府将不再与高校续签合同。

2013 年,合同制的具体实施方式发生重大变化。为了应对高校办学质量下降和国际排名降低的困境,2013 年法国颁布《高等教育与研究法》,对大学进行区域性整合,将地域相近的高校进行优势重组,形成新的大学共同体。政府不再与单个高校签订合同,而是与大学共同体内的高校集体签订合同。区域内高校共同签署一份合同,有利于地域相近高校之间加强合作与联系,通过共同努力促进集体发展,同时有利于促进地方与国家经济社会的发展。合同签署频度也由四年签署一次更改为五年签署一次,合同期的延长有助于高校保持中长期规划的连贯性。新的合同内容包括两个部分:第一部分针对区域内所有高校教育与研究的发展方向,第二部分针对单个高校的发展策略。单个高校的内容依然由各个高校自主拟定,并经由高校的行政委员会批准通过②。

---

① 马陆亭,陈浩.政府对高校实施契约管理可行性的调查[J].中国高教研究,2016(4):68-72.

② République Française. Loi n° 2013-660 du 22 juillet 2013 relative à l'enseignement supérieur et à la recherche[R]. Paris: Journal Officiel de la République Française, 2013: 18.

3.2.3.2 绩效问责

为更合理与更高效地分配高校财政资金，激励高校追求卓越，法国政府在契约管理的基础上引入了绩效拨款制度。绩效拨款是指根据大学的活动与绩效指标的达成在大学间分配财政预算的一种财政拨款方式。绩效拨款是一种以结果为导向的拨款方式，根据高校的实际表现来分配高等教育经费。

在引入绩效拨款制度之前，法国对高校采用的拨款方式是合同拨款(contract funding)与基于学生、教职工数量以及校园规模的公式拨款(formula funding)相结合的方式。其中，合同拨款占20%～30%，公式拨款占70%～80%。旧的拨款方式使得大学缺乏竞争意识，缺乏提高教学与科研效益的动力。为此，法国进行了高校拨款方式的改革。2007年，法国大学的预算资金的分配必须以绩效为基础，这是大学自治的关键条件之一①。2009年，法国议会上议院做了一份报告，即《大学拨款：按照大学活动和绩效分配经费的制度》，正式引入高校绩效拨款制度。在这一制度模式下，80%的高等教育经费根据参加考试的学生人数和发表研究成果的教师与研究者的数量进行分配，20%的经费根据大学在教学与科研方面的绩效进行分配。其中，教学绩效指标包括本科生毕业率、颁发的硕士学位数量等，科研绩效指标为大学科学研究中心的评级，级别为A^{+}、A、B或C②。绩效拨款制度的引入客观上促进了高等教育效率与效益的提升，使得紧张的教育经费得到相对合理的分配。

3.2.3.3 评估

评估包括第三方评估、高校自我评估等方式。

法国高校的第三方评估主要由高等教育与研究高级评估理事会进行。高等教育与研究高级评估理事会取代了之前的高等教育与研究评估署，在2013年颁布的《高等教育与研究法》基础上建立，它是独立的第

---

① République Française. La révision générale des politiques publiques[R]. Paris: République Française, 2007: 55.

② Le Sénat. Le financement des universités: pour un système de répartition des Moyens à l'Activité et à la Performance[R]. Paris: Le Sénat, 2009: 15 - 18.

三方机构，负责对高等教育与研究的相关机构进行评估。该理事会的人员组成具有广泛的社会覆盖性，其委员会成员包括教师、工程师、研究员、学生、国民议会议员、参议院议员、法国和外国知名人士(其中，至少3名来自私营研究机构，至少3名来自外国评估机构)[①]。多样化的人员组成保证了各利益相关者参与高等教育评估，也保证了评估过程的相对客观性与全面性。《高等教育与研究法》第L114-3-1条规定，高等教育与研究高级评估理事会的评估原则为客观、透明和公平。在评估负责人的任命过程中，注重选择拥有国际最高水平的、中立的、学科均衡的专家学者。该理事会可以对评估对象直接进行评估，也可以通过对其他评估机构评估过程的认证进行间接评估。该理事会共有五种职责：①评估高等教育机构，如有必要，对其他评估机构的评估程序进行认证；②对高校的教学及文凭进行评估；③确保在高等教育与研究的人事评估中体现法律所规定的人员使命；④保证高等教育与研究人员发挥传播科学技术与工业文化的作用；⑤对高等教育与研究接受的公共资金或投资项目进行事后评估[②]。该理事会也可以在欧洲或国际项目的框架下，在其他机构的邀请下参与国外或国际高等教育与研究机构的评估。高等教育与研究高级评估理事会的评估报告在互联网上向社会公众公开。评估结果不作为政府向高校拨款的依据，而只是作为高校进一步改进未来工作的依据。该理事会根据评估结果为高校的发展提出建议，促进高校反思自己的不足，进而提高教学与研究的质量。法国高等教育第三方评估的具体内容见表3-13。

表3-13 法国高等教育第三方评估的具体内容

领域	具体内容
机构定位与发展战略	机构定位分析； 发展战略与建立伙伴关系战略分析

① République Française. Loi n° 2013-660 du 22 juillet 2013 relative à l'enseignement supérieur et à la recherche[R]. Paris: Journal Officiel de la République Française, 2013: 27-28.

② République Française. Code de la Recherche[R]. Paris: Journal Officiel de la République Française, 2018: 9-11.

续表

领域	具体内容
治理结构与机构管理	机构内部组织； 服务于机构发展战略的治理结构； 服务于机构发展战略的监督管理； 人力资源管理、财务管理、不动产管理
教学与科研	科研政策； 高等教育政策和继续教育政策； 科研与教育之间的关系
学生学业成功	学生的定位、就业； 学生生活； 学生参与治理的情况
科研转化与科研文化氛围	科研成果的转化； 传播、丰富、发展科研文化
欧洲与国际关系	发展欧洲与国际关系的国际化政策

资料来源：HCERES. Référentiel de l'évaluation externe des établissements d'enseignement supérieur et de recherche[R]. Paris：HCERES，2016：3.

在法国，高校自我评估是高校质量保障的基础，也是高校外部评估的重要参考依据。它具体是指高校使用严格的方法检查自身在某段时期设定目标的实现程度，是高校在此时段内对其教育与科研质量的持续性监测与批判性反思，是制定新战略目标和选择策略的重要步骤，是一种机构内共同的、有组织的和程序化的行为①。每个建立自我评估程序的高校，都应确定评估程序的组织形式以及评估与分析的方法。组织形式是指"谁做什么"以及"什么时候做"，如需要确定工作的各个阶段、任务与责任的分配、管理模式等；评估与分析的方法则是指"怎么做"，如评估的领域、标准、收集数据的方式等。由于各所高校的特征与发展方向各不相同，因此自我评估过程没有统一的标准，但一般来说，包括以下的程序与内容（见表 3－14）。

① HCERES. Évaluation des établissements：repéres pour l'autoeìvaluation[R]. Paris：HCERES，2016：4.

表 3－14 法国高等教育机构建立自我评估程序的一般方式与内容

自我评估程序	内容	具体内容
组织形式	确定工作步骤与阶段	第一阶段：准备与落地； 第二阶段：评估内容的收集、分析、论证； 第三阶段：评估报告的制作； 第四阶段：评估结果的发布
	确定行动与管理模式	组建自我评估小组，应确定以下内容：工作组的数量、组成与评估主题；应交付成果，如定义、评估模式、审定；行动者和内部结构在这一过程中的地位和作用；通信工具，如校内网、会议、内部报纸等
	呈现评估结果	机构可以自由选择评估结果的呈现方式，但主要的文本尽量在 60 页以内，文本内容应能够使读者了解其所获成果以及判断其目标的达成情况，机构可自行决定是否将评估报告公之于众
评估与分析方法	评估的三个层面	高等教育机构的所有问题都可以在三个层面进行分析： 第一，战略目标； 第二，战略的实施与获得的成果； 第三，质量保证，也即战略的持续监督、改进、变化与适应
	评估的标准与指标	评估的指标由各高等教育机构自行确定，可以包括年度绩效项目中定义的国家指标、大学-政府五年合同中制定的指标、学校及其利益相关者制定的指标等
	收集数据的方式	定性和定量相结合的方式：一方面，机构应定期监测其行为与活动，收集各种数据与指标情况；另一方面，可以通过调查和内部访谈得到相关的数据与材料

资料来源：HCERES. Évaluation des établissements：repéres pour l'autoévaluation[R]. Paris：HCERES，2016：7－9.

3.2.3.4 认证

在法国，认证的目的是为了验证每所高校实施教育、组织管理和财务的能力。认证的过程与具体内容如表 3－15 所示。

表 3-15　法国高等教育认证的过程与具体内容

认证的过程	具体内容	
1. 认证学校的教育战略	科学政策； 博士政策； 人力资源政策； 学生生活政策	国际关系战略； 伙伴关系和网络战略(学术和社会经济)； 数字战略； 终身学习的战略
2. 认证学校所部署的实施战略的程序和方法	教育的发展； 质量方法； 对于学生的支持； 与中等教育互动的政策； 教学组织：目标、方法、手段，包括数字工具和资源； 特定受众的接待	教授语言的目标和方法； 使学生获得数字技能的设备； 检查获得知识的程序； 开展专业整合的准备和监督； 为教师和教育团队提供培训和支持； 提供培训支持服务
3. 认证学校提供的教育的架构	教学团队的介绍； 科学研究战略； 考虑地区社会经济环境	提升国际化水平的方法； 科学、工业和机构伙伴关系； 与私营组织的协议
4. 认证学校调动与其教育战略相对应的资源的能力		

资料来源：République Française. Arrêté du 22 janvier 2014 fixant les modalités d'accréditation d'établissements d'enseignement supérieur[R]. Paris：Journal officiel de la République Française, 2014：1-2.

认证由高等教育、研究与创新部以及其下属的各专业委员会负责。高等教育、研究与创新部负责对所有颁发国家文凭的高等教育与研究机构进行认证，确保其提供的教育与培训符合国家培训框架的要求。认证内容主要是确认机构所提供培训的质量与连贯性，保证机构有能力跟踪每位学生的学习过程和未来发展，确保机构能够动员所有人力、物力与财力资源来开展教学服务①。高等教育、研究与创新部下设的各专业委员会负责在各自的领域内开展专业认证。工程师职衔委员会负责工程类课程与专业的认证。《法国教育法典》第 L642 条规定，工程师职衔委员会可以决定私立工程师学校是否能够提供工程教育，并确认其提供的

① Ministére de l'Enseignement Supeìrieur et de la Recherche. Cahier des charges de l'accreìditation: Projet soumis aÌ la concertation[R]. Paris：MinisteÌre de l'enseignement supeìrieur et de la recherche, 2013：1-2.

教育是否合格。在经过工程师职衔委员会的认证后，行政主管部门才可以颁发工程师职称。在征求工程师职衔委员会意见后，国家确认是否承认在国外取得的工程师文凭和职称。在符合法律规定，并得到工程师职衔委员会认可的情况下，行政主管部门可以向成功通过考试的自学技术人员、函授学员、具有五年工业实践经验的技术人员等颁发工程学位①。在工商管理领域，2001 年创立的国家商业管理文凭认证委员会负责商学院的学位认证和课程质量控制。国家商业管理文凭认证委员会审核各商学院的教育环境、财政基础、人力资源情况，评估课程实施以及学校发展目标，并提出改进建议。只有通过了国家商业管理文凭认证委员会认证程序的高等商学院才被授予颁发文凭的资格，委员会也可根据情况撤回高等商学院已经颁发的文凭②。此外，大学科技学院国家教育委员会负责制定或修改大学科技学院的培养方案，保障职业教育与培训的质量，对颁发技术文凭的项目提出改进建议。

3.2.3.5 排名

在法国，大学排名是服务于高等教育消费者有效的市场性问责工具。大学排名的使用者，尤其是学生与家长，可以直接从排名中获取大学的教育质量、就业率、科研水平等信息，从而影响着学生的择校以及高校的口碑，由此也激励着高校不断提升教育与科研水平、追求卓越。

在法国，由于特殊的高等教育体系，并不存在一个官方的、公认的大学排名，但《费加罗报》《巴黎人报》等著名报纸会根据一定的参考指标如就业率、毕业率等来对大学进行排名。虽然仅根据一两个指标进行的排名必定不够准确，但《费加罗报》在法国发行量很大，《巴黎人报》在巴黎地区阅读量很高，两份报纸的覆盖面极广，其影响力不容小觑。2013 年，两份报纸根据不同的指标对法国大学进行了排名，如表 3－16、表 3－17所示。

---

① République Française. Code de l'Education[R]. Paris: Journal Officiel de la République Française, 2018:208－209.

② Commission d'évaluation des diplômes et des formations de gestion. Les missions[EB/OL]. (2011－10－09)[2018－08－20]. https://www.cefdg.fr/les-missions.

表 3-16　2013 年《费加罗报》根据学生毕业率进行的法国大学排名

	学校	调查人数	三年内本科生毕业率	综合指数
1	凡尔赛-巴黎萨克雷大学	960	99%	13.8
2	昂热大学	1244	97%	13.1
3	尚博里昂大学教学与研究中心	432	97%	12.2
4	克莱蒙费朗第一大学	496	96%	11.5
5	里昂第二大学	2470	96%	10.8

表 3-17　2013 年《巴黎人报》根据学生就业率进行的法国大学排名

专业	法律/经济/管理			专业	科学/技术/医学		
排名	学校	参与人数	就业率	排名	学校	参与人数	就业率
1	瓦朗西纳大学	132	99%	1	巴黎第一大学	30	100%
2	贝桑松大学	60	97%	2	图卢兹第一大学	41	100%
3	拉罗谢尔大学	65	97%	3	利摩日大学	71	99%
4	克莱蒙费朗第二大学	52	96%	4	南布列塔尼大学	129	98%
5	蒙彼利埃第一大学	256	96%	5	蒙彼利埃第一大学	96	98%
专业	文学/语言/艺术			专业	人文与社会科学		
排名	学校	参与人数	就业率	排名	学校	参与人数	就业率
1	巴黎第七大学	46	96%	1	鲁昂大学	47	96%
2	格勒诺布尔第三大学	55	95%	2	土伦大学	83	95%
3	南特大学	41	95%	3	亚眠大学	128	94%
4	滨海大学	33	91%	4	尚贝里大学	73	94%
5	里尔第三大学	130	89%	5	马恩-拉瓦雷大学	139	94%

总体而言，在法国，大学排名并不是评价高等教育是什么以及表现如何的主要方式，而是为政府、认证机构以及独立的评价机构提供补充，为公众提供学校比较的信息①。

① 徐丹，徐娟.公共问责与市场竞争：大学排名难以承受之重[J].清华大学教育研究，2010，31(6)：44-49.

另外，在法国，建设世界一流大学计划也体现了政府对于高校办学质量、发展方向、承担社会责任等方面的问责要求。该计划具体包括“卓越大学计划”“卓越大学计划/科技-创新-地域-经济计划”“大学新课程计划”“研究型大学计划”。2010 年，法国斥资 63.5 亿欧元开展“卓越大学计划”。“卓越大学计划”有着清晰与明确的目标，就是为法国建设5～10所能与世界一流大学比肩的大学。“卓越大学计划”进行了两轮的征集与严格评选，最终有 8 个项目入选。2016 年，经过四年的试用期与法国国家科研署的评估之后，其中 3 个项目获得的国家投资最终落实，3 个项目的试用期延长，2 个项目被终止。2014 年提出的“卓越大学计划/科技-创新-地域-经济计划”是“卓越大学计划”的延伸与补充。入选新一期计划的大学共同体同样具有雄厚的科研实力与广泛的国际学术影响力，在国家战略投资的帮助下进一步提升其教学与科研的吸引力、机构的学术声誉、内部治理的效率与提供的社会服务的质量。2017 年 3 月，共有 12 个项目入选该计划，国家投资 52.2 亿欧元用于该计划。入选的项目试用期为四年，试用期结束后接受法国国家科研署的评估，评估其是否达到了预期的目标与要求，从而决定是否全额拨款。“大学新课程计划”的目的是为实施多元化培训教学的高等教育机构提供支持。入选的 17 个项目将获得最多 10 年的资助，资助总金额达到2.5亿欧元。入选的大学将需要设计一个评估系统，评估项目执行的成效和影响力，甄别新课程项目在全国大范围内铺开的条件与可能性。同时，“大学新课程计划”成为新一轮政府与大学五年合同的重要内容，课程的认证程序也将进行修正，以促进项目尽快落实。“研究型大学计划”的主要目的是建设将硕士、博士课程与高级科研实验室相结合的研究生院，加强大学在一个或多个学科领域内的国际吸引力与影响力。此举将在法国推行国际公认的研究生院培养模式，确保研究生院与科研机构保持密切的联系，提高研究生院的国际化程度，促使研究生院为地区的经济社会发展服务。2017 年 10 月，29 个项目总共获赠 2 亿余欧元的资助，资助年限最长可达 10 年。

3.2.4 问责结果的处理

3.2.4.1 信息公开

高校信息公开是指高校依据相关法律与法规，将在开展办学活动和提供社会公共服务过程中产生、制作、获取的以一定形式记录、保存的信息，及时、准确地向政府、学校教职工及学生或社会公众公布[①]。高校信息公开制度是保障社会问责顺利实施的有效手段。通过高校信息公开，学生、社会公众、政府当局等利益相关者可以获取实用的信息，避免信息不对称、信息失当、信息失真等问题。

在法国，高校信息公开受法律法规的保护。该制度的法律渊源可以追溯到1789年的《人权宣言》，在现代由1978年7月17日颁布的法律正式确立[②]。法国高校信息公开制度分为两个方面。一是高校必须向学生公开入学录取条件、课堂出勤率、考试成绩等在校表现、毕业条件、就业状况等信息。通过公开录取条件、毕业条件等信息，学生可以充分了解高校的情况，从而选择合适的高校与专业。二是高校必须向社会和政府公开教学、科研政策和学校预算情况。通过公开高校教学科研政策与预算，社会公众可以了解相关的信息，并加以监督，促使高校治理模式由行政主导向多主体共同治理转变。

当然，与其他国家相比，法国高校信息公开的内容较少，且缺乏专门适用于高校的信息公开法律法规。法国仍需继续强化其高校信息公开制度建设。

3.2.4.2 高校内部管理系统的改进

在高等教育问责制的影响下，法国高校内部建立了管理控制系统，以实现自身工作的改进，应答外部利益相关者的问责。随着新公共管理思想的引入以及以校长为核心的“领导小组”的建立，基于绩效导向的、有利于管理对话的管理控制系统在大学内逐步建立起来。

---

① 夏欢欢.高校信息公开：现代大学制度建设的法理依据与现实路径[J].重庆高教研究，2015，3(5)：45－50.

② 德沃维.法国大学信息公开制度与实践[C].2012年高校信息公开国际研讨会论文集，2012：106－107.

管理控制系统原为私营企业内的管理结构，其定义为“管理者确保有效和高效地获得以及使用资源以实现组织目标的过程”[①]。在高校内部，管理控制系统不仅是基于会计信息的管理结构，更是具有战略管理、文化管理、奖惩管理等多重功能的控制框架。目前，大学内部有不同的管理控制系统模型，其中平衡计分卡(balanced scorecard)是较流行的管理控制系统。

平衡计分卡设立于1992年。与之前只注重财务层面的模型不同，平衡计分卡注重从财务层面、客户层面、运营层面以及学习与成长层面四个不同的角度对组织进行绩效控制。这四个角度并非独立的，而是互相联系的，从自上而下以及自下而上两个方向实现组织的战略愿景[②]。平衡计分卡的一般模型如图3－6所示。

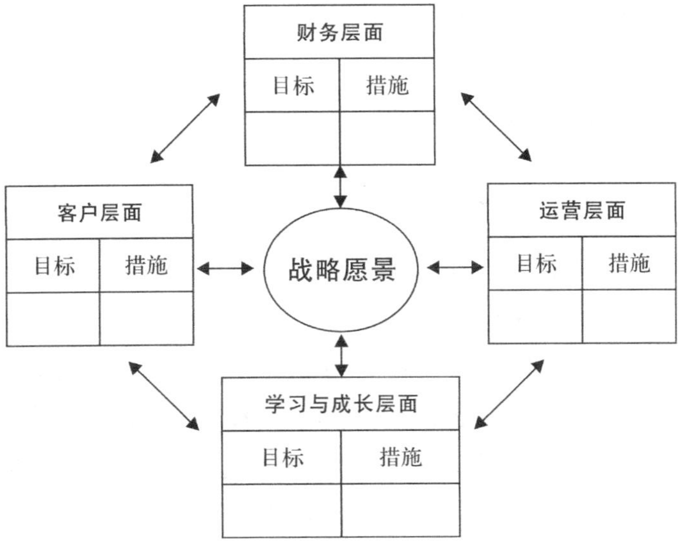

图3－6 平衡计分卡一般模型

资料来源：Sénéchal O, Menet J L, Winter E, et al. Qualité et enseignement supérieur: application des principes du Balanced Scorecard (BSC) *à* un master[R]. QUALITA, 2013:25.

其中，财务层面的目标主要有降低成本、提高高等教育资源使用效

① Robert A. Planning and Control Systems: A Framework for Analysis[R]. Boston: Graduate School of Business Administration, Harvard University, 1965:6.

② Sénéchal O, Menet J L, Winter E, et al. Qualité et enseignement supérieur: application des principes du Balanced Scorecard(BSC) *à* un master[R]. QUALITA, 2013:25.

率、增加收入等;客户层面的目标主要是面向学生制定的目标,可以包括高等教育质量、管理质量、毕业生就业率等;运营层面的目标是指高校为了达成财务和客户层面的指标而制定的内部运营方面的目标,主要包括高校的短期发展目标与长期改革目标,如内部规章流程的制定与执行情况、专业建设情况等;学习与成长层面的目标主要是指对教职工绩效以及职业成长的监测,具体目标包括师资队伍建设、教职工的职业培训情况、科研成果数量与质量等。

平衡计分卡作为一项较为实用的绩效评估与战略管理工具,能够将大学的战略目标具象化为绩效指标,使得整个高校内部相互协作、共同努力,促进高校战略愿景的达成。

3.3 印度公立高等教育问责①

3.3.1 问责主体

3.3.1.1 外部问责主体

印度高等教育系统作为一种利益相关组织,其发展建设同样与高等教育的各个利益相关者有着或多或少的联系,因此,高等教育的决策者需兼顾和权衡好各方利益相关者的利益,高等教育的管理受到各方利益相关者的约束和监督。20 世纪 90 年代以来,受印度高等教育经费多元化的影响,高等教育的利益相关者呈现多元化,高等教育机构处于被多方利益相关者问责的中心。基于对高等教育利益相关者的分析,印度社会大体上可以分为政府、社会、市场和学校四个层面的高等教育问责主体,具体见图3-7。

(1)政府层面

建国之初,为了调和印度各民族的利益矛盾,印度采用的是联邦制政治体制,由中央政府和各邦政府共同对高等教育进行管理。但印度的联邦制不同于英国,它具有明显的中央集权特色,即中央政府掌握较多

① 陈雪纯.20 世纪 90 年代以来的印度高等教育问责制研究[D].杭州:浙江大学,2018.

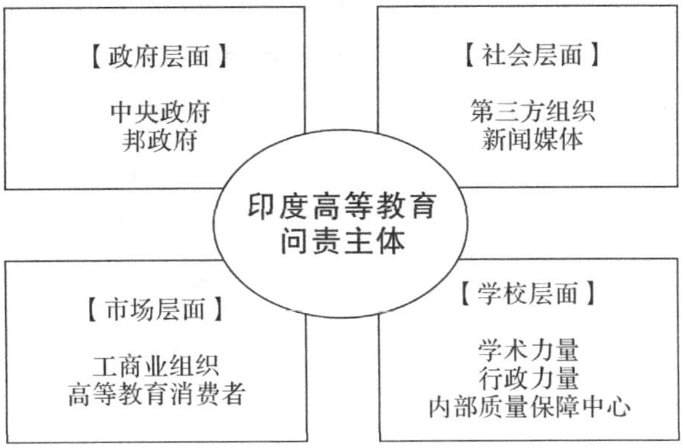

图 3-7　印度高等教育问责主体

的权力。20 世纪 90 年代以来,随着中央政府分权改革以及邦政府所提供的高等教育经费在政府公共经费来源中的比例越来越高,印度各邦政府在高等教育领域中发挥的作用也随之增强,它们对邦立大学的一切行政以及运行事务具有重要影响。这种变化也在一定程度上影响着中央政府和各邦政府对印度高等教育的问责。

在中央政府层面,印度中央政府主要通过制定和组织实施高等教育发展规划、制定和协调高等学校的标准以及利用绩效拨款改善和提高教育质量等方式对高等学校进行问责。印度总统及中央政府下设的人力资源开发部(Ministry of Human Resource Development,MHRD)、13 个专业委员会以及 2 个权威的质量保障机构是印度国立大学的问责主体。其中,印度现任总统是所有国立大学的视察员(vistor),有权根据法律视察国立大学的一切事务;印度人力资源开发部主要负责制定国家教育政策并确保这些政策的有效执行和落实,同时对印度高等教育机构的表现进行监督;此外,印度还有 13 个高等教育专业委员会负责维持各专业学科的特定标准,对印度高等教育、技术教育和职业教育机构招收的学生、引进的课程以及其整体绩效进行问责。

13 个专业委员会包括:大学拨款委员会(University Grants Committee,UGC),作为处于高等教育顶端的缓冲机构,主要为高等教育机构提供财政拨款并协调、决定和维持高等教育质量标准;全印技术教育委员会(All India Council for Technical Education,AICTE),主要负责全国技术教育体系的规划和发展，管理并维持技术教育的规范和质量标准；印度农业研究委员会(Indian Council of Agricultural Research，ICAR)，主要负责促进农业研究的发展并不断提高农业社区的生活质量；印度律师委员会(Bar Council of India，BCI)，主要负责协调、确定和维持法律教育和职业标准；印度医疗委员会(Medical Council of India，MCI)，主要负责建立医学教育标准，以认定在印度和国外获得的医学资格证书；远程教育委员会(Distance Education Council，DEC)，主要负责促进开放大学和远程教育体系的发展并协调和确定该体系的教学、评估和研究标准；国家教师教育委员会(National Council for Teacher Education，NCTE)，主要负责确保全国教师教育体系有计划地协调发展，同时监管和维持教师教育的规范和标准；印度康复委员会(Rehabilitation Council of India，RCI)，主要负责为康复和特殊教育领域的专业人员培训制定标准和规范；印度药学委员会(Pharmacy Council of India，PCI)，主要负责确定、管理和维护国家对药剂师培训的最低标准；印度护理委员会(Indian Nursing Council，INC)，主要负责管理和维持针对护士、助产员等培训的统一标准；印度牙科委员会(Dental Council of India，DCI)，主要负责管理全国的牙科教育、牙科职业以及牙科伦理等，建议政府开办牙科学院并提供更高级的专业课程；中央顺势疗法委员会(Central Council of Homeopathy，CCH)，主要负责维护中央同类疗法的相关注册；印度中央医学委员会(Central Council of Indian Medicine，CCIM)，主要负责维护印度医学中心的注册①。

2个权威的质量保障机构分别是印度大学拨款委员会下设的国家评估与认证委员会(National Assessment and Accreditation Council，NAAC)以及全印技术教育委员会下设的国家认证委员会(National Board of Accreditation，NBA)。其中，国家评估与认证委员会主要负责对拥有两届毕业生或已经成立六年的所有高等教育机构进行问责，国家认证委员会主要负责对工程、建筑、技术等专业院校进行问责。

在邦政府层面，邦政府有权建立大学，同时可以影响甚至控制大学

---

① Raza R. Examining Autonomy and Accountability in Public and Private Tertiary Institutions[R]. World Bank，2009：17－18.

的运作。印度邦长、邦人力资源开发部(State Ministry of Human Resources Department,SMHRD)及其下设的邦高等教育部是印度邦立大学的问责主体。其中,各邦的邦长代表印度的国家总统和中央政府对各邦政府的工作进行监督,他们是中央政府和各邦政府之间联系的重要纽带,也是邦层面名义上的最高领导。同时,各邦邦长担任邦立大学的校长或视察员,主要代表印度总统和中央政府对邦立大学进行监督,并掌握邦立大学重要的人事任命权,特别体现在对邦立大学副校长的任命上。其中,副校长是印度邦立大学学术和行政事务的决策者,但邦长对选举委员会推荐的副校长人选拥有一票否决权,并且,选举委员会的三位成员中必须有一位是邦长指定的代表①。

邦人力资源开发部作为直接监管邦立大学的机构,必须遵守中央人力资源开发部所制定的相关政策。事实上,各邦的高等教育问责权力主要集中在各邦的高等教育部门,邦高等教育部长拥有对本邦高等教育事务的实际控制权。此外,有些邦设立了邦高等教育委员会,以促进对本邦高等教育机构的规划和协调,但这些委员会主要是政策咨询机构,发挥的作用较为有限②。但印度政府在"第十二个五年计划(2012—2017)"中强调,要进一步促进各邦高等教育委员会发挥作用,其中包括维护高校数据库、促进大学之间的资源共享、开展学术研究和评估研究以及促进院校层面的学术和治理变革等。除此之外,该规划还建议印度各邦都设立邦高等教育委员会③。政府层面印度高等教育问责主体如图 3-8 所示。

(2)社会层面

20 世纪 90 年代以来,在知识型社会的发展背景下,印度高等教育机构的教学、科研和社会服务的职能越来越突出,社会公众参与印度高等教育问责的诉求越来越强烈。印度人力资源开发部颁布的国家机构排名框架十分关注高校外部利益相关者的认知情况,其中包括雇主和研究投资者认知、学术同行认知、社会公众认知以及其他顶尖院校学生认

---

① 安双宏.印度政府对高等教育的管理[J].比较教育研究,2006,27(8):35-38.

② Agarwal P. Higher Education in India:The Need for Change[R]. Delhi:ICRIER,2006:83.

③ Planning Commission. The Twelfth Five Year Plan(2012—2017) Social Sectors Volume Ⅲ[R]. New Delhi:Government of India,2013:117.

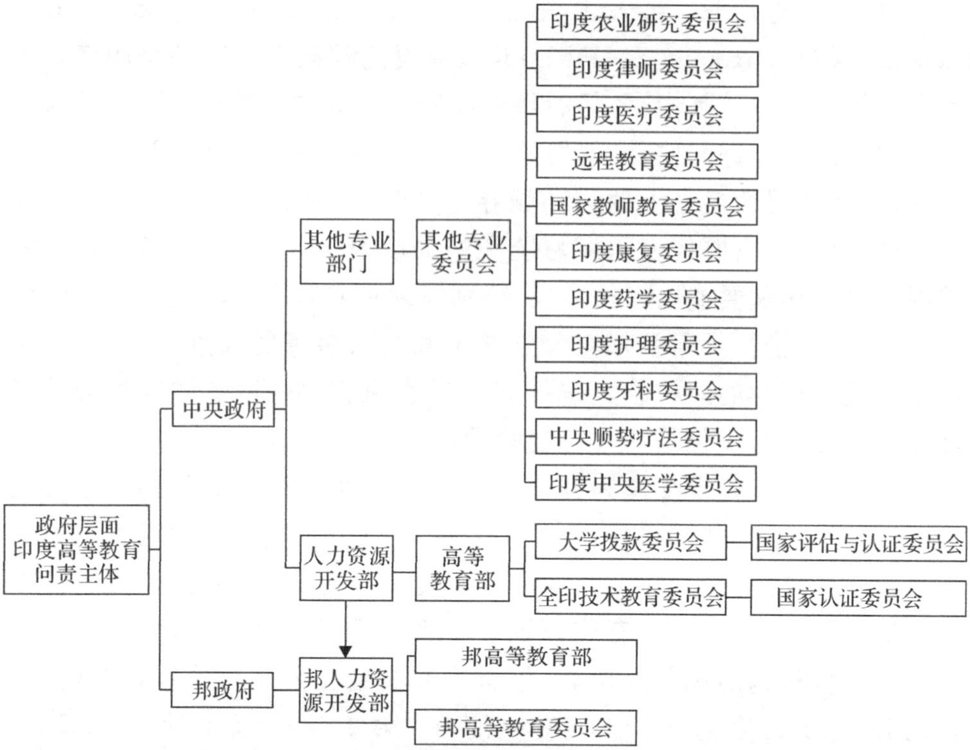

图 3－8 政府层面印度高等教育的问责主体

资料来源：Raza R. Examining Autonomy and Accountability in Public and Private Tertiary Institutions[R]. World Bank，2009：17－18；Agarwal P. Higher Education in India：The Need for Change[R]. Delhi：ICRIER，2006：83；Planning Commission. The Twelfth Five Year Plan (2012—2017) Social Sectors Volume Ⅲ[R]. New Delhi：Government of India，2013：117.

知的情况。一方面，受高等教育大众化进程的影响，社会公众在印度高等教育成本分担中的作用越来越突出；另一方面，由于政府绩效评估机制逐渐确立和完善，社会公众在参与包括高等教育治理在内的社会公共事务中越来越活跃。参与印度高等教育问责的社会力量主要分为两大部分，即印度社会第三方组织以及各大新闻媒体，它们分别通过发布报告和舆论监督的形式对高等教育机构进行问责。

印度社会通过一些非政府非营利性的第三方组织召开与高等教育利益相关者相关的会议与论坛，向政府部门提出改革意见和建议，以此参与高等教育发展计划和重要事务的决策。例如，1927 年，印度工商联合会(Federation of Indian Chambers of Commerce and Industry,FICCI)成立,它是印度最古老、最大的商业组织,同时也是印度重要的非政府非营利性第三方组织,是连接决策者和社会公众之间的重要纽带。其中,它下设有高等教育部门,主要通过引起社会公众对国家教育政策的讨论从而影响决策,以此密切企业和高校之间的联系,进一步促进印度高等教育的积极发展。

印度工商联合会以其深入的研究和政策建议代表着印度工商界的声音,至今影响广泛。一方面,它通过与印度人力资源开发部合作,参与印度高等教育的规划和改革;另一方面,它从2011年开始通过与国家职能知识中心(National Functional Knowledge Hub,NFKH)合作,共同促进产学合作以提高毕业生质量。自2004年以来,在人力资源开发部的支持下,印度工商联合会每年组织高等教育峰会,主要为包括政策决策者、教师和企业界在内的所有高等教育利益相关者提供交流平台,促进他们之间的自由讨论和知识共享,并共同对印度高等教育政策进行审查①。2014年,印度工商联合会颁布了首届高等教育卓越奖(Higher Education Excellence Awards),旨在表彰印度高等教育领域内表现出色的机构或者个人,以不断提高印度高等教育质量②。

此外,印度工商联合会还出版一些具有重大社会影响力的研究报告,例如2009年发布的《为印度高等教育体系的未来做准备》(*Making the Indian Higher Education System Future Ready*),2011年发布的《NFKH白皮书:促进工程教育高校与企业间的联系》(*White Paper on NFKH: Facilitating Engineering Institution Linkages with the Industry*),2014年发布的《大规模学习者的评估准则:各邦设计、实施以及使用评估的做法》(*Guidelines for Large Scale Learner Assessments: Practices for Design, Implementation and Use of Assessments by States*),以及一些在印度高等教育峰会上整理发布的报告(具体见表3-18),都对印度高等教育领域的各项政策产生了广泛的社会影响。

---

① FICCI, Ernst & Young. State-focused Roadmap to India's Vision 2030[R]. FICCI Higher Education Summit 2015, 2015: 54.

② FICCI. Sector Overview-Create Sustainable Linkages with Industry[EB/OL]. (2014-12-11)[2020-11-12]. http://ficci.in/sector-Details.asp? sectorid=11.

表 3－18 印度工商联合会高等教育峰会年度报告汇总表

年份	报告名称
2011	《私立部门参与印度高等教育》 (*Private Sector Participation in Indian Higher Education*)
2012	《印度高等教育：十二五计划及以上》 [*Indian Higher Education: Twelfth Five Year Plan (2012—2017) and Beyond*]
2013	《印度高等教育：2030 愿景》 (*Indian Higher Education: Vision 2030*)
2014	《高等教育在印度：迈向全球相关性和竞争力》 (*Higher Education in India: Moving towards Global Relevance and Competitiveness*)
2015	《走向印度 2030 愿景的邦重点路线》 (*State-focused Roadmap to India's Vision 2030*)

资料来源：整理自印度工商联合会高等教育峰会年度报告。

媒体的舆论监督虽然不能直接产生法律效力，但它是最有力、最广泛的社会监督方式之一。新闻媒体能及时公开高等教育的广泛信息并揭露各种腐败现象，产生巨大的社会效应。

印度的新闻媒体主要通过发布与高等教育相关的新闻或学术研究成果对高等教育机构进行舆论监督。与其他评估、认证机构所不同的是，它们更能从侧面反映印度高校的教育质量，为学生选择高等学校以及社会经费捐赠提供重要的参考依据，同时也成为政府进一步了解高校信息的重要渠道，以此保障社会公众的知情权，具有强大的舆论引导作用。其中，《高等教育评论》(*Higher Education Review*)作为一份重点研究印度高等教育的月刊，成为印度高校领导与教授、企业领导、专家以及校友之间分享经验和交流学习的平台，也成为社会公众了解印度高等教育发展现状的重要渠道；《印度时报》(*The Times of India*)主要报道与印度社会各方面相关的新闻，是印度具有较强影响力的英文日报，其中也设置了高等教育专栏，并提供印度高等教育领域内热门专业前 10 名的高等学校最新名单；《今日印度》(*India Today*)作为印度的头号英文杂志，主要为全球用户及时提供有关印度国内最新资讯，其中专门设有教育版块，并不断发布最新的高等教育动态，以提高印度高等教育的透明度。例如，2017 年 3 月 23 日，《今日印度》及时发布了有关印度国家评估与认证委员会向为社会公众提供虚假认证信息的高校发出警告的新闻，对高校信息的真实性和有效性进行了有效的监督。

(3)市场层面

1991 年，印度开始了市场经济改革，市场对印度高等教育系统的影响显著增强。一方面，随着印度民众对高等教育的需求逐渐增加，私立高等教育机构发展迅速，满足了社会和个人不断增长的需求；另一方面，印度高等教育跨越式的快速扩张是以质量的不断下降为惨痛代价的，这引起了社会公众对于质量问题的广泛关注。印度高校整体上要通过市场途径获得资源，因此提高高校的社会认可度、吸引充足的生源和经费等就显得尤为重要。高等教育作为社会的“准公共产品”，也接受来自市场层面主体的监督。由印度企业、高校学生及其家长组成的教育消费群体，主要通过参与高校治理以及意见反馈调查等形式对高等教育机构进行问责。

企业作为市场中的重要主体，十分关心高等教育机构是否有能力培养具备必要技能的毕业生。由于印度的失业率很高，为了确保高校提供的课程以及培养的人才是符合社会需要的，印度企业需要加强对高校的有效监督和问责，主要通过校企合作的形式从以下三个层面加强高校和企业之间的学术联系和合作。首先，企业领导层的专业人员通过加入高等学校的行政管理或治理主体中，参与高校重要学术事务的指导和决策，对高校进行评估并提出相应的意见和建议；其次，企业中高层管理的专业人员可以参与高校课程设计、定期举办学术研讨会、共同开发企业实践项目、担任高校一定期限的教师以及为高校教师和学生提供咨询和指导等，以此对高校的课程和教学进行监督；最后，企业的人力资源和研发部门与高校的就业和研究部门之间达成合作协议，以促进高校学生的实习和就业，并实现研究基础设施的资源共享。印度企业与高校之间的联系见表 3－19。

表 3-19 印度企业与高校之间的联系

企业层级	联系方式	高等学校的职能
领导层	企业专家加入高校治理机构	行政管理与治理
中高层管理专业人员	参与高校课程设计 定期举办研讨会 共同开发企业实践项目 担任一定期限的教师 分享实践的案例研究 为高校教师和学生进行咨询与指导	教育提供
人力资源与研发部门	建立实习和就业的伙伴关系 共享研究基础设施	就业和科研

资料来源：FICCI，Ernst & Young. Higher Education in India：Vision 2030[R]. FICCI Higher Education Summit 2013：43.

20 世纪 90 年代以来，受市场经济改革的影响，印度高等教育在很大程度上是依据市场模式运作的，高校是教育资源和服务的提供方，而学生特别是学生家长则是购买方。由于印度高等教育公共经费短缺以及高等教育规模的急剧扩张，学费成为越来越重要的高等教育经费来源，学生及家长对高等教育质量的关注度也逐渐提高，他们是高等教育十分重要的利益相关者，主要通过意见反馈的形式对印度高等教育机构进行问责。例如，印度国家评估与认证委员会针对学生体验开展调查，并将调查结果纳入对高校的评估与认证过程之中。它主要利用向高校学生发送电子邮件的形式随机开展学生满意度调查（Student Satisfaction Survey，SSS），并基于学生问卷的匿名回复情况对高等教育机构进行相应的评分。问卷内容主要围绕高校的教学与评估部分展开，涉及教师的学科知识、沟通技巧、电子信息设备的使用情况、教学方法的使用等方面。问卷主要采用李克特类型量表的形式，共有 21 个问题，除最后一个开放性问题之外，其余每个问题的答案都由 0～4 被划分为不同的等级，其中，0 代表最消极的评价，4 代表最积极的评价，最后利用软件将所有问题的分数汇总形成学生满意度调查的总分，并对高校教学与评估部分的整体评估产生影响①。学生家长如果对印度高等学校对外公布的机构信息有疑问或意见的，也可以用发邮件的形式进行反馈②。

3.3.1.2 **内部问责主体**

过去几十年以来，印度高等教育由于受到过度干预的财政控制以及官僚主义等影响，高校自主权受到严重侵蚀。1990 年，印度大学拨款委员会发布了《新管理模式报告》。该报告对印度高校过度管理的不利影响进行了讨论，呼吁减少政府的过度管制，给予高校更大的学术、行政和财政自主权③。印度在扩大高校自主权的同时，也强化了高校内部人员和组织针对高校的内部问责。总体来说，院校层面的高等教育问责主体主要分为学术力量、行政力量以及兼具学术和行政力量的内部质量保障中心三大部分。

(1)学术力量

印度高等学校内部的学术力量问责主体主要是指学生、学术委员会、研究委员会。

其中，学生可以通过问卷调查的形式向学校相关部门进行意见反馈，从而促进高等教育质量的提升。由教师组成的学术委员会是高校重要的学术机构，学术委员会负责协调包括艺术、医学、法律、科学等在内的多个院系的学术工作。该委员会主要通过制定学术政策、协调和管理与课程和教学相关的学术事务等方式对高校进行学术监督，从而推动校内的学术研究，并提高学术影响力。研究委员会一般由大学本部的教师或相关学院的资深教授组成，该委员会主要负责协助教师设置课程、制定教学大纲并任命考官，开展主持学术活动，保证本学科的学术质量。

(2)行政力量

印度高等学校行政力量问责主体主要是指校长、副校长、总学监、教导主任、注册主任等管理官员，以及包括评议会、行政委员会、财务委员会

① National Assessment and Accreditation Council. Revised Accreditation Framework—Student Satisfaction Survey[R]. Bangalore，2017：1.

② Ministry of Human Resource Development. National Institutional Ranking Framework[R]. New Delhi：Government of India，2017：5.

③ Carnoy M，Dossani R. The Changing Governance of Higher Education in India[M]. Palo Alto：Stanford University Press，2011：5.

等在内的多个内部管理机构。

其中,校长和副校长主要负责对高校事务进行总体协调和监督,保证高校按照国家法律章程以及自身战略规划正常运转;总学监主管学监委员会,主要负责管理学校纪律、培养学生责任感;教导主任主要负责对学生宿舍管理事务进行监督,包括对宿舍管理员的管理以及对学生生活事务的管理等;注册主任主要负责领导高校秘书处的工作,包括协助副校长准备会议议程、在管理工作中向副校长提出意见等;内部管理组织如评议会主要由本校领导、教师、学生、政府官员以及工商界人士组成,负责制定总体方针政策,充当高校和社会公众间沟通的桥梁;行政委员会通常由副校长担任主席,主要负责在广泛收集意见的基础上制定、修改或废除学校章程;财务委员会的成员一般来自行政委员会并受其任命,并有一部分为校外人员,主要负责向行政委员会提供关于本校资金管理方面的意见和建议。

(3)内部质量保障中心

印度高校还设置有内部质量保障中心(Internal Quality Assurance Cell,IQAC),它是印度高校内部学术力量和行政力量的结合,主要由重要的学术和行政单位负责人、一些教师和杰出的教育家、高校所在地区管理层人员及各利益相关者代表组成,共同对高校内部学术和行政事务进行问责。

它的主要功能包括开发和应用高校学术和行政活动的质量指标、创造以学习者为中心的优质教育环境、收集各利益相关者就高校质量的反馈意见、采纳和传播提升高校质量的最佳做法、管理信息系统并开发和维护高校数据库、按国家评估与认证委员会的指导方针定期上交年度质量保障报告(annual quality assurance report,AQAR)等。内部质量保障中心掌握着印度高等学校的学术自主权,有利于促进学术质量保障体系的制度化,并负责对高校学术和行政事务进行相应的问责。

3.3.2 问责内容

总体来看,20 世纪 90 年代以来,印度高等教育问责内容呈现广泛化,不仅包括传统问责所指向的高校对人力、财力、物力资源的使用情况,即是否合理利用了高校教师、高等教育公共经费以及基础设施资源,还更加关注高校使命及责任的达成,涵盖高校履行教学、科研和社会服务三大职能和高校内部治理的情况等广泛内容。

2017 年,印度国家评估与认证委员会发布了《修订版评估与认证框架》(*Revised Assessment and Accreditation Framework*,*RAAF*),围绕"课程""教学与评估""研究、创新与拓展""基础设施与学习资源""学生支持与发展""治理、领导与管理"以及"高校价值与最佳实践"七大方面展开(具体见表 3-20)。

表 3-20 《修订版评估与认证框架》的具体内容

标准	关键指标	大学	自治学院	附属学院
1.课程	1.1 课程设计和开发	50(33%)	50(33%)	—
	1.2 课程计划和实施	—	—	20(20%)
	1.3 学术灵活性	50(33%)	40(27%)	30(30%)
	1.4 课程丰富性	30(20%)	40(27%)	30(30%)
	1.5 反馈体系	20(14%)	20(13%)	20(20%)
总计		150(100%)	150(100%)	100(100%)
2.教学与评估	2.1 学生录取与概况	10(5%)	20(7%)	30(9%)
	2.2 适应学生多样化需求	20(10%)	30(10%)	50(14%)
	2.3 教学过程	20(10%)	50(17%)	50(14%)
	2.4 教师概况和质量	50(25%)	60(19%)	80(23%)
	2.5 评估过程与改革	40(20%)	40(13%)	50(14%)
	2.6 学生表现与学习结果	30(15%)	50(17%)	40(12%)
	2.7 学生满意度调查	30(15%)	50(17%)	50(14%)
总计		200(100%)	300(100%)	350(100%)

续表

标准	关键指标	大学	自治学院	附属学院
3.研究、创新与拓展	3.1 科研进步和设施	20(8%)	20(13%)	—
	3.2 研究资源的调动	20(8%)	10(7%)	—
	3.3 创新生态系统	30(12%)	20(13%)	20(17%)
	3.4 研究出版物和奖励	100(40%)	20(13%)	20(17%)
	3.5 咨询	20(8%)	10(7%)	—
	3.6 拓展活动	40(16%)	50(34%)	60(49%)
	3.7 合作	20(8%)	20(13%)	20(17%)
总计		250(100%)	150(100%)	120(100%)
4.基础设施与学习资源	4.1 硬件设施	30(30%)	30(30%)	30(30%)
	4.2 作为学习资源的图书馆	20(20%)	20(20%)	20(20%)
	4.3 信息技术设施	30(30%)	30(30%)	30(30%)
	4.4 校园基础设施的维护	20(20%)	20(20%)	20(20%)
总计		100(100%)	100(100%)	100(100%)
5.学生支持与发展	5.1 学生支持	30(30%)	30(30%)	50(38%)
	5.2 学生发展	40(40%)	30(30%)	45(35%)
	5.3 学生参与和活动	20(20%)	30(30%)	25(19%)
	5.4 校友参与	10(10%)	10(10%)	10(8%)
总计		100(100%)	100(100%)	130(100%)
6.治理、领导与管理	6.1 院校愿景和领导	10(10%)	10(10%)	10(10%)
	6.2 战略发展与部署	10(10%)	10(10%)	10(10%)
	6.3 教师赋权战略	30(30%)	30(30%)	30(30%)
	6.4 财政管理和资源配置	20(20%)	20(20%)	20(20%)
	6.5 内部质量保障系统	30(30%)	30(30%)	30(30%)
总计		100(100%)	100(100%)	100(100%)
7.高校价值与最佳实践	7.1 高校价值和社会责任	50(50%)	50(50%)	50(50%)
	7.2 最佳实践	30(30%)	30(30%)	30(30%)
	7.3 高校特殊性	20(20%)	20(20%)	20(20%)
总计		100(100%)	100(100%)	100(100%)
总分		1000	1000	1000

(注:表中数字为分数,括号中数字为各标准中分数占比。)

而2015年印度人力资源开发部发布的《国家机构排名框架》(*National Institutional Ranking Framework*,*NIRF*)则围绕"教学与资源""研究与专业实践""毕业成果""外联和包容性"以及"认知"五大方面展开(具体见表3-21)。

表3-21 《国家机构排名框架》的具体内容

标准	关键指标	分数	百分比
1.教学与资源	1.1 博士生的学生优势	20	20%
	1.2 师生比(特别是永久教师)	30	30%
	1.3 拥有博士学位或经历的教师综合指标	20	20%
	1.4 财政资源及其利用	30	30%
总计		100	100%
2.研究与专业实践	2.1 出版物综合指标	30	30%
	2.2 出版物质量综合指标	40	40%
	2.3 专利的申请、发布、批准和许可情况	15	15%
	2.4 项目、专业实践和执行发展计划的足迹	15	15%
总计		100	100%
3.毕业成果	3.1 毕业去向、深造及创业的综合指标	40	40%
	3.2 通过大学考试的指标	15	15%
	3.3 毕业生平均薪资	20	20%
	3.4 进入顶尖大学深造的毕业生数量	15	15%
	3.5 博士毕业生数量	10	10%
总计		100	100%
4.外联和包容性	4.1 来自其他邦或国家的学生数量	30	30%
	4.2 女性师生数量	25	25%
	4.3 家庭经济困难及社会地位低下学生数量	25	25%
	4.4 为身体残疾学生提供的基础设施	20	20%
总计		100	100%
5.认知	5.1 雇主和研究投资者认知	25	25%
	5.2 学术同行认知	25	25%
	5.3 社会公众认知	25	25%
	5.4 来自顶尖院校的硕博学生数量	25	25%
总计		100	100%

总体来说，以上两份框架文件都是在充分借鉴印度高等教育问责实践经验以及考察印度高等教育各利益相关者意见的基础上产生的。因此，基于对这两个文本的分析可以归纳出当前印度高等教育问责的内容。

3.3.2.1 资源使用情况

高等教育资源通常被界定为一切人力、财力和物力资源的总和。具体来说，印度高等教育问责制主要考察高等教育机构是否合理地利用了高校教师、高等教育经费以及基础设施资源。

人力资源方面的具体问责内容包括：高等教育机构是否有充足的教学人员，特别是全职教师；是否有相应的教职工发展计划和教师赋权策略；是否在透明和客观的基础上选拔教师，并进行定期的绩效考核；教师的教学过程是否科学，并按照不同类型的学生需求进行调整；拥有博士学位或丰富教学经验的教师数量是否达标等。例如，人力资源开发部发布的《国家机构排名框架》提到，在教学与资源方面，主要测量师生比、拥有博士学位或经历的教师情况等①。印度认识到教师在提高学术质量方面的核心作用，十分重视教师的整体素质及其教学质量，提出启动“全国教师教学使命”(National Mission on Teachers and Teaching)项目，试图解决有关教师和教学的所有问题，使教师质量得到进一步提升②。

在财力资源方面，主要考察高等教育经费是否得到有效利用。具体问责内容包括：高等教育机构是否有严格的资金预算与内外部审计程序以确保财务管理的透明度；是否为经济困难学生提供经济资助并为优秀学生提供奖学金；是否为学术研究活动提供充足的资金支持；是否有合理的学费结构决策机制；是否有公开透明的财务资源分配机制等。例如，印度人力资源开发部发布的《国家机构排名框架》提到，在教学与资源方面，主要测量财政资源的使用情况。事实上，印度的高校都有财务预审制(pre-audit system)，它规定大学的经费开销只有在政府审计师对

---

① Ministry of Human Resource Development. National Institutional Ranking Framework[R]. New Delhi: Government of India, 2017: 9-36.

② Planning Commission. The Twelfth Five Year Plan(2012—2017) Social Sector Volume Ⅲ[R]. New Delhi: Government of India, 2013: 109.

财务报表进行审查之后才能使用，这在一定程度上可以抑制腐败问题的滋生①。

在物力资源方面，主要考察高等教育机构是否充分并合理地利用各种软、硬件基础设施来保障高校学术研究及校园生活质量。具体的问责内容包括：高等教育机构是否拥有基本的体育设施、图书馆和信息通信设备，包括宿舍和餐厅设施在内的各项基础设施是否得到及时的维修与保养，等等。例如，印度国家评估与认证委员会发布的《修订版评估与认证框架》规定，在基础设施与学习资源方面的主要测量指标为学生宿舍、食堂、体育场等硬件设施的提供，图书馆所需设备的建设，信息技术设施的建设以及校园一切基础设施的维护等②。其中，印度高度重视图书馆与信息服务在提高高校学术研究质量方面所发挥的核心作用，印度国家评估与认证委员会发布了有关高校图书馆和信息服务最佳实践的案例介绍，以此为基础制定标准化方针，提高图书馆服务水平，最终保障和提升高校质量③。

3.3.2.2 产出质量情况

印度一直以来重视高等教育的质量提升，并强调高校建立内部质量保障体系（internal quality assurance system，IQAS）。总体来看，印度高等教育的产出质量可以归纳为课程和教学质量、科研产出质量以及社会服务质量三大方面。

印度人力资源开发部在给高校进行排名时同样将教学与科研作为最重要的两大衡量标准，其中，教学与资源以及研究与专业实践的权重各占 0.30，超过对于毕业成果、外联和包容性以及认知方面的考量。由表 3－22 不难看出，由于印度政府对不同类型的高校定位不同，因此高校面向教学、科研以及就业的重要性比重有所差异。但不论是对印度大学、自治学院，还是附属学院来说，教学和科研都是最受重视的两大块内

---

① Dahna B S. Accessibility, Excellence, and Accountability in the Indian Higher Education[J]. University of Hertfordshire, 2016, 76(12): 24.

② Ministry of Human Resource Development. National Institutional Ranking Framework[R]. New Delhi: Government of India, 2017: 9－36.

③ National Assessment and Accreditation Council. Library and Information Services: A Case Presentation[EB/OL]. (2014－02－05)[2017－11－17]. http://www.naac.gov.in/best_practices.asp.

容。其中,对于大学而言,更强调其科研价值(25%),对于自治学院和附属学院而言,则更强调其教学功能(分别为30%和35%)。

表3-22 印度高等院校排名框架参数及权重

序号	参数	分数	权重
1	教学与资源	100	0.30
2	研究与专业实践	100	0.30
3	毕业成果	100	0.20
4	外联和包容性	100	0.10
5	认知	100	0.10

资料来源:Ministry of Human Resource Development. National Institutional Ranking Framework[R]. New Delhi:Government of India,2017:9-36.

(1)课程与教学质量

值得一提的是,在印度高等教育问责内容中,课程与教学质量最受重视,同时,问责内容的重点因院校种类有所差异。从课程所占比重来看,大学和自治学院所占比重最高,达15%,而附属学院占10%;从教学与评估所占比重来看,附属学院占比最高,达35%,其次是自治学院,占30%,最后是大学,占20%。印度国家评估与认证委员会评估标准及权重百分比见表3-23。

表3-23 印度国家评估与认证委员会评估标准及权重百分比

序号	标准	大学	自治学院	附属学院
1	课程	150(15%)	150(15%)	100(10%)
2	教学与评估	200(20%)	300(30%)	350(35%)
3	研究、创新与拓展	250(25%)	150(15%)	120(12%)
4	基础设施与学习资源	100(10%)	100(10%)	100(10%)
5	学生支持与发展	100(10%)	100(10%)	130(13%)
6	治理、领导与管理	100(10%)	100(10%)	100(10%)
7	高校价值与最佳实践	100(10%)	100(10%)	100(10%)
总分		1000	1000	1000

资料来源:National Assessment and Accreditation Council. Revised Assessment and Accreditation Framework[R]. Bangalore:Government of India,2017:5-6.

在课程和教学质量方面，印度主要考察高等教育机构课程的设计与开发、计划与实施，并通过学生表现和反馈来评价教师的教学质量。

有关课程质量的具体问责内容包括：高等教育机构是否根据国家和地区的需要设计和开发课程和教学大纲，是否有合理的课程计划并加以实施，课程是否具有足够的学术灵活性与丰富性，学生等高等教育利益相关者对于课程是否满意等。印度国家评估与认证委员会发布的《修订版评估与认证框架》第一条对课程的测量指标作出了规定，主要包括课程的设计和开发、学术灵活性、课程丰富性以及课程反馈等①。

有关教学质量的具体问责内容包括：教学内容和方法是否适应学生的多样化需求，教师教学过程是否科学，教学评估过程是否合理并有所创新，学生课堂表现及学习成绩如何，学生是否充分参与学校活动并得到个人发展，学生对于教师教学的满意度如何等。例如，印度国家评估与认证委员会发布的《修订版评估与认证框架》第二条对教学与评估的测量指标作出了规定，主要包括学生的录取与概况、是否适应学生多样化的需求、教学过程、教师概况和质量、评估过程与方法的革新、学生表现与学习结果、学生满意度情况等；第五条规定了学生支持与发展的测量指标，主要包括学生的财政资助、学生毕业率和辍学率、学生对于高校各方面工作的参与和反馈、校友在高校工作中的参与等②。

(2)科研产出质量

在科研产出质量方面，主要基于可量化参数对高等教育机构的研究成果进行绩效考核。

《修订版评估与认证框架》第三条主要从以下方面考核高校的科研产出质量：研究的进步、研究资源的调动、创新生态系统建设、出版物和奖励情况、咨询服务的质量、研究风气的维护与发扬、提供相关专门领域技术服务的质量、对大众需求和期望的关注等；第七条提到教师获得的

① National Assessment and Accreditation Council. Revised Assessment and Accreditation Framework [R]. Bangalore: Government of India, 2017: 5 - 6.

② National Assessment and Accreditation Council. Revised Assessment and Accreditation Framework [R]. Bangalore: Government of India, 2017: 5 - 6.

科研奖励[①]。《国家机构排名框架》第二条则从以下方面考虑高校的科研产出质量：出版物数量及质量、专利的申请发布批准和许可情况、专业实践和执行发展计划情况等[②]。具体说来，印度考核高校科研产出质量的内容包括：高校是否有新的研究课题和合作研究计划，高校在 Web of Science、Scopus、Indian Citation Index 等主要学术期刊上发表的研究成果数量和被引用数量，高校在过去三年申请、被授予、出版以及获得奖励的专利数量，高校在过去三年内研究成果所获得的年平均经费收入，高校获得科研奖项的数量等。

(3)社会服务质量

在社会服务质量方面，重点关注毕业生能力以及高校为促进社会发展所作的贡献。

有关毕业生能力的问责内容包括：高校毕业生就业去向、深造及创业的综合指标，应届毕业生通过高校毕业考试的比例，毕业生就业的平均薪资水平，进入顶尖大学深造的毕业生数量，过去三年博士毕业生的平均人数，学生和校友进一步学习和工作的开展情况等。《国家机构排名框架》第三条从以下方面测量毕业生能力：学生毕业去向、通过大学考试的毕业生情况、毕业生平均薪资、进入顶尖大学深造的毕业生数量、博士毕业生数量等[③]。

与高校为促进社会发展所作贡献有关的问责内容包括：高校为社会提供咨询服务的质量，高校科研成果向社区的拓展应用情况，与其他高校或企业合作培训、资源共享的情况等。《修订版评估与认证框架》特别提到高校在教学和科研方面的社会合作、与企业界的联系等。其中，高校促进社会公平的职能被重点关注，具体包括：高校学生中来自其他邦或国家的学生数量，学生和教师群体中的女性数量，贫困学生以及来自社会底层家庭的学生数量，是否为身体残疾的学生提供必要的基础设

① National Assessment and Accreditation Council. Revised Assessment and Accreditation Framework [R]. Bangalore: Government of India, 2017: 5 - 6.

② Ministry of Human Resource Development. National Institutional Ranking Framework [R]. New Delhi: Government of India, 2017: 9 - 36.

③ Ministry of Human Resource Development. National Institutional Ranking Framework [R]. New Delhi: Government of India, 2017: 9 - 36.

施，列表种姓（scheduled castes）和列表部落（scheduled tribes）学生数量是否合理等。

3.3.2.3 内部治理情况

印度国家评估与认证委员会在对高等学校进行评估与认证的过程中十分关注高校内部治理情况，并将其作为印度高等教育问责的重要内容之一。其中，印度国家评估与认证委员会颁布的《修订版评估与认证框架》特别提到“高校管理上的创新”，十分关注高校使命达成和最佳实践的做法，并认为它有助于促进高校成为卓越的高等教育机构，并重点关注高校价值和社会责任、最佳实践做法以及高校独特性；重点强调学生及校友参与情况、高校领导情况以及内部质量保障体系的建设情况。

（1）学生及校友参与情况

学生和校友广泛参与高校内部治理可以促进高校实施为实现社会公平的包容性做法，从而有力地促进高校与各利益相关者之间的关系。在学生与校友参与方面，重点关注高校是否为学生及校友在促进高校内部治理完善方面提供相应的支持。

有关学生及校友参与方面的问责具体内容包括：高校是否有学生会、校友会或其他类似的学生及校友组织，并需提供有关该组织活动和资金的详细信息；高校需详细列出有学生代表参与的各类学术和行政机构；高校是否鼓励学生和校友自行创办刊物等。

（2）高校领导情况

高校价值观的设定以及参与式决策过程的实施，不仅是高校实现自身愿景、使命和目标的关键，也是建立高校组织文化的关键。在高校领导方面，重点关注高校在协调与实施学术和行政计划方面所作出的努力。

具体的问责内容包括：高校是否有长远的发展规划愿景；高校使命是否具有独特性，即在满足社会需求、服务学生、高校传统与价值取向、未来愿景方面是否具有自身特点；高校领导层如何参与并改进组织管理体系；高校是否有参与式管理的文化；高校是否确保各个法定机构职位无空缺并定期举行相关会议；高校章程里是否纳入授予自治学院学位的相关条款；高校如何保证内部组织结构和决策过程的有效性；高校是否鼓励学术部门独立运作并确保相应的问责制；高校如何确保投诉及时得到有效解决；高校是否重视学生反馈；高校是否对各部门进行绩效审计；高校是否有活跃的院校发展委员会（board of college and university development，BCUD）等。

(3) 内部质量保障体系的建设情况

高校内部质量保障体系的构建是其自我管理的责任，其目标是不断提升和改善印度高等教育质量。在内部质量保障体系方面，重点关注高校的学术审计机制、在学术和行政方面的质量管理策略以及是否拥有内部质量保障中心，并采用多元主体参与的管理方法。

具体的问责内容包括：高校是否对各部门进行学术审计；高校根据学术审计的建议采取哪些措施以改进教学、学习和评估；高校内部是否有中心机构持续审查教学过程；高校内部质量保障中心如何参与制定质量保障战略过程；高校内部质量保障中心委员会是否吸纳高校外部成员；高校内部质量保障中心是否关注社会弱势阶层学生的学业发展；高校是否针对学术和行政部门、学科领域、研究中心等进行定期审查等。

3.3.3 问责方式

印度高等教育问责方式主要包括评估、审计、认证三种方式。总体来看，各种问责方式之间彼此独立但又相互联系，使得高等教育问责制遵循一定的逻辑顺序和程序规范，如图 3－9 所示。具体而言，其操作过程一般是：先根据国家高等教育的政策目标建立一套评估标准，各高等学校进行自我评估并将结果公之于众；随后或接受同行的定量和定性评估并参与认证，或接受政府的排名评估，或接受内外部审计，不论参加何种方式，最终结果都必须向公众发布；最后，印度中央政府和邦政府会根据评估、认证和审计的结果给予相应的奖励或惩罚措施。

3.3.3.1 评估

评估是指对高等教育机构的表现和绩效进行综合评价，对其进行周期性评估可以激励高等教育机构为提升教学和科研质量创造良好的学

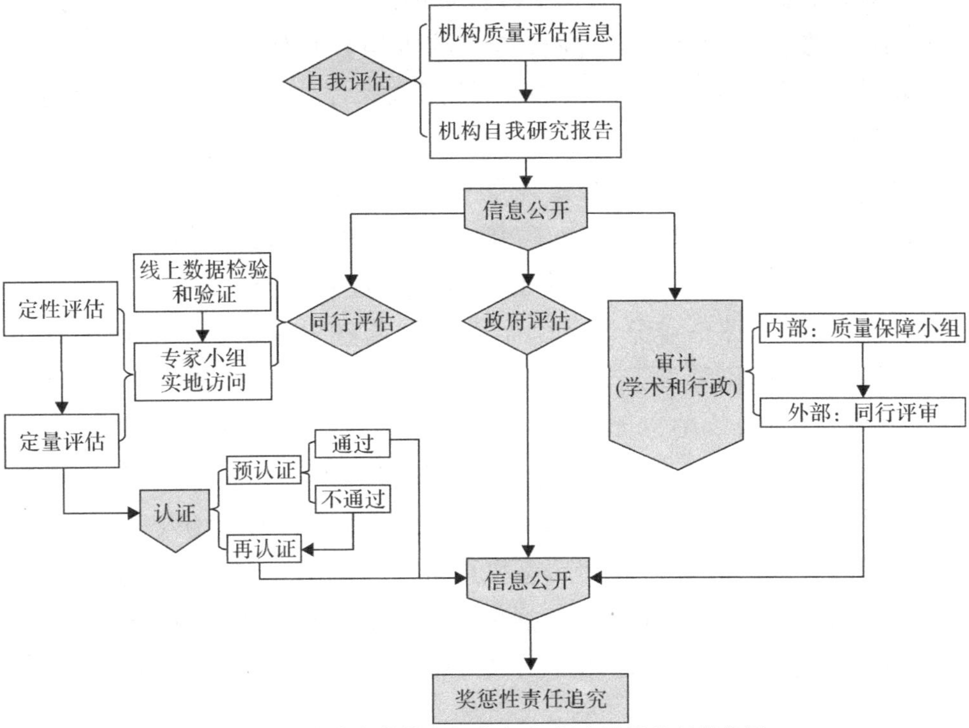

图 3-9 印度高等教育问责方式、问责结果处理程序图

资料来源：National Assessment and Accreditation Council. Revised Assessment and Accreditation Framework[R]. Bangalore,2017:1-4.

National Assessment and Accreditation Council. Academic and Administrative Audit:A Brief Advisory Note[R]. Bangalore,2017:1-3.

术环境①。总体来看,印度主要采用高校自我评估、同行评估以及政府评估相结合的方式。

第一,印度高度重视高校的自我评估,认为它对于促进高校分析与反思自身优势与劣势有着积极的作用,并将自我评估视为促进高校自我改进、不断创新与追求卓越的催化剂。高校在将信息公布之前,需在国家评估与认证委员会的要求下提交机构自我研究报告,其内容围绕"课程""教学与评估""研究、创新与拓展""基础设施与学习资源""学生支持与发展""治理、领导与管理"和"高校价值和最佳实践"七大方面展开。同时,高校的机构自我研究报告在撰写过程中需有高校行政人员、教师、

① National Assessment and Accreditation Council. NAAC Brochure[R]. Bangalore:Government of India,2016:3.

学生、家长、雇主、社区、校友等高等教育内外部利益相关者共同参与。

第二，在同行评估方面，高校提交的机构自我研究报告上传到网上之后必须先接受同行的验证。随后，印度国家评估与认证委员会提名的专家团队组成一个实地访问小组，对高校的综合表现展开先定性后定量的评估。其中，定性评估主要是评审专家团队基于高校所提交的机构自我研究报告对其进行有关优势、劣势、机会和挑战的综合分析，并提交同行评估报告；定量评估主要是基于各专家的现场评分、高校的机构自我研究报告的线上评估得分以及学生满意度调查得分这三大方面综合产生的最终累计平均绩点①。

第三，在政府评估方面，2015 年，印度人力资源开发部发布了《国家机构排名框架》，确定了印度高等教育机构排名的具体参数指标，主要包括“教学与资源”“研究与专业实践”“毕业成果”“外联和包容性”和“认知”这五大方面的内容。印度高等教育机构在参与排名之前必须在自己的官方网站以及《国家机构排名框架》门户网站上公开发布与这五方面指标相关的数据信息，并由印度国家评估与认证委员会进行相应的评级和排名②。

3.3.3.2 认证

在印度，认证是指主要基于已有的自我评估和同行评估结果决定是否授予高等教育机构某种特定的认证资格。严格的评估过程和认证结果既可以促进高等教育机构明确自身的优势和劣势，不断提升资源使用效率，保障和提高教育质量，同时，还可以为印度拨款机构，特别是大学拨款委员会的绩效拨款提供客观数据，并为印度企业寻求那些接受过高质量高等教育人才提供可靠的事实依据。

印度国家评估与认证委员会主要负责对高等教育机构进行定期认证，它会根据评估所得的累计平均绩点对高校进行由 A 到 D 的字母评级，并基于该字母评级进行预认证(pre-accreditation)。其中，累计平均绩点小于或等于 1.5 的高校等级为 D，预认证不予通过，而高于 1.5 的

---

① National Assessment and Accreditation Council. Revised Assessment and Accreditation Framework [R]. Bangalore: Government of India, 2017: 3.

② Ministry of Human Resource Development. National Institutional Ranking Framework [R]. New Delhi: Government of India, 2017: 5 - 7.

高校将通过预认证。印度国家评估与认证委员会的每一轮认证有效期为5年或7年。若在第一轮预认证后想要提高认证地位的高校可以在1~3年内提交再评估的申请并进行再认证(post-accreditation)。再评估和再认证的程序和第一轮基本相同,但高校还需针对之前同行评估和认证的建议报告对其进行有针对性的回应。参与过国家评估与认证委员会评估认证的高校若在5年认证有效期到期前的6个月还没有申请再认证,其在5年有效期结束后将失去认证资格[①]。2017年,根据印度国家评估与认证委员会颁布的《修订版评估与认证框架》,可以判断这一认证过程将更加信息化[②]。印度国家评估与认证委员会认证结果见表3-24。

表3-24 印度国家评估与认证委员会认证结果

累计平均绩点	字母评级	认证结果
3.51~4.00	A^{++}	认证
3.26~3.50	A^{+}	认证
3.01~3.25	A	认证
2.76~3.00	B^{++}	认证
2.51~2.75	B^{+}	认证
2.01~2.50	B	认证
1.51~2.00	C	认证
0~1.50	D	不认证

资料来源:National Assessment and Accreditation Council. Revised Assessment and Accreditation Framework[R]. Bangalore,2017:4.

在技术教育领域,印度国家认证委员会(非"国家评估与认证委员会",简称NBA)主要负责对工程、建筑、技术等专业院校进行认证,以确保专业院校提供优质的教育。国家认证委员会在评估之前会先确定参考的基本标准,并遵循与国家评估与认证委员会一致的同行评估流程。评估总分为1000分,以650分作为是否通过认证的界限。低于650分

① National Assessment and Accreditation Council. NAAC Brochure[R]. Bangalore: Government of India,2016:7.

② National Assessment and Accreditation Council. Revised Assessment and Accreditation Framework[R]. Bangalore:Government of India,2017:4.

的院校认证结果为“不通过认证”，等于或高于650分的院校认证结果为“通过认证”。其中，介于650分到750分之间的院校认证有效期为3年，等于或高于750分的院校认证有效期为5年。印度国家认证委员会的认证结果不与大学拨款委员会的经费挂钩①。印度国家认证委员会认证结果见表3-25。

表3-25 印度国家认证委员会认证结果

分数	认证结果	有效期
750～1000	通过认证	5年
650～749	通过认证	3年
0～649	不通过认证	3年

资料来源：Agarwal P. Higher Education in India：The Need for Change[R]. Delhi：ICRIER，2006：107-108.

3.3.3.3 审计

审计是以一种科学而系统的方法对高等教育机构进行审查，它作为印度高等教育问责的方式之一，可以促进高校了解现有的优势和劣势，并找到改进劣势的方法，以此不断追求卓越。

印度主要对高等教育机构进行学术审计和行政审计。针对财务的审计活动一直存在，它被包含在行政审计过程中。行政审计重点关注高校行政程序的效率和有效性，主要包括对各个行政部门的方针、策略和职能的评估，以及对整个行政管理体系的控制等，如评估财务和其他资源的利用率等；学术审计重点关注高等教育机构的学术质量。其中，行政审计是学术审计的基础，其最终目的是为了提高高等教育机构的学术质量。印度高等教育机构的学术审计和行政审计都可以分为内部和外部两大方面。内部审计主要由高校内部质量保证小组实施，外部审计由同行专家实施。其中，外部的同行审计被看作是印度学术审计和行政审计的关键力量，它行使着相当于国家评估与认证委员会的认证功能。

印度的学术审计和行政审计没有统一的标准，有些高等教育机构直接遵循印度国家评估与认证委员会的标准进行相应的内外部学术审计和行政审计，有的高等教育机构则制定一些略微不同的标准。每个高等

① Agarwal P. Higher Education in India：The Need for Change[R]. Delhi：ICRIER，2006：107-108.

教育机构都可以通过学习印度境内外机构的良好做法来制定自己的指导方针[①]。但一般而言，审计关注的主要内容包括高校的性质，学术活动的类型及机构表现，高校开设的课程和教学计划，教师资历、标准及年度表现，教师和行政人员的工作情况，管理高校教育活动的行政条件，用于高校研究、推广及发展活动的设施情况，与其他名誉院校的联系情况，为教师提供的培训和提高计划，学生的年度入学率、辍学率、优秀率、就业率等内容[②]。

3.3.4 问责结果的处理

3.3.4.1 应答性问责

第一，建立透明的信息公开系统。1997 年 6 月，印度成立了国家信息中心网(National Informatics Centre Network，NICNET)，以便及时向社会公众提供与印度高等教育领域相关的便利信息。国家信息中心网的主要目标是为了促进及时有效的以及对公民友好的行政管理，即向想要了解人力资源开发部各项计划的印度学生和外国学生、非政府组织、工商业组织等利益相关者提供信息。

印度高等教育问责体系的重要内容是保障信息公开。一方面，高等教育机构的信息公开是使学生、家长、政府、雇主等多方高等教育利益相关者了解印度高校的一个必要前提，以此确保社会公众的知情权，从而不断提高印度高等教育的透明度；另一方面，它可以促进各利益相关者对高等教育机构进行有效的评价和监督，确保社会公众的监督权，并在此基础上作出合适的选择[③]。

第二，问责起始阶段的信息公开。问责起始阶段的信息公开主要是指高校在问责程序的起始阶段通过对自身资源使用情况、产出质量情况以及内部治理情况进行考量后，及时对外公布相关信息，以此保障社会

---

① National Assessment and Accreditation Council. Academic and Administrative Audit: A Brief Advisory Note[R]. Bangalore: Government of India, 2017: 1 - 3.

② Ministry of Human Resource Development. Report of the Central Advisory Board of Education Committee on Autonomy of Higher Education Institutions[R]. New Delhi: Government of India, 2005: 24.

③ Abbas T P, Asha S. A Web-based Public Accountability System for India Higher Education[J]. International Journal of Information Technology and Knowledge Management, 2010(1): 387 - 388.

公众的知情权，同时为之后的评估认证和审计提供重要的参考依据。

印度国家评估与认证委员会要求高等教育机构在参与评估和认证之前需要提供高校的质量评估信息，这些信息会同步更新到印度国家高等教育机构数据库之中，同时，高校需要将这些数据或者信息写成自我研究报告（self-study report，SSR），并上传到国家评估与认证委员会官网上以供社会公众查阅①。

此外，印度人力资源开发部官网上也会不断更新正在实施的高等教育计划以及相关服务程序，各种项目、计划和申请指南都可以通过因特网进行访问。其中，印度人力资源开发部发布名为"了解你的大学"（Know Your College）计划，即鼓励印度各高校开发门户网站，主要是通过进一步的信息公开为学生提供重要的选择判断依据②。

第三，问责结束阶段的信息公开。问责结束阶段的信息公开主要是指在问责程序的结束阶段利用官方网络平台发布各高校的评估认证审计结果，它有利于保障社会公众对高等教育机构的监督权，同时也是对高校进行奖惩性责任追究的重要现实依据。

2005 年 6 月，印度议会通过《信息获得权法案》（The Right to Information Act，RTI），它强调所有被定义为公共权力（public authority）机构的组织都有义务进行强制性自我披露，以解决信息不对称问题，从而保障各利益相关者的知情权，并进一步推进透明度和问责制。其中，该法案所提到的公共权力机构包括印度国家评估与认证委员会、印度人力资源开发部等，这是印度首次将信息公开的要求以法律条款的形式确定下来③。例如，在同行评估之后，印度国家评估与认证委员会综合高校自我评估和同行评估对高校进行评级，并以此对高校进行认证，印度国内外社会公众都可以在印度国家评估与认证委员会的官网上公开查阅各高校是否获得认证地位的真实信息。在政府评估之后，印度人力资源开发部会基于已有的评估结果在官网上公开发布各类高校

① National Assessment and Accreditation Council. Revised Assessment and Accreditation Framework [R]. Bangalore: Government of India, 2017: 3.

② Ministry of Human Resource Development. Annual Report 2014—2015[R]. New Delhi: Government of India, 2015: 216.

③ Ministry of Law and Justice. Right to Information Act[R]. New Delhi: Government of India, 2005: 1-2.

的综合排名,自 2015 年印度《国家机构排名框架》发布以来,2016 年和 2017 年的印度各类院校 1～100 名排名结果都可以直接在人力资源开发部官网上查阅。在内部学术和行政审计之后,自 2016 年 6 月开始,所有参加国家评估与认证委员会评估认证的高校都需要强制性提交年度质量保障报告(annual quality assurance report,AQAR),并需将该报告上传到高校官网,以供所有利益相关者查阅①。

3.3.4.2 奖惩性问责

奖惩性问责本质上是指基于已公开的评估、认证和审计结果,对高等教育利益进行重新分配,以此促进高校之间的质量竞争,并提高教育资源的分配效率。印度高等教育问责制的奖惩性问责机制可以分为奖励机制和惩戒机制两大部分。

(1)奖励机制

对于在高等教育问责过程中表现较好的印度高等教育机构而言,它们会获得相应的奖励,具体体现为:高校获得更高的社会认可度、得到更多的经费支持、享有更为充分的自治权。通过这些奖励措施,可以充分激发高校之间的竞争意识并调动各类高校的积极性,从而不断提升高等教育质量。

首先,表现较好的高等教育机构被包括印度国家评估与认证委员会、国家认证委员会等专业机构认证,其认证结果被同步公开发布到网上。此外,印度人力资源开发部也会将表现良好的各类院校前 100 名的名单公开发布到官网。例如,在印度人力资源开发部公布的 2017 年印度高校最新排名中,印度班加罗尔科学研究所(Indian Institute of Science Bangalore)、印度马德拉斯理工学院(Indian Institute of Technology Madras)以及印度孟买理工学院(Indian Institute of Technology Bombay)分别以 83.28、73.97 以及 71.78 的总分位列全国前三名。由于印度国家评估与认证委员会和人力资源开发部等机构都注重各利益相关者在评估认证及排名过程中的充分参与和监督,因此,它们所发布的认证及排名结果具备较强的社会公信力,这些获得认证及

---

① National Assessment and Accreditation Council. Mandatory Submission of Annual Quality Assurance Report(AQAR)by Internal Quality Assurance Cell(IQAC)[R]. Bangalore:Government of India,2016:1.

排名相对靠前的院校相应地会获得更多的社会认可度。

同时，绩效表现良好的高等教育机构还会获得更多的经费资助。2012年，印度大学拨款委员会颁布《对高校的强制性评估与认证条例》(*Mandatory Assessment and Accreditation of Institutions Regulations*)，其中明确提出要求所有符合条件的高校都必须接受国家评估与认证委员会的强制性认证，并进一步强调要将拨款经费与高校绩效表现相挂钩，即高校必须定期向大学拨款委员会提供有关学校课程、研究、考试等全部规章制度的情况，并不断改善和提升教学质量。大学拨款委员会根据高校提供的这些信息进行拨款，其中认证等级较高者将获得更多的资金支持①。2013年10月，印度人力资源开发部发布了《国家高等教育计划》，该计划赋予邦政府更多分配资金的权力，要求各邦政府对国家资助的大学和学院基于绩效表现提供相应的资金支持。

此外，印度试图将高等教育机构的绩效表现与高校自治权挂钩，其中，表现良好的高校会获得更充分的自治权。印度学者认为，自治意味着自我管理并充分承担责任，而不仅仅是权力的下放，但在强化针对高等学校问责的同时也应该给予它们充分的自治权②。2016年，印度政府在颁布的《新教育政策进展委员会报告》(*Report of the Committee for the Evolution of the New Education Policy*)中指出，应给予表现较好的高校充分的学术和管理自主权③。

(2)惩罚机制

对于在高等教育问责过程中表现较差的高等教育机构而言，它们会受到相应的惩罚，具体表现为：高校不仅得不到认证，同时难以获得公共资金支持，甚至会被政府撤销原有的地位。这些严厉的惩戒措施既是对高校的一种鞭策，有利于激励其追求卓越的意识，同时也可以促进印度高等教育体系内整体资源使用效率的提高。

---

① Center for Civil Society. Regulatory Structure of Higher Education in India[R]. Center for Civil Society,2014:45.

② Ministry of Human Resource Development. Report of the Central Advisory Board of Education Committee on Autonomy of Higher Education Institutions[R]. New Delhi:Government of India,2005:21-22.

③ Malik G. Governance and Management of Higher Education Institution in India[R]. National University of Educational Planning and Administration,2017:24.

首先，表现较差的高等教育机构不仅不会通过印度国内评估认证机构的专业认证，针对其学术人员绩效的评价较低，同时在国内高校排名榜单上也难以拥有一席之地。所有这些负面的信息一经公开，社会公众对于该类高校的认知趋向消极，这对于它们而言是一种隐形的惩戒。例如，根据印度国家评估与认证委员会官网显示，米佐拉姆大学(Mizoram University)、曼尼普尔大学(Manipur University)、巴特那大学(Patna University)等 7 所高校的学术人员绩效低于最低标准①。

同时，表现较差的高等教育机构也难以获得政府的资金支持。印度大学拨款委员会 2012 年颁布的《对高校的强制性评估与认证条例》明确指出，要将拨款经费与高校绩效表现相挂钩，其中，不符合规定的高校将被废除已经授予的认证地位，并不再被大学拨款委员会资助，同时，未被认证的高校的信息也会被公布到大学拨款委员会官网上②。

此外，印度对于表现较差的高校的惩戒措施甚至包括撤销其院校地位。2010 年，部分高等教育机构由于管理不当且学术表现欠佳，印度政府撤回了 44 个高等教育机构的"准大学"地位③。2016 年的《新教育政策进展委员会报告》中也指出要淘汰低于公认绩效标准的高校。

---

① National Assessment and Accreditation Council. Review of Academic Staff Colleges[R]. Bangalore: Government of India, 2017: 3.

② Center for Civil Society. Regulatory Structure of Higher Education in India[R]. Center for Civil Society, 2014: 45.

③ Selvakumar D S. Education in India—Accountability, Duty and Responsibility of Law Makers, Teachers and Students[J]. International Journal of Applied Environmental Science, 2016(11): 40.

4 公立高等教育问责运行机制的几个关键维度

问责是一个复杂、多维和动态的概念，理解问责不能将其作为一种稳固的制度形式来看待，而是强调作为过程与机制的问责施于承受说明行为压力之下社会行动者的多种形式和功能①。对于公立高等教育问责这一复杂的过程，透过“棱镜”的不同角度进行透析，会有不同的阐释与假设，而且，这些阐释和假设永远不会穷尽它所有的方面。正如哲学家梅罗·庞蒂所言：“真正的立方体是在场的立方体，它永远不可能展现它的所有的面，实际上没有人能同时看到立方体的六个面，立方体的六个面永远不可能同时出现在我们眼前，立方体隐藏着的其他方面的存在是我们假定的结果。”②

要深入把握公立高等教育问责运行机制的内在逻辑，需要对文化语境与制度选择，外部问责与内部问责，大学自治与高等教育问责，信任与问责，事前问责、事中问责与事后问责这五个关键维度进行双向建构。

4.1 文化语境与制度选择

这里的文化语境是广义上的，是指政治体制、社会制度、经济体制、科技发展、人口、地理条件、生态环境、生产力水平、传统文化、民族、宗教、教育传统等诸多因素的总和。这里的制度选择是指经由社会选择决定和实施的一种公立高等教育运行机制。文化语境与制度选择的关系

---

① Dubnick M. Accountability and Ethics：Reconsidering the Relationships[J]. International Journal of Organization Theory and Behavior，2003(3)：408.

② 许杰. 政府分权与大学自主[D]. 北京：北京师范大学，2005.

表现在两个方面：一方面，文化语境决定制度选择，公立高等教育问责制度要与广泛的文化语境形成镶嵌式吻合，并与这些因素形成功能耦合关系，才能发挥应有的作用；另一方面，公立高等教育问责制度并不总是被动地适应文化语境，而是会主动地发挥功能性效用，对文化语境的存在状态发挥巨大的反作用力。

4.1.1 文化语境对问责制度选择的决定性

“大学是一个具有坚固的民族根基的国际机构”，“它们有着共同的历史渊源，又深深植根于各自所处的国家之中”①。“问责本身成为更大的社会过程与机制的一部分”②。“文化是制度之母”，一个国家的文化语境决定了其高等教育问责运行机制的选择。

从高等教育问责发展的历程来看，世界各国推行教育问责的进度并不相同，对公立教育问责的理解存在较大差异。在许多国家，教育问责已经深入国家精神，已经从特定的商业领域扩展到更为宽泛和模糊的不同部门及政府领域，“拥挤不堪的问责格局”得以形成，以至于称当今时代为教育的“问责时代”。美国是教育问责实践引入较早并已形成相对成熟制度的国家。而在一些不发达国家，问责这一概念尚未形成，或者在字面上或文化层面含混不清，更没有成为可以比较的政策话语。在这些国家，往往找不到匹配的术语和合适的概念界定。因此，高等教育问责在全球范围是一个模糊的概念，尚未形成清晰的、确定的界定。

从世界高等教育问责实践发展的实然状况来看，世界主要国家和地区的高等教育问责既表现出同质化的一面，又因各国政治制度、经济制度、文化精神、高等教育传统以及当下的发展阶段的不同而呈现出不同的问责特征，即所谓的“同质异形”。也正因为如此，高等教育问责的内涵和外延在不同国家具有不同涵盖和所指，呈现出莫衷一是的状态。联合国教科文组织对世界不同国家公立高等教育问责改革实践进行研究后指出：“问责被称为具有文化性质的关键词，它没有明确的定义。它从

---

① 阿特巴赫. 比较高等教育：知识、大学与发展[M]. 人民教育出版社教育室，译. 北京：人民教育出版社，2001：2.

② Dubnick M. Accountability and Ethics：Reconsidering the Relationships[J]. International Journal of Organization Theory and Behavior，2003(3)：408.

环境中汲取意义，与文化中的其他文字相互作用，在文化中或多或少扮演着中心角色，常常扮演有争议的角色。不同的学科和语言对问责没有统一的定义”①。问责制的现实要模糊得多，它是一个社会嵌入化、政治化、多元化和重价值的结构，因此否定广泛的概括和普遍的理论化②。

从具体的公立高等教育问责实践来看，世界上不同国家因教育传统和文化传统的差异也呈现出很大的差异性。例如，在大学自治传统深厚的英国，高等教育问责坚持专业人士评审方式，推崇由学术集团进行自我评估，以发展知识和对本学术集团的贡献为标准独立进行同行评议和学校办学水平评估，这是典型的“向内问责＋向下问责”模式；以“中央政府集权＋高校内部学者学术自治”作为高等教育治理结构的法国，则特别强调政府对高等教育的问责和学者按照专业和伦理标准的问责，这是典型的“向上问责＋向内问责”模式；而在传统上强调高等教育的市场价值和社会服务职能的美国，则既注重高等教育对外部的顾客、利益相关者、支持人及其他社会公众的回应能力，又强调将社会评价作为衡量高等学校“价值”的决定性因素，这是典型的“向外问责”模式。在高等教育问责的内容上，国家之间着眼点也不尽相同。例如，在美国，除了对高等教育资源利用情况进行审查，公立高等教育问责的主要内容包括学生接受高等教育的机会、高等教育的可负担性、学生群体的多样性，以及学生的保留率、毕业率等。可见，以学生学习结果为核心的教育质量，是问责的重点。在很多国内学者看来，高等教育问责就是由行政力量主导的管理和控制大学的方式，它主要是针对高校内部出现的权力寻租、财务腐败以及突发事故等的责任归咎机制③。由此可以认为，不同国家基于自身的文化语境，选择适宜自身的高等教育问责模式，并确定高等教育问责内容。

文化语境对问责制度的决定作用预示了公立高等教育问责过程的复杂性和权变性。“影响问责的变量往往是违反直觉的”④。问责过程

---

① Accountability in Education：Meeting Our Commitments(Global Education Monitoring Report 2017/18)[R]. Paris：UNESCO，2017：2.

② Ebrahim A，Weisband E. Global Accountabilities：Participation，Pluralism and Public Ethics[M]. Cambridge：Cambridge University Press，2007：3.

③ 柳亮，苏梅玲. 高等教育问责：概念、类型与特点[J]. 黑龙江高教研究，2018(6)：45－48.

④ Abadzi H. Accountability and Its Educational Implications：Culture，Linguistics and Psychological Research[R]. UNESCO，2017：11.

复杂得几乎难以控制，很多情况下存在着“不可知”。高等教育问责涉及问责关系的建构、权力的重新配置、利益相关者切身利益的重新分割与重组、责任的重建以及问责结果追究等复杂问题，因此问责过程中出乎意料的事情或许比意料之中的事情要多得多。2017 年全球教育监测报告将重点放在了高等教育问责上，研究问责在实现可持续发展目标，即增加入学机会、质量和公平方面的贡献，通过比较效果良好政策和效果不良政策所处的社会、政治和文化环境，发现高等教育问责政策具有不可知的复杂性。在很多国家，之所以高等教育问责改革实践取得的效果与改革者最初设想的距离失之千里，其中很重要的原因是文化语境的影响。公立高等教育问责过程中，不仅是制度和操作化的运行机制在发挥作用，政治体制变革、意识形态变更、社会舆论压力等外部猝不及防的宏观因素也在对高等教育机构形成巨大的问责压力。高等教育所做的“要么是接受传统的支配，要么是在各种通常无法预料的压力面前即兴发挥”①。要全面深入地了解问责过程中复杂而微妙的变化，需要对高等教育问责实践与内外部环境之间的关系作深度扫描。

正由于各国高等教育问责制度变革所面临的内外部环境皆不同，也由于高等教育问责制度变革难以逃避路径依赖问题，世界高等教育问责制度改革不存在一个放之四海而皆准的标准，也不存在一个对于所有国家都适用的普适性模式。在这方面，确切地说，不存在“最好”的模式，只存在“最适合”的模式，即只存在与变革所在地的政治、经济、文化等外部环境和高等教育内部环境相适应以及与各国高等教育传统相契合的变革模式。单纯地、孤立地评价国与国之间高等教育问责制度变革模式孰优孰劣，很难断然做出结论。判断一国高等教育问责制度变革模式的优劣，一定要同这个国家的经济环境、政治环境、文化传统以及高等教育传统初始条件等各种因素结合起来考虑和分析。所有的高等教育问责制度改革，其最终格局都不应与制度所许可的模式相悖，都不能背离其赖以生存的现实土壤。

由此，树立高等教育问责制度变革的本土化观念至关重要。所谓制

① Leveille D E. Accountability in Higher Education：A Public Agenda for Trust and Cultural Change [R]. Berkeley：Center for Studies in Higher Education，2006：28.

度的本土化，是指制度选择必须从本民族或本国的政治、经济、文化等基本特点出发，使制度建立在民族的“共同信念”和“共同意识”的基础上。在当下世界教育政策借鉴越来越频繁的情况下，吸取其他国家变革的有益经验教训，对于本国的改革与建设少走弯路，节约变革的成本有着极大的意义。但是，借鉴不是抄袭，不是照搬，而是一种为我所用的扬弃。“全球化并不必然是一个同质化的力量，也可能为不同的文化传统提供和平共存的机会。”世界各国的改革与建设实践已经证明，没有什么现成的模式具有普照之光的普遍意义，借鉴的作用也是有限的。试图走捷径，机械复制其他国家的高等教育问责制度模式，哪怕是已经趋于成熟的高等教育问责制度模式，都是不足取的。否则，最终品尝的是东施效颦和水土不服的苦果。“在移植国外问责系统之时，需要在保持问责的核心价值与进行本土化改造之间，做好精巧的平衡。”①更多地关注制度选择与本土环境的互动与相互适应也许才是问题的关键所在。

4.1.2 问责制度对文化语境的反作用

公立高等教育问责制度一经选择，便发展成一种长期化的制度得以贯彻执行，它因自身的工具性对文化语境的发展发挥重要功能，对文化语境发挥反作用力。

第一，公立高等教育问责制度具有重要的规范和秩序功能。从社会哲学的角度讲，制度最直接的功能是形成和建构社会秩序。制度作为行为规范体系，不仅仅是行为的“游戏规则”，更为重要的是，它具有规范性和秩序性，对于适应范围内的所有机构和个体来说，都是一种必须遵守的秩序和规范，是一种外在的规范力量。任何组织的稳定都必须靠秩序来维系，而秩序来自一套共同的规则。公立高等教育问责制度既包括正式的约束机制，如规则、法律、法规，也包括非正式的约束机制，如行为准则、习惯、自我行为规范等。在公立高等教育问责制度安排下，高等学校对于从事何种活动受益，从事何种活动受损，应该怎样做，甚至必须怎样做，有了确定的预期，这对于规范高校行为的选择空间，减少行为的盲目性和风险性，从而维护稳定的高等教育秩序甚至建构公正安全的社会机

---

① 柳亮.美国公立大学问责的演进与运行研究[M].北京：知识产权出版社，2020：49.

制，都将发挥重要作用。

第二，公立高等教育问责制度具有重要的协调整合功能。从深层次来说，制度具有裁判功能和价值的合理合法性分配功能。制度的稳定存在，说明各方利益相对均衡。作为一种典型的利益相关者组织，高等教育机构是广泛的利益相关者所构成的一系列关系的集合与联结。这些利益相关者以获取利益为目标，为高校提供其生存发展所需要的资源，并对高等教育发展产生一定的影响力。不同的利益相关者之间存在着错综复杂的权利、义务、权力、责任之间的对应关系。所有这些关系的协调和规范，只有通过制度化的途径方能得以明确解决。为了保证利益相关者利益的合理实现，最大程度地解决利益冲突，公立高等教育问责制度设计出合理的利益协调制度。它作为在一定历史时期、一定程度和一定范围内的社会关系的规范体系，能够对组织的资源和利益进行合理性配置，从而在一定程度上协调和平衡人们之间的各种利益关系，把利益矛盾和冲突控制在可控范围内，整合因利益分化而出现的各种组织力量，防止和减少各种组织力量的内耗，形成组织发展的合力。

第三，公立高等教育问责制度具有重要的抑恶扬善功能。责任追究是公立高等教育问责过程的重要步骤，它既包括问责客体就自身行为向问责主体进行解释、说明、汇报和辩护，即应答性问责，也包括问责主体对问责客体良好行为的赞赏和奖励或者对其消极行为和结果的谴责或处罚，即奖惩性问责。前者尽管不具有强制性，但是公立高等院校需要通过信息公开向利益相关者披露自己的信息，因此规范约束自身行为，克服逆向选择与道德风险行为。对于后者来说，它作为一种强制机制，迫使高等学校遵守契约与制度，规范自身行为，抑制非理性行为的发生。作为一种处罚机制，当高等学校或个体发生不为、误为或滥为行为时，问责制度便发挥其严肃性、权威性，给予高等学校或个体应有的惩罚。同时，对于合乎规范且积极正面的行为进行支持、鼓励和褒奖，从而发挥重要的引导作用。

第四，公立高等教育问责制度具有重要的纠错完善功能。公立高等教育问责的最大意义在于，高等教育通过承担客观责任和主观责任，不仅增进社会公共利益，引领人类社会进步，同时也实现自身不断发展改进。或者说，高等教育问责是高校向内外部利益相关者证明其价值、质量得以持续改进的过程。问责制度是高等院校与外部社会建立连接的回应机制，通过问责制度安排，高等教育机构有义务向相应的组织和机构汇报其行为，并向公众公开相关信息。然而，问责本身并不是目的，对于高等教育系统的改进才是至关重要的。它有利于高等教育机构对自身行为进行批判性审视，发现自身的弊端与不足，对错误的后果进行修复和补救，并随着外部需求和期望的变化进行自我调节和更新，从而实现高等教育的健康发展。

第五，公立高等教育问责制度对于民主社会的构建具有推动作用。公立高等教育问责制度逐渐成为高等教育机构与支持它们的周围机构紧密联系的基础形式。在公立高等教育问责制度实施过程中，组织效率和效能的提高、高等教育质量的提高、公平价值的实现等方面被作为追求的核心价值目标，并在严格的制度安排中得以实现。更重要的是，在这一过程中，问责理念的形成和问责文化的扩散，对于民主社会的构建起到了重要的作用。正如马丁·特罗所指出的，问责所固有的“义务”是民主社会的核心，而且，问责在马克斯·韦伯所说的长期世俗趋势走向生活基本民主化的过程中变得越来越重要。在传统权威被削弱、对传统精英信任被削弱的情况下，高校必须向有权评判高校绩效的多种机构作出更为正式和公开的说明和辩解。问责首先是对包括欺骗、作假、渎职等权力专横和权力腐败的一种限制①。

4.2 外部问责与内部问责

外部问责与内部问责是基于院校组织边界对高等教育问责的二元划分，这一二元划分体现了二者之间的彼此对立。但同时，外部问责与内部问责之间具有紧密的联系，在当下语境下，二者的边界也在变得模糊，只有将二者密切结合，高等教育问责的有效运行才可能实现。信息公开是联通外部问责与内部问责的重要中介。

---

① Trow M. Trust, Markets and Accountability in Higher Education: A Comparative Perspective[J]. Higher Education Policy, 1996(9): 309 - 324.

4.2.1 外部问责与内部问责的二元划分

马丁·特罗是最早对高等教育问责进行分类的学者。他从高等教育责任来源的角度出发，将高等教育问责划分为外部问责与内部问责。其中，所谓的外部问责，是高等教育机构和高等教育系统对其支持者以及最终对整个社会的义务，以确保它们忠实地履行使命，诚实和负责任地使用资源，并满足合理的期望；所谓的内部问责，是高校和系统内的人员相互问责，问责的内容包括各个部门如何完成使命，完成情况如何，他们是否试图了解需要改进的地方，以及他们正在做出哪些改进。外部问责类似于审核，为信任和持续支持提供理由；而内部问责则是一种研究：机构对自身业务的调查和分析，主要通过调查进行行动改进①。具体说来，外部问责的主体是政府、家长、第三方机构、新闻媒体、捐赠机构、社会公众等外部利益相关者，外部问责的重点是解释和评价高校，说明其是否有效且诚实地进行资源利用，是否积极有效地履行了自身的职责和完成自身的使命，是否达成外部利益相关者的期望。外部问责的主要方式包括政府评估、同行评估、认证、外部的学术和行政审计、大学排名等。在某种程度上，外部问责被看作是一种外部审议和监督，这种审议提供了让外部利益相关者信任并愿意提供资源给高校支持的依据。与外部问责制不同，内部问责是一种在高校内部进行的问责。内部问责的主体是高校内部教师、行政管理人员和学生等，内部问责的重点是学习和改进，高校内部成员相互审视各自使命是否达成和内部活动是否达到高校标准是问责的核心，内部问责的主要方式包括高校内部自我评估和相互评估、高校内部学术和行政审计等。在某种程度上，内部问责一般被看作高校自我检视自身优劣，通过革新手段实现自我改良。

二元划分的外部问责与内部问责存在着一定的不兼容性。外部问责可能会影响到内部问责的正常进行。首先，外部问责在一定程度上会损害高等教育机构的自治。外在性和开放性是外部问责的基本属性，具体表现在问责对象之外的组织或群体，拥有要求作出回答以及实施奖惩

① Salmi J. The Growing Accountability Agenda: Progress or Mixed Blessing? [J]. Higher Education Management and Policy, 2009, 21(1): 1-22.

的权力[①]。外部问责中的报告义务通常隐喻着高校履行符合外部期望的义务。高校过分追求外部力量认可的行动取向，势必会影响到高等院校自主决定内部事务的天然权利，进而会使高校内部成员和机构难以自主决定高校使命达成和任务分配。其次，外部问责可能会成为高校内部“有效治理的敌人”[②]，内部问责的进行接着会受到影响。在外部问责启动与运行过程中，在相关数据、信息与结果的处理上，强调曝光和透明以及基于此的外部知情权、参与权、选择权和调控权[③]。而这与高校内部治理过程中某些事务的保密性原则不相吻合。例如，高校的人事决策、财务报表、重大科技项目具有一定的敏感性，一般说来不宜公开示人，由此，就产生了外部问责基本属性与高校内部治理自身需求的阻抗与冲突。为了维护好公共关系，某些高校或选择伪造数据，歪曲事实，或选择逃避报告的责任，这在很大程度上违背了问责的基本要义与原始初衷。再次，外部问责可能会影响到高校的特色化发展和高等教育系统的多样化布局。“强有力的统一问责制将会以牺牲多样性和创新为代价。”[④]外部问责存在着“问责短视”(accountability myopia)的倾向，只关注高等教育短期目标的实现，而不关注长远利益的实现。同时，大学排名、评估、认证、绩效问责等外部问责方式出于简单操作的需要，往往选择用统一的标准，甚至是“一把尺子”来衡量评价所有的高校，这样带来的结果是高校在“指挥棒”下趋于同质化发展。由此，内部问责启动与运行过程中，高校很难做到按照自身的类型确定应有的使命，更难做到在不同部门和个体之间科学地分配职责与任务，内部问责秩序将出现较大的混乱。

同样，内部问责操作不当，也会影响到外部问责的进行。保守性是内部问责的基本属性。这一基本属性来源于高等教育机构保守僵化的天性。弗莱克斯纳早就在 20 世纪 30 年代这样形容高等教育机构的保守性：“大学是复杂的有机组织：它们的胳膊可能是健全的，而双腿却可

① 柳亮.美国公立大学问责的演进与运行研究[M].北京：知识产权出版社，2020：48.

② Trow M. Trust，Markets and Accountability in Higher Education：A Comparative Perspective[J]. Higher Education Policy，1996(9)：309 - 324.

③ 柳亮.美国公立大学问责的演进与运行研究[M].北京：知识产权出版社，2020：48.

④ Cnaan R. Commentary[J]. Nonprofit Management and Leadership，1996，7(2)：223 - 224.

能折了;它们即使表面上看起来很时尚,骨子里却是滞后的,它们在骨子里滞后的同时,也能像报纸和政客那样对时髦话题侃侃而谈。"[①]内部问责是在高校内部范围进行的问责,高校内部机构及个体相互审视各自的使命完成与表现情况,通过组织发起对自身运作与表现的调查,并形成旨在实现高校改进的内部协作行动。而这些审视、调查与协作行动往往是基于高校自身甚至分支机构或个体的利益需要,却缺乏对高校外部利益相关者需求与期望的关注。所以,内部问责如若操作不当,在很大程度上会异化为内部封闭式操作,高校由此变得视野狭窄、目光短浅,甚至极力阻挠外部力量对高校内部的审视与监督,高校外部问责的正常进行因此会受到影响。

4.2.2 外部问责与内部问责的相辅相成

外部问责与内部问责之间存在一定的不兼容性,并不代表二者之间是不可调和、水火不容的关系,二者之间还存在着相辅相成、共生共荣的一面。内部问责和外部问责对于高等教育问责制的启动与运行都是必不可少的,任何一方都不可偏废。为了使高等教育问责顺利进行,需要将二者紧密结合在一起,形成"以外促内,以内为主,内外协同"的局面。高等教育问责的闭环如图 4-1 所示。

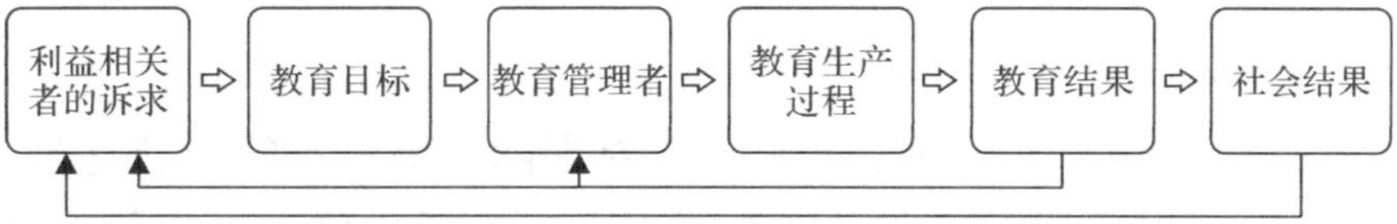

图 4-1 高等教育问责的闭环

资料来源:Levin H M. A Conceptual Framework for Accountability in Education[J]. The School Review,1974(3):364-374.

前文已经提到,公立高等教育问责过程是一个输入→过程→输出的循环往复的闭环。在这个过程中,外部利益相关者的价值和诉求概括成高等教育目标,并输入到高校内部。高校领导者明确地感知利益相关者的价值和诉求,结合高校发展实际将其表达为高校的发展战略与使命,并在高校内部的教育生产过程调动机构和成员力量采取一系列满足这

① 弗莱克斯纳. 现代大学论:美英德大学研究[M]. 徐辉,陈晓菲,译. 杭州:浙江教育出版社,2001:4.

些价值和诉求的行动，产生尽可能达成高校发展战略和使命的教育成果，同时部分成果上升为社会成果。在这个过程中，教育管理者和利益相关者对教育成果和社会成果进行系统和定期测量，并将这些信息反馈给要求之源，从而对高校形成新的输入供给。这一闭环是动态的、连续不断的，外部问责和内部问责在其中形成循环往复的链条式操作，离开外部问责或内部问责的某一或某些环节，问责闭环都会断裂，影响后续环节的进行。

内部问责是高等教育问责制的根本。“问责制是由使命和内部学习过程而不是外部需求驱动的。”[①]检验公立高等教育问责是否有效的标准是高校在诸多利益相关者的关照下是否实现了自身的良性改进。高等教育问责的主体最终要落实到高等学校身上，而且，要最终体现在高校的文化中。除非内部问责有条不紊地进行，否则，不能认为高等教育问责是真实且有效的。美国高等教育问责实践便是很好的证明。美国高等教育前期过分注重外部问责，强调高校向外部描述、解释、说明其合理地履行了高等教育责任，以博取利益相关者的信任，争取更多的经费支持。这样的后果是高等教育问责遭遇了瓶颈式困境。因此，后期把重点转移到高等教育内部问责制的建构上来，后续高等教育问责得以不断成熟完善[②]。但是，问题的另外一个方面在于，鉴于高等教育系统与生俱来的保守性和封闭性，单纯依靠高校自身作为主导的内部问责，并不会必然导致对外部公共需求的良好回应，因而自然难以保证公共利益的实现。因此，体现外在干预的外部问责对保障内部问责的顺利进行就显得尤为必要。跨组织标准化的可测量参数对于系统的合法化是必要的：它们为组织内部发送合适行为的信号以及质量信号。而且，随着高等教育从社会的边缘走向社会的中心，高等教育与外部的边界变得日益模糊，以院校为组织边界而划分的内部问责，越来越具有“准外部约束”的色彩，变为在外部问责压力促动下形成的组织反应，即“处于外部/垂直问责阴影下的内部/水平问责”[③]。在这一点上，马丁·特罗强调了最核

---

① Ebrahim A, Weisband E. Global Accountabilities: Participation, Pluralism and Public Ethics[M]. Cambridge: Cambridge University Press, 2007: 12.

② 袁潇. 美国公立高等院校内部问责制研究[D]. 重庆：西南大学，2013.

③ 柳亮. 美国公立大学问责的演进与运行研究[M]. 北京：知识产权出版社，2020: 48.

心的问题，即如何保证外部问责是强化而不是破坏内部良好问责[①]。

总之，将内部问责与外部问责紧密结合，实现外部基准与内部组织学习的相互渗透对于公立高等教育问责的有效运行至关重要。“以外促内，以内为主，内外协同”是处理二者关系需要遵循的原则。在外部问责的压力下，高校内部形成自身发展的战略与使命，并在内部锻造成自我管理、自我改进的运行机制，在满足外部利益相关者价值期待的同时，实现高校的良性发展，这才是公立高等教育问责制度建构的应有之义。

4.3 自治与问责

在高等教育问责变革实践中，常常存在以绝对对立的思维来处理自治与问责二者之间关系的现象。而实际上，自治与问责也是一对对立统一的概念，二者之间的关系是富有张力的，彼此之间既有异质和对立的一面，又有统一和互补的一面。问责制的设立既是对高校自主权的限制，同时为大学自主权的有效实施提供了保障。二者关系体现的是“权责对立统一”的逻辑。自治与问责是高等教育治理变革的两翼，保持二者之间的平衡是问题的关键。

4.3.1 自治与问责的矛盾对立

自治是每一个独立、拥有自主权的社会组织或机构的天然属性。大学自治是大学作为从事教学与研究的独特社会组织实现自身目标所必需的内在逻辑，体现的是作为一个独立自主的实体与外界环境间互不干涉的价值倾向性。而高等教育问责则相反，体现的是高等教育机构作为一个资源依赖组织而不得不接受外界干预与约束的价值倾向性。从这种意义上来说，自治和问责二者是对立的，存在着紧张和对抗。无论哪一种极端观点都会导致两败俱伤的局面：高度自治和零问责导致滥用公共信任，低自治和高问责必然导致教育和研究活动的复制和贫乏[②]。过

① Trow M. Trust，Markets and Accountability in Higher Education：A Comparative Perspective[J]. Higher Education Policy，1996(9)：309-324.

② Andrei V，Dara M. University Autonomy and Accountability in Russian Higher Education[J]. International Higher Education，2018(94)：32.

度自治必然影响问责的实施，而过度问责必然带来对自治的戕害，这两种情况都会导致高等教育治理变革陷入困境。

4.3.1.1 过度自治必然影响问责

高等教育机构作为探究高深学问的理性场所，有着属于自己而不同于其他组织的组织属性和独特的运行模式。学术性是高等教育的基本属性，学术活动的基本特点与要求规定着高等教育的行为原则。学术作为一种活动，其本身所具有的探究性、自由性和自主性，本质地规定着高等教育机构必须是一个充分自由与自主的机构[①]。然而，任何机构都不可能或不应该具有绝对独立性，特别是当它是国家高等教育体系的一部分时[②]。过度的大学自治必然会影响到公立高等教育问责的实施，甚至会危及高等教育系统的生存。

大学自治的组织特征决定了高等教育保守性、封闭性、僵化、惰性等特征的存在。大学自治包含着双层含义：一层是大学作为一个机构组织抗拒外在势力干预，另一层是大学事务是以团体的名义而非以个人的名义自主决定。这就导致了保守封闭、僵化惰性的存在。“大学是所有社会机构中最保守的机构之一。”[③]通晓高深学问的大学对外界事物向来是自由开明的引领者，而对自己内部的事物却是保守僵化的“顽固分子”。诚然，阻力和惰性对于保持高等教育系统的稳定性具有不可忽视的作用。然而，在当下时代，公立高等教育存在的前提是国家利益的实现和高等教育公共性的彰显，这就决定了公立高等教育问责的实施在所难免。公立高等教育问责的实施，要求高等教育机构不能眼睛只向内看，而是必须及时地介入社会生活，建立透明机制，服务于社会，造福于社会。一味强调高等教育的传统“基因”，即大学自治，对大学自主权不加丝毫限制，则会导致偏执、排斥和滥用公共信任问题的出现，进而影响高等教育问责的实现。缺乏外部力量干预的自治最终会影响到高等教育机构存在的现实合理性。“自主权必须赢得并不断证明其正当性；否

---

① 许杰.论治理视野中高等教育问责制的完善[J].教育研究，2009(10)：54－59.

② Leveille D E. Accountability in Higher Education：A Public Agenda for Trust and Cultural Change [R]. Berkeley：Center for Studies in Higher Education，2006：37.

③ 克拉克.高等教育系统：学术组织的跨国研究[M].王承绪，徐辉，殷企平，等译.杭州：浙江大学出版社，1994：203.

则，对自主权的坚持会产生不信任、报复和对问责的要求，大学的生存也会由此岌岌可危。”[①]而现实情况也的确如此，随着高等教育从社会的边缘走向社会的中心，高等教育的开放性日益明显，政府和其他利益相关者向高等教育提供生存资源支持的同时，必然要求对高等教育事务施加更大的影响与控制。

纵观大学发展史，高等教育的“本体危机”往往来自对自治特权的过分强调与偏执死守。苏联解体之初前十年俄罗斯扩大大学自主权的变革便是极好的证明。20 世纪 90 年代是俄罗斯大学自治权扩大的黄金时期，大学自治问题作为高等教育领域的一项基本原则被置于改革的首要位置。大学从政府的附属机构变成相对独立的法人实体，获得了前所未有的学术、行政和财政自主权，大学在创新意识、管理效率和办学灵活性等方面有了很大的提升。但是，在自治与问责的平衡架上，这一时期俄罗斯在大学自治这一端走得过远，大学自治权有过分扩大之嫌，甚至有些高校尚未做好准备就获得了自主权。就如俄罗斯学者所担忧的：俄罗斯引入大学自治导致地方主义、唯意志论、教育质量下降、售卖文凭和学位等，大学变成了提供教育服务的半商业性机构，其主要工作指标不在于毕业生的数量和质量，而在于能否获取利润[②]。在放任大学以营利为目的一味迎合市场需求的同时，政府和社会的监管却不到位，这使得高校变得完全不负责任，非理性行为激增，高等教育质量大幅下降，利益相关者对高等教育过程和结果满意度大大降低，认为高校的诸多行为大大低于预期，由此对高等教育的价值产生了怀疑。由此，大学的过度自治导致了高等教育的公共信任危机，大学自主权遭到质疑，高等教育治理变革一时遭遇困境[③]。

大学自治从来都是理想与现实妥协的产物。它是有限度的，有条件的，是一定范围和一定程度上的自治。它的存在从来都不是绝对的存在。在某些情况下，大学的自律和自我约束并不是充分的限制条件，没

① Leveille D E. Accountability in Higher Education：A Public Agenda for Trust and Cultural Change [R]. Berkeley：Center for Studies in Higher Education，2006：97.

② ГретченкоАнатолийИванович. Автономизация Вузов России и Болонский Процесс [J]. Высшее Образование в России，2006(6)：25－27.

③ 刘淑华，朱思晓. 自治与问责：俄罗斯高等教育治理变革双重向度[J]. 比较教育研究，2021(3)：86－93.

有外部力量的抗衡和干预,大学会滑向自我放纵的漩涡,走向自我放逐的边缘。为了保证高等教育的健康正常运转,问责作为一种修正的力量是有必要存在的。对高等教育而言,可问责要比行为良好和负责行为更重要,不被问责就等同于自私自利、失去控制和敷衍塞责[①]。学校接受自治和避免问责的后果看来是不可避免的。当学术界不能采取行动时,国家力量就会介入[②]。这似乎预示着无法解释的悖论:大学自主权的无限扩大最终无法保证自主权的存在,它导向的是问责力量的加强。从这种意义上说,问责并不是消极的,在高等教育理性缺失的地方,问责能够发挥积极的建设作用,有助于遏制大学自治被滥用的危险,克服高等教育系统与生俱来的僵化保守特性,有助于增强高等教育办学的社会责任感,提高高等教育机构适应社会和引领社会的能力。

4.3.1.2 过度问责必然戕害自治

如果把大学自治和高等教育问责放置到从左到右的连续体,问责一端的过分强调必然带来另一端自治的受损。

随着公立高等教育在社会中发挥作用的增强,问责主体愈益多样化,外部利益相关者对高等教育机构的资助和支持不断增加。与这一趋势相适应的是,问责主体对高等教育承担责任的期望无限扩大化。“大学有责任用好社会配给的资源,明智而合法地完成相应的组织目标;大学有责任持续收集更充分的证据以证明目标的达成度;大学有责任重新评估支持目标的证据是否经济、有效和恰当;大学有责任持续革新以提高现有方式的有效性及寻找更有效的方式。”[③]过度问责给高等教育机构带来了多重压力和负担:问责过程中高校面临着不同利益相关者错综复杂甚至冲突矛盾的利益诉求;政府部门不断为高等教育机构增加新的责任要求,例如质量、入学机会、风险评估、健康与安全、人力资源发展;高校面临提供大量信息的压力等。而实际上,高等教育作为一种功能独特的社会组织,对社会要求的满足以及应该履行的社会责任始终是有边

---

① 柳亮.美国公立大学问责的演进与运行研究[M].北京:知识产权出版社,2020:1.

② Burke J C. The New Accountability for Public Higher Education:From Regulation to Results[J]. New Directions for Institutional Research,2002(116):9.

③ Altbach P G,Berdehl R O,Cumport P J. American Higher Education in the Twenty-First Century:Social,Political and Economic Challenges[M]. Baltimore:The Johns Hopkins University Press,1999:73.

界的。而当高等教育机构没有很好地履行这些责任时，外部利益相关者，特别是政府会以公共利益守护人的身份对没有很好履行责任的高等教育机构进行干预，要求对高等教育机构的运作和内部事务施加更大的影响和控制。由此，这种无边界期望和有限能力之间冲突造成的结果是，问责往往演变成毫无边界的干预活动。在有些发展中国家和转型期国家，大学领导经常抱怨政府把问责和过度控制混为一谈。即使是那些更倾向于依靠市场力量而非政府控制来引导高等教育体系的国家，政府也很难降低对公立大学的控制程度①。

而世界高等教育发展现实也明确地显示了这一点。哈罗德·帕金曾经就大学的内部自由与外部控制得出过这样的结论："当种种控制力量强大时，大学在物质上就显得繁荣昌盛，但是这种力量可能——也的确常常——以各种有害于教学和研究自由的方式实行控制。因此便出现这种奇怪现象：当大学最自由时却最缺乏资源，当它拥有更多资源时则最不自由。"②外部诸多干预力量以看似更加合理的逻辑、以更加复杂多样和隐蔽的方式，悄无声息地越过高等教育传统上一直坚守的自治底线，由此，大学自主决定自身内部事务的能力大大下降。自 20 世纪 80 年代西方发达国家公立高等教育问责制产生以来，随着高等教育机构逐步走出象牙塔履行社会责任，高等教育领域备受珍视的核心价值理念 3A(academic freedom，academic autonomy，academic neutrality)原则遭遇到前所未有的挑战。在自治传统深厚的英国、美国等国家，随着高等教育问责制的建构与加强，高校自主权一定程度上被削弱；而在法国、荷兰、瑞典、日本等高校自主权比较有限的国家，近些年来尽管实施了一些下放高校自主权的改革举措，但是政府通过评估、认证、绩效拨款等高等教育问责方式，对高等教育的宏观调控不是减弱了，而是增加了。正如有的学者所指出的，"如今在西方高等教育领域广为流行的问责制度，其实是导致大学自治与学术自由之间所存在内在紧张的重要机制。它的微妙与玄奥之处在于：表面上大学被赋予了更为充分的自主权，然而，在

① Salmi J. The Growing Accountability Agenda: Progress or Mixed Blessing? [J]. Higher Education Management and Policy, 2009, 21(1): 1-22.

② 克拉克. 高等教育新论：多学科的研究[M]. 王承绪，徐辉，郑继伟，等译. 杭州：浙江教育出版社，2001：26.

政府所关注的可测量、可计算与可视化的结果(业绩)评价过程中,其实大学的所有运作过程都被纳入福柯所谓的权力之眼监督之中”①。随着高等教育问责制的盛行,管理超越了学术成为应对激烈竞争性市场挑战的主要动力源泉,大学正在经历从传统的学院精神向经济理性主义和新管理主义意识转化。学术上的市场功利主义正在逐渐成为一些大学主导的价值取向,并在一定程度上遮蔽了传统意义的自由探索精神②。

4.3.2 自治与问责的辩证统一

自治与问责之间固然有矛盾对立的一面,然而,并非是水火不容、格格不入的关系,二者之间也存在辩证统一的一面。总体上来说,自治是问责实施的前提与根源,而问责则是自治的结果与保障,二者之间相辅相成、和谐共生。

4.3.2.1 自治是问责的前提与根源

如果将大学自治理解为高等教育在漫长历史发展过程中不断赢得和维护的权利,那么,因为不存在无权利的责任,自治相对于问责来说,它是前提与根源。大学自治是高等教育的核心价值理念和制度灵魂,问责的实施必须以尊重大学自治、不侵害大学必要的自主权为前提。

大学自治的存在根植于高等教育的内在逻辑中,大学探求真理、发展学术的本真逻辑赋予其充分的合理性。无论是世界上哪一个国家,“大学的自主权并非外部的恩赐,而是大学与生俱来的权利”③。英国教育家埃里克·阿什比(Eric Ashby)曾经把影响高等教育演变发展的逻辑分为内在逻辑和外在逻辑,二者的共同作用决定了高等教育发展的方向和趋势。但他明确指出,“内在逻辑对高等教育系统的作用,犹如基因对生物系统的作用,它要保持这种系统的特性;它是这种系统的内在回转仪”④。也就是说,内在逻辑是高等教育保持自身存在的前提,高等教育机构依据内在逻辑进行自我调节和功能转换。离开这一前提,大学便

---

① 阎光才.西方大学自治与学术自由的悖论及其当下境况[J].教育研究,2016(6):142-147.

② 许杰.论治理视野中高等教育问责制的完善[J].教育研究,2009(10):54-59.

③ 周光礼.学术自由与社会干预:大学学术自由的制度分析[M].武汉:华中科技大学出版社,2003:169.

④ 阿什比.科技发达时代的大学教育[M].滕大春,滕大生,译.北京:人民教育出版社,1983:139.

将失去存在的意义，高等教育问责也就无从谈起或无法运行。广泛的自主权对于大学履行它的使命、发挥它的功能和问责的有效运行是必需的。大学自主权作为与高等教育天性相吻合的制度设计，成为高等教育机构有效抵御外部社会力量影响与干预的“天然屏障”，以及维护内部学术活动自由的有力武器。原因在于，“如果我们允许有关知识和认识能力的探索活动在我们的大学里被削弱，那么所造成的损害将是无法弥补的，因为这种智力探索活动在其他任何环境中都无法有效地开展”。美国学者在特定环境下片面地认为，失去了自治，高等教育也就失去了精华①。

责权利对等是治理过程中的一项基本原则。如果说自治是大学发展独立思考、研究前沿科学、引领社会风尚所必需的权利，那么接受问责则是拥有较高自主权的大学所必须承担的义务，也是大学知识生产和社会服务的外在使命。基于对学术自由的追求，作为与利益相关者利益的等价交换，高等教育机构必须积极回应社会需求，肩负起社会赋予它的使命和责任。也就是说，现代大学的自治权是以完成社会责任、推动社会发展，并与外界环境相互作用为代价的。如果仅是追求大学自治与学术自由，将大学封闭在自己所建造的“象牙塔”之内，大学将会失去其合法性基础与价值根基。据此而言，大学自治与学术自由是大学履行社会责任的价值根源②。从这个意义上说，可以这样理解大学自治的内涵：“自治的唯一目的就是扩大知识传播，并且在为社会提供其他服务方面增强大学的作用……大学自治就是在有关经济、政治、社会和文化条件下，大学为了最出色地担当起社会赋予它的角色而提出的自治程度。”③

自主权体现的并非是一种特权，而是一种先决条件，这一先决条件能够有效保证大学对自身使命与国家职责的履行。享有充分的自主权，高等教育机构可以获得进行环境适应、战略性调整和积极作为的自由与空间。在尊重大学自治这一先决条件下，“每所大学都会具有广泛的自由权利，自行决定大学如何能够以最恰当的方式响应外部世界不断出

① 布鲁贝克.高等教育哲学[M].王承绪，郑继伟，张维平，等译.杭州：浙江教育出版社，2001：31.

② 王世权，刘桂秋.大学社会责任的本原性质、履约机理与治理要义[J].教育研究，2014(4)：85－93.

③ 和震.美国大学自治制度的特征与主题[J].学术研究，2006(1)：114－118.

现、不断变化的需求和机遇”①。扩大的自主权迫使高校为其发展策略选择承担责任，并制订长远的计划，提升高校的形象②。也就是说，通过接受问责，高等教育机构不仅对利益相关者的需求做出回应，承担相应的社会责任，履行相应的社会义务，同时也有利于高校形成一种主动的“自适应”机制，使自身得以延续与发展。在这方面，芬兰的公立高等教育问责制度提供了可供借鉴的经验。芬兰高等教育问责的典型特征是注重信任的使用、维护高校的自主权、“少即是多的问责制度”。信任的建构是芬兰高等教育问责独特的方式，它注重不同主体间信任关系的建构。在自治与问责的平衡方面，芬兰注重以下五个方面：学校在预算规划和批准方面具有自主权；学校在人事管理方面具有自主权；学校理事会参与学校财务方面的治理；注重评估学校和学生的表现；学校对利益相关者负责任。在高等教育问责方式方面，与其他国家不同，芬兰除批准之外，没有定义和引入其他评估程序、机构或认证标准。最近几十年来，世界高等教育治理变革实践中存在着这样一种趋势：一些中央集权的国家在赋予高等教育机构学术、行政和财政方面大量自主权的同时，绩效问责的力量得到加强。政府放松对大学的管制，赋予大学更多的自主权和决策自由，以便政府根据绩效责任来规定大学的组织目标，加大对高等教育机构的效率、效益和生产性的监督与评价。从“大学自治是高等教育问责的前提与根源”这一论点出发，可以对这一趋势背后的原因做出一定的阐释。

4.3.2.2 问责是自治的结果与保障

自治与问责统一共生的另外一个方面是“问责是自治的结果与保障”。正如经合组织对多国高等教育问责实践进行研究后得出的结论：政策意义上的问责制是自主权的一个必然结果。那些影响自治方向的因素使得有必要建立一种新机制，保障学校对国家和地区的公共利益做出反应，对不同利益相关者群体的需求做出回应③。这里的“新机制”，指的是高等教育问责运行机制。

---

① 博克.走出象牙塔：现代大学的社会责任[M].徐小洲，陈军，译.杭州：浙江教育出版社，2001：68.

② 范富格特.国际高等教育政策比较研究[M].王承绪，等译.杭州：浙江教育出版社，2001：420.

③ OECD. On the Edge: Securing a Sustainable Future for Higher Education [R]. Paris: OECD Publishing，2007：20.

为了使大学自治存在,需要引入的恰恰是大学自治的对立面——高等教育问责,这似乎是无法理解的悖论。“问责虽然是一个有争议和复杂的概念,但其中心是大学管理其环境的能力。”[①]高等教育除了要坚守其内在逻辑,也需要坚持外在逻辑,只有不断适应社会环境的变化,真正承担起自身应有的社会使命,最终才能获得生存和发展的可能。问责为高等教育机构在新的环境中重塑自我、增进自身利益、证明自身价值和回应外部压力提供了重要契机。在规则导向的问责机制下,高等学校将组织使命愿景与外部需求相联系,审视自身办学行为,形成批判性反思和学习能力,根据诊断结果提出改善方案并采取行动,从而保障高等教育质量,实现自身工作改进。在问责制的规约下,高等教育机构通过内部的有效运作和卓越的绩效表现向广泛的外部利益相关者证明其价值和持续改进的情况,进而赢得利益相关者的支持和信任。

在当前的时代背景下,“公众对自治的态度在整个历史上像月亮的盈亏一样变化着,当前大概是在亏的阶段。权力中心正从大学内部转到大学外部,从学术界转向公共领域,从大学历史上的特权和豁免权地位转到承担义务和责任的地位”[②]。在世界各地,研究和创新在知识经济中的重要性日益增加,高等教育的重要性不断叠加,高等教育规模迅速扩大,学生构成日益多样化,公共资金不断减少,高等教育机构之间的竞争更加激烈。高等教育被期望有效创造知识、传播知识、提升公平、响应学生需求等。为应对不断变化的社会需求,为经济和社会发展做出更大的贡献,各地高校面临着愈来愈大的问责压力。大学自治必须受到教育问责的制衡,通过自治与问责的相互制衡,高等教育善治的目标才能达到。高等教育机构如果不能通过等价有偿原则以优异的表现和有效的运作去兑现政府和公众的期望,去满足政府和公众的需求,其自身的组织独立性必然难以确保。只有在一定程度上达到政府与公众的期望和需求,高等教育机构才能够维护其所珍视的自主。只有形成自治与问责的双向互动,高等教育治理变革才会得以顺利进行。

---

① Baird J. Accountability of University Governing Bodies in Australia: Issues for Proponents of Corporate Models[J]. Tertiary Education and Management, 1997(3): 72 - 82.

② 布鲁贝克.高等教育哲学[M].王承绪,郑继伟,张维平,等译.杭州:浙江教育出版社,2001:33.

4.4 信任与问责

公立高等教育问责在很大程度上反映出的是信任问题。信任在高等教育发展中具有特殊重要的意义。公立高等教育问责缘起的现实原因是公共信任的缺失,高等教育问责的目标则是重建公众信任。然而,问责在某种程度上与信任是对立的,问责的过程极易导致不信任的产生。正如马丁·特罗所指出的,问责和信任尤其处于一种特殊的紧张关系中,有时相互支持,有时相互矛盾①。如何通过透明机制、问责文化和诚信制度的设立进一步建构信任关系,对实现公立高等教育问责的目标至关重要。

4.4.1 信任在高等教育发展中具有特殊重要的意义

什么是信任呢?社会学家卢曼对于信任的定义是:“在其最广泛的涵义上,信任指的是对某人期望的信心,它是社会生活的基本事实。”②鲁索等认为,信任是指一方对于另一方意愿或行为的积极期待和意愿接受③。达斯等认为,只有当个体和组织置身于有风险的不确定性环境之中,才会存在与信任相关的问题,信任的本质就是一方冒着风险去接受另一方的行为④。综合这些学者的观点,本书将信任定义为由基于经验和感知对结果的积极期望所驱动的信念。信任把过去和现在的期望联系在一起,同时把它们和可靠的未来联系在一起。信任是推理性的,是对他人行为结果的“明智推算”,而不是可以衡量测量的东西。根据以上关于信任的定义,可以将信任的内涵概括为以下方面。①同时存在信任方和被信任方。缺少任何一方,信任将无从产生。信任可以存在于个体

---

① Trow M. Trust, Markets and Accountability in Higher Education: A Comparative Perspective[J]. Higher Education Policy, 1996(9): 309 - 324.

② 卢曼. 信任:一个社会复杂性的简化机制[M]. 瞿铁鹏,李强,译. 上海:上海世纪出版集团,上海人民出版社,2005:1 - 2.

③ Rousseau D M, Sitkin S B, Burt R S, et al. Not So Different after All: A Cross-discipline View of Trust[J]. Academy of Review, 1998(23): 393 - 404.

④ Das T K, Teng B S. Between Trust and Control: Developing Confidence in Partner Cooperation in Alliances[J]. Academy of Management Review, 1998(23): 491 - 512.

与个体间、个体与群体或组织间。②乐观的心理预期。信任存在与否取决于信任方对被信任方行为的预期，当信任方对被信任方的行为持乐观的预期时，信任才可能产生。③接受风险的意愿。由于信任方不具备监督和控制被信任方行为的能力，被信任方的行为与信任方的预期可能会相背离，从而使得信任结果出现不确定性，导致风险的存在。信任意味着信任方愿意承担风险。④动态的过程。信任源于双方间的相互作用，信任方对被信任方的心理预期及其承担风险的意愿会受不同时间、情境的影响，并且会影响信任的程度①。⑤必须学习和赢得。信任依赖于熟悉程度或社会相似性、过去的经验和反复的互动以及共同的价值观和规范。信任关系的形成和发展只能被给予，而不能被要求或依靠强力撮合。⑥脆弱性明显。信任方的期望没有得到满足，信任就会在某种程度上减少甚至完全消失。而一旦信任被打破，绝望将成为常态，信任的恢复将是一件非常困难的事情。

信任在社会上是普遍存在的，而且是至关重要的。信任是包括个人关系和组织关系在内的任何关系有效的先决条件，当然也是有效工作的前提基础。信任是新式的社会团结的本源，是社会秩序扩展的基础，信任为处理不确定性和过度复杂性提供了重要的渠道。信任、权力和代价被理解为支持不确定环境中社会互动的三种主要协调机制，但是比起后两者，信任更能简化复杂的现实。在卢曼看来，由于社会的复杂性与理性的有限性，人类无法获取完整的信息，因此可以通过信任来弥补理性的不足以及由此带来的信息不完整的缺陷，确保内心的安全感。因此，信任是“简化社会复杂性的机制之一”，而“复杂性的简化因为其主观性而采取了特殊的形式。我们可以把这些形式描述为不确定性被吸收，或被容忍的程度变化。系统用内在的确定性代替外在的确定性，因而提升它对外部关系中不确定性的耐受性。复杂性如何减少，与它在环境中的存在有关，因而转变为这种内在确定性次要问题的一部分”②。

信任在高等教育发展中具有特别重要的意义。马丁·特罗将高等教育领域的信任解释为“由公共或私人机构提供支持而不要求学校提供

① 宝贡敏，徐碧祥. 组织内部信任理论研究述评[J]. 外国经济与管理，2006(12)：1－9.

② 卢曼. 信任：一个社会复杂性的简化机制[M]. 瞿铁鹏，李强，译. 上海：上海世纪出版集团，上海人民出版社，2005：35.

具体物品和服务作为回报以及详细解释资金的使用情况”①。与主要由官僚规则、市场竞争或民主程序控制的其他系统不同，高等教育系统在很大程度上作为集体来控制自己，其内部成员都应该在这个集体中做到自律。高等教育机构在公众面前的地位取决于后者的信任。这是因为，高等教育存在的逻辑前提是“高深学问”。信任存在的重要性和必要性正在于高深学问的典型特征——模糊性和不可企及性。“这些学问或者还处于已知与未知之间的交界处，或者虽然已经已知，但由于它们过于深奥神秘，常人难以理解。”②大学产生之初，由于高深学问的模糊性和不可企及性，公众不具备监督和控制高等教育机构行为的能力，因而选择了对高等教育机构信任的策略，给予高等教育机构充分的自主权，保护高等教育机构成为知识探索的自律场所。信任是高等教育机构做出卓越贡献的核心因素，也成为高等教育机构第三个价值体系“自由”的重要来源。自由与西方政治思想中的传统观念一脉相承，它强调行动自由是进行选择、鼓励积极性、从事创新、维护批评和促进多元化的基本条件③。因此，在高等教育发展史上，信任作为一种深厚的历史传统和宝贵的精神财产被保留下来。信任被认为是高等教育机构不可或缺的属性，是一种不可忽视的独特关系，没有信任，高等教育就会枯萎④。到了现代，社会契约成为公众和高等教育机构之间不同于传统时期的不可分割的联系和牢固的纽带。社会契约处于一个国家高等教育事业发展的核心位置，它是证明高等教育机构政治合法性和社会合法性的需要，体现的是公众及其代表对高等教育机构的尊重与信任⑤。在高等教育领域，信任也称公共信任，即“人们在群体和组织中为共同目的而共同努力的能力”⑥，它意味

① Trow M. Trust，Markets and Accountability in Higher Education：A Comparative Perspective[J]. Higher Education Policy，1996(9)：309－324.

② 布鲁贝克. 高等教育哲学[M]. 王承绪，郑继伟，张维平，等译. 杭州：浙江教育出版社，2001：2.

③ 克拉克. 高等教育系统：学术组织的跨国研究[M]. 王承绪，徐辉，殷企平，等译. 杭州：浙江大学出版社，1994：279.

④ Leveille D E. Accountability in Higher Education：A Public Agenda for Trust and Cultural Change[R]. Berkeley：Center for Studies in Higher Education，2006：13.

⑤ Leveille D E. Accountability in Higher Education：A Public Agenda for Trust and Cultural Change[R]. Berkeley：Center for Studies in Higher Education，2006：13.

⑥ Fukuyama F. Trust：The Social Virtues and the Creation of Prosperity[M]. New York：Simon and Schuster，1995：10.

着相信高等教育机构会负责任地为共同利益而行动。对高等教育机构的信任是对制度的信任,而不是对个人或群体的信任。它类似于战略信任,基于经验和感知期待高等教育机构做好它的工作或履行好它的职能。

高等教育机构与社会之间的第三个基本联系是信任,即由公共或私人机构提供支持,而不要求该机构提供特定的商品和服务来换取这种支持,或者对这些资金的使用进行具体和详细的说明①。信任的缺席与在场对高等教育的发展至关重要。信任的缺席,则容易形成不同主体间相互猜忌甚至敌对的关系,增加合作行为成本,最终不利于共同利益的实现;相反,信任的在场,有利于建构相互理解、相互尊重的关系,产生共同行动、实现共同利益的合作行为。在高度信任的高等教育文化中,信任可以代替正式的规则和条件,使得敌对关系受到限制,高等教育机构内外部合作变得顺畅,降低由讨价还价、合同和监督产生的交易成本。"没有它,公众与其机构之间不可分割的联系将受到影响,公共财政支持将减少,决策互动将变得更具对抗性,资源和机构自主权将被增加的政府干预所取代。"②从务实的角度来看,公众信任对于高等教育机构有效履行其使命至关重要。更根本的是,信任和信心是维持治理体系公共组织合法性的核心③。

4.4.2 公立高等教育问责的目标在于重建公共信任

第一章提到,公立高等教育问责缘起的原因之一是公共信任的缺失。问责制度的核心目标之一是增加人们对高等教育机构动摇的信任④。当信任丢失的时候,或者很难去信任谁的时候,问责模式是重建信任的一种很好的方式⑤。高等教育问责兴起的逻辑起点是"制度化的

---

① Trow M. Trust, Markets and Accountability in Higher Education: A Comparative Perspective[J]. Higher Education Policy, 1996(9): 309 - 324.

② Leveille D E. Accountability in Higher Education: A Public Agenda for Trust and Cultural Change [R]. Berkeley: Center for Studies in Higher Education, 2006: 13.

③ Leveille D E. Accountability in Higher Education: A Public Agenda for Trust and Cultural Change [R]. Berkeley: Center for Studies in Higher Education, 2006: 100.

④ Trow M. Trust, Markets and Accountability in Higher Education: A Comparative Perspective[J]. Higher Education Policy, 1996(9): 309 - 324.

⑤ Stensaker B, Harvey L. Accountability in Higher Education: Global Perspectives on Trust and Power [M]. London: Routledge, 2011: 152.

不信任”,问责是重建信任的重要机制。在这一过程中,“这为那些甘冒信任风险的人提供一种支持或保障,为那些蓄意背叛信任的人设置屏障,并为实际侵犯信任的行为预立了一种矫正机制”①。高等教育机构提供关于完成卓越任务、满足公众需求方面的独立证据,因而赢得教育行政部门的认可和公众的信任。

世界高等教育的发展经历了从信任到问责的历程。从历史上看,大学产生的早期,“公众信任”原则被广泛应用于高等教育机构的管理,大学深居象牙塔内,与社会保持着相当的距离,外界对高等教育机构选择信任,干预少之又少。然而,随着高等教育重要性的增加,高等教育机构从社会的边缘走向社会的中心,越来越多地卷入社会的政治生活、经济生活和公众的个人生活中。公立高等教育机构在以下领域面临着巨大挑战:在大量增加入学机会的同时,使管理得到改善;在增加高等教育规模的同时,使高等教育质量得到提高;在学生成本分担增加的同时,使学生不能失去入学机会;在生均成本大幅上升的同时,要严格控制高等教育支出;在国家对其他领域需求扩大的同时,要增加高等教育在国家预算中的份额。面对这些挑战,高等教育一直是加强问责和增强透明度的重要领域。20 世纪 70—80 年代,怀疑主义盛行,外界对高等教育的发展失去信心,对高等教育机构的可靠性产生怀疑,认为高等教育机构的行为与他们所信奉的价值观不一致,或者认为高校将自身利益凌驾于公共福祉之上。高校脱离公共利益加剧了怀疑,威胁了公共信任,外部资源的支持变得若即若离,高等教育发展由此面临着“本体危机”和“合法性危机”。为了恢复高等教育机构不断遭受侵蚀的公共信任,国家审计社会(audit society)的特征变得明显。作为新行政模式的核心,内部控制系统开始发挥重要的公共作用,个人和组织的绩效日益正规化并变得可审计。审计社会已经成为高等教育合法性的主要载体,而高等教育传统合法性来源的影响力正在下降。也正是从这一时期起,高等教育的社会契约性质越来越明显。高等教育机构的行为存在于社会公众的期望之中,它们享有一定的权利和权力,也必须履行一定的义务和责任,这些权利、权力、义务和责任是高等教育机构和社会之间契约的结果。义务

① Sztompka P. Trust: A Sociological Theory[M]. Cambridge: Cambridge University Press, 1999: 140.

和责任的缺失意味着权利和权力合法性的丧失。随着社会的日益复杂，高等教育机构在提供自己的服务和满足社会需求的责任和义务方面必须更加明确。因为高等教育机构和环境之间的信任水平恶化，许多国家制订了公立高等教育问责计划。世界高等教育的发展由信任时代转向问责时代。“这就是高等教育的命运，因为它一直在努力完成其不断发展的使命，并维护历史上一直存在的信任。”①

从世界高等教育发展实践来看，存在着这样一种现象：加强问责的趋势和重构信任的目标几乎是同时进行的。虽然人们很容易将问责解释为一个更技术性的过程，但是人们可能更愿意将其视为一个在高等教育机构与其环境之间建立某种程度信任的过程②。马丁·特罗将社会契约作为高等教育机构和外部环境相互作用的基础③。社会契约关注以下问题。①谁提供高等教育服务？提供什么样的服务？②在为大学提供资源支持方面，不同机构有什么责任？资源的分配模式是怎样的？③谁评价高等教育质量？怎样进行评价？④大学因为使用分配的资源，要为谁负责④？高等教育机构及其利益相关者需要确保相互理解和长期承诺，着眼于更新社会责任的体制框架，重新思考优先事项，并集中力量解决具体的国家社会和经济需求。高等教育机构与社会之间的契约作为公共信任的一部分，是一种非常微妙、非常脆弱的关系，既不能立法强制执行，也不能强加于个人执行，但是，它却可以发挥强大的影响力。问责制的口号应该是“遵循信任”。没有了信任，目标一致的可能性就会降低，假顺从和直接抗拒的可能性就会增加；而有了信任，对问责制的回应随着时间的推移更有可能是建设性的，而且会更加有效，对高等教育机构和问责主体来说都将是有益的。在问责的过程中，信任的催发在两个层面进行：一是外部利益相关者对高等教育机构产生信任，在这个层

---

① Leveille D E. Accountability in Higher Education: A Public Agenda for Trust and Cultural Change [R]. Berkeley: Center for Studies in Higher Education, 2006: 81.

② Stensaker B, Harvey L. Accountability in Higher Education: Global Perspectives on Trust and Power [M]. London: Routledge, 2011: 247.

③ Trow M. Trust, Markets and Accountability in Higher Education: A Comparative Perspective[J]. Higher Education Policy, 1996(9): 309 - 324.

④ Smolentseva A, Knyazev E, Drantusova N. Russian System of Higher Education and Its Stakeholders: Ten Years on the Way to Congruence [C]//Schwarzman S, Pinheiro R, Pillay P. Higher Education in the BRICS Countries. Investigating the Pact Between Higher Education and Society, 2015: 216.

面上的“信任”可以理解为高等教育机构以合理的成本产生所需的东西；二是在高等教育机构内部的信任，在这个层面上的“信任”解释为高等教育机构及其工作人员在没有不合理干预的条件下来提供被授权提供的教学和研究①。

公立高等教育机构接受有效问责的能力催发公众信任的产生。好的问责制度，至少应该具备以下几个特征：①问责模式与主要利益相关者息息相关；②问责模式应包含对绩效的公正判断；③问责模式应该是开放的，供反馈和对话；④问责模式应该激发信任②。问责举措能否促进高等教育的合法性和公共信任度，成为衡量高等教育问责制好坏的重要依据。在当下这个急剧变化的时代，为了重新建立公众对公立高等教育的信任，高等教育机构必须满足四个广泛的期望：①必须服务社会，并延续培养公民和领导者的传统使命；②必须建立生活和学习的连续性，打破象牙塔的刻板印象；③必须对资源的最佳利用负责，让人员、建筑和资金以更高效的方式使用；④必须制定并坚持高质量标准，在工作的各个方面身体力行③。

国内外学者认为问责制有助于信任的重建，主要基于以下几个方面的论据。第一，有助于建立问责者与被问责者之间、问责者之间的对话关系。“高等教育问责制包含了公共信任的维度，这要求以公众所理解的方式进行沟通。”④“如果说过去是序幕，那么今天的利益相关者，包括政策制定者和教育领导者，或许可以将所吸取的经验教训应用于高等教育机构当前和未来的挑战及其与公众的关系中。机构或系统与各种外部政治和监管监督团体之间的关系应反映出一种理解，即机构或系统应对与商定目标相关的结果负责，从而可以最大限度地减少对更多政府监督和监管的需求。这种安排保留了机构或系统的基本自主权，这使其有

① Stensaker B, Harvey L. Accountability in Higher Education: Global Perspectives on Trust and Power [M]. London: Routledge, 2011: 248 - 249.

② Stensaker B, Harvey L. Accountability in Higher Education: Global Perspectives on Trust and Power [M]. London: Routledge, 2011: 15.

③ Leveille D E. Accountability in Higher Education: A Public Agenda for Trust and Cultural Change [R]. Berkeley: Center for Studies in Higher Education, 2006: 92.

④ Wellman J V. Accountability for the Public Trust[J]. New Directions for Higher Education, 2006 (12): 24.

别于其他国家实体,并保持对'结果'的关注。"[①]第二,问责制意味着透明度的提高,这为外部群体审视和检查大学内部的财政状况与教育活动敞开了方便之门[②]。有的学者指出,由于人类不可能检查所有东西,问责中的审查本身意味着信任,这是对我们使用的方法和信息来源的信任[③]。高校在发展过程中产生的信息,本身就是一种公共资源,是公众得以了解高校运营情况和资源使用情况,监督高校发展的必要条件。因此,高校发展需要有一定的透明度,保持信息公开透明。高等教育机构需要对"所采取的行动"负责,而不是被追究"说明"责任。第三,从根本上说,高等教育问责反映了高等教育机构履行自身义务与完成自身责任的情况。有效的问责制度不仅局限于高校定期的报告与解释,更重要的是,它有助于帮助高校建构持续改进周期并持续采取改进行动,使高校的工作不断增加附加值,从而重建公众对高等教育系统的信心和信任。从这种意义上来说,问责可以被定义为高等教育机构保持其教育产品和服务卓越性进而赢得认可与信任的不可或缺的方式。

4.4.3 问责在某种程度上与信任相对立

尽管问责制的核心目标之一是重建对高等教育机构的公共信任,然而从公立高等教育问责的现实来看,问责制在某种意义上与信任相对立。公立高等教育问责制的导入并没有彻底缝合高等教育机构与公众之间不信任的鸿沟,甚至在一定程度上导致了不信任的产生。甚至有人提出,"问责越来越强,意味着信任越来越少,而信任越来越强,意味着问责越来越少"[④]。

在这方面,马丁·特罗曾提出过自己的论断,他认为,高等教育问责对于大学来说是一把双刃剑。一方面,问责对于信任的重建能发挥建设性作用,通过工具性和精细化手段来解决技术维度的信任问题;另一方面,问责对于信任的重建发挥破坏性作用,强化问责制的努力往往会弱

① Leveille D E. Accountability in Higher Education: A Public Agenda for Trust and Cultural Change [R]. Berkeley: Center for Studies in Higher Education, 2006: 86.

② 柳亮. 大学信任与高等教育问责[J]. 教育发展研究, 2010(1): 17－22.

③ Žalec B. Trust, Accountability, and Higher Education[J]. Synthesis Philosophica, 2013(1): 71－75.

④ Žalec B. Trust, Accountability, and Higher Education[J]. Synthesis Philosophica, 2013(1): 71－75.

化信任。关于问责对于信任的破坏作用,他主要基于以下几个方面的论据:①问责是信任的替代品;②外部问责意味着高校自主权的弱化,因为对外报告的义务掩盖的是顺应外部需求的义务;③外部问责也可能与充分解决高校内部的敏感问题这一原则矛盾,因此与有效治理矛盾,甚至与直言不讳矛盾;④问责可能威胁专业人员定义其工作的自由,并因此减少高等教育机构的多样性;⑤问责将学术人员转化为纯粹的受雇者①。的确,如果外部强加的问责使高等教育机构自主权受到损害,那么这类问责可能会造成不信任。较低的信任水平会导致问责形式更加严格,从而进一步降低信任水平。问责需要大量的数据收集和数据管理工作,使得教师面临着不必要的繁重的工作负担,使得教师对职业认同感降低,负面认知增加。

从世界范围来看,公立高等教育问责正从基于科层指令的范式向基于结果绩效的范式变革,传统的由上而下、以法规为导向的问责系统正在被由下而上、以结果为导向的问责系统所取代。这种以结果为导向的绩效问责,以谴责、惩罚与制裁作为重点,却疏于激励与奖励,强迫服从标准和行为矫正。这样往往产生意想不到的负面效应:它往往会导致壁垒森严,竞争加强,不同主体间的信任遭到侵蚀。这是因为谴责、惩罚和制裁不是促进双方公开和诚实对话的最佳方式,而实际上可能会产生否认责任的动机,因而可能会阻碍绩效的潜在改善。正如联合国教科文组织通过调查研究所认为的,几乎没有证据能够表明,关注结果而非投入,并且很少进行激励的绩效问责能够改善教育体系②。

随着公共预算的减少,公立高等教育问责越来越倾向于使用基于市场的问责方法,市场驱动的高等教育问责逻辑造成高等教育领域诸多功能的失调。基于市场的问责方法有三种表现:一是更注重效率,强调在紧缩条件下的生产率和管理控制,在竞争性商品之间做出决策;二是更加面向服务或客户,强调服务导向、消费主义和对外部环境的响应;三是强调竞争、私有化等更加市场化的模式。基于市场的问责方法的前提是

① Trow M. Trust, Markets and Accountability in Higher Education: A Comparative Perspective[J]. Higher Education Policy, 1996(9): 309 - 324.

② Accountability in Education: Meeting Our Commitments(Global Education Monitoring Report 2017/18)[R]. Paris: UNESCO, 2017: 295.

把教育当作消费品，把利益相关者当作消费者，将竞争作为高等教育机构运行的主要机制，教育的质量被分为三六九等，教育的价格也被分门别类，择校及其他筛选工具大行其道，最终导致教育差距愈益明显，教育分层加剧，教育资源分配更加不均衡，教育生态恶化，社会不公加剧，公众对公立高等教育机构的信任度大打折扣。美国是使用市场问责方法的典型国家，“其通过加强问责制来增加信任，产生了与预期和期望完全相反的效果：特权阶层和处境不利群体之间的成就差距比实施加强问责制政策之前更大”①。

不仅如此，具有讽刺意味的是，“证据文化”“审查文化”不太可能恢复信任。在“证据文化”“审查文化”的影响下，要求大学就绩效、产出和质量诸方面进行报告、出示证据和接受检查，高等教育问责制对信任的“建设”也就极易出现“信任的外部化”或信任替代现象，即把对大学的信任转移到对体现非个体化、客观性和可比较性的“数据的信任”。因此，从“不信任”的起点出发、经由信任的替代而形成的“反向构建”和“迁移构建”方式，能在多大程度上有助于高等教育问责制对大学信任的重建，也值得反思②。

更为重要的是，问责，特别是绩效问责使得急功近利的高等教育观愈演愈烈，最终将动摇人们对高等教育的“终极”信任。出于获取更多资源价值的功利冲动，政府部门往往寻求更大的绩效、更高的生产力、更多的问责，控制和调节的欲望愈来愈强，甚至要求高校在不增加财政投资的情况下取得更好的成绩。在这样的背景下，高等教育机构如果不能功利地定义和展示教育目标和成就，那么在发展中必然会受到较大的牵制，发展压力必然增大。更重要的是，在急功近利的观念指引下，经济价值至上，量化成为主要的价值尺度和分析方法。然而，高等教育在社会中的价值除经济价值之外，还承担着培养人才、传承与创新文化、引领社会公平正义等职能，这些社会价值本身难以通过指标测量得到量化数据。因此，在满足政府和公众短期性、功利性要求的同时，容易忽视或偏离大学公共性这一基本目标，在哲学维度上会消解和动摇人们对大学的

---

① Žalec B. Trust，Accountability，and Higher Education[J]. Synthesis Philosophica，2013(1)：71－75.

② 柳亮. 大学信任与高等教育问责[J]. 教育发展研究，2010(1)：17－22.

“终极”信任，使得问责制的价值关怀被自身所削弱[①]。

在以上问责政策和问责实践的影响下，问责努力很容易陷入“不信任→问责→不信任→更严厉的问责→更低的信任水平”的恶性循环，这与增强公众对高等教育的信任这一初衷是相悖的。这就是问责与信任之间关系的悖论。

4.5 事前、事中与事后问责

高等教育问责从时间维度上来看，可以分为事前问责、事中问责和事后问责。这三种问责形式各司其职，各有侧重。由于高等教育问责是一个流动的循环圈，这三种问责形式存在着动态的衔接关系。

4.5.1 事前、事中与事后问责的静态差异

事前问责、事中问责和事后问责是按照问责时间轴上的先后位置来划分的，三者构成公立高等教育问责的全过程。从静态来看，三者之间因所对应阶段的不同而在功能上呈现出差异。

所谓的事前问责，指的是对高等教育机构必须完成的任务、分内必须履行的使命、预设的目标价值、划定的责任边界的问责。这种问责强调对未发生的事情提前负责，是一种对事前责任的伦理追问。它以未来行为责任为导向，是一种“预防性的问责”，或称“前瞻性的问责”，对高等教育机构在社会中应承担的责任以长远的眼光进行审视，并且对未来可能发生的事情进行超前性的道德考量和价值判断。

公立高等教育问责正式发起之前，利益相关者和高等教育机构之间的委托代理关系已经形成。利益相关者通过某种承诺的形式将一定的责任、权力和利益委托给公立高等教育机构，公立高等教育机构接受相应的任务，自此，公立高等教育机构作为代理人成为可问责的客体。

事前问责体现的是期待功能和预警功能。所谓的期待功能，主要是指明确公立高等教育机构的责任，划定利益相关者的合理期待，使得高等教育机构的行为尽可能符合问责主体合理的价值期待；所谓的预警功

① 柳亮.大学信任与高等教育问责[J].教育发展研究，2010(1)：17－22.

能，主要是指增强高等教育机构的自律，提醒高等教育机构在履行责任和行使职能时理性审慎地行动，不能麻痹大意，更不能肆意妄为，要按照既定标准和要求行事，促进高等教育机构未来合理行为的发生，防止未来高等教育机构行为的异化。

事中问责是指对高等教育机构正在进行行为的问责，它体现的是问责进行中的即时跟进，又称“即时性问责”。事中问责主要是针对权责实施阶段的公立高等教育机构在一定动机驱使和目标引导下所采取的行为方法、手段和具体行为进行即时跟进，纠正高等教育机构在履行责任和行使职能时出现不该有的偏差，确保高等教育机构的行为沿着正确的轨道运行。

在利益相关者和高等教育机构之间的委托代理关系形成后，行使权力的利益相关者受权力控制的有限性、获取信息的不对称性或高等教育机构利益渗出的可能性等因素的影响，常常处于弱势状态。如果高等教育机构行为表现卓越或符合利益相关者的合理期待时，利益相关者可以采取鼓励或奖励的方式肯定和认可高等教育机构的行为。相反，如果高等教育机构在行为过程中存在可见的或潜在的损害利益相关者利益的风险时，利益相关者可以要求高等教育机构就其失范行为接受问责。

事中问责体现的是督查功能和风险管理功能。所谓的督查功能，是指利益相关者在此过程中可以对公立高等教育机构的行为实施有效的监管，对高校符合合理期待的行为及时鼓励，对发现的问题及时要求高校整改，在问责过程中动态调整高等教育机构的行为。所谓的风险管理功能，是指在高等教育机构行为过程中把风险可能造成的不良影响减至最低。这一功能可防患于未然，降低高等教育机构决策失误的概率，减少高等教育机构犯错的概率。

事后问责是指在高等教育机构行为出现否定性结果或不良后果时对其进行责任追究、惩戒和救济。这种问责强调对已经发生的行为负责，是一种对事后责任的伦理追问。德国学者马克斯·韦伯曾提出“责任伦理”，他强调，责任伦理超出信念伦理的地方，在于因对义务的最高信念而行事之外，还必须对其行为后果担当相应的责任，即应“顾及后果”，行动者对自己行动的后果负责[①]。事后问责是一种“追溯性的问责”，体现的是高校行为后果的责任担当导向，突出强调根据高等教育机构的行为后果而追究其过失的倾向。利益相关者对高等教育机构的行为及其后果进行道德评价和价值判断，高等教育机构因自己的行为为利益相关者利益和公共利益造成的损失和后果承担道义上、舆论上和法律上等方面的责任，接受相应的惩罚。

在利益相关者和高等教育机构之间的委托代理关系的后期阶段，如果高等教育机构的行为背离了利益相关者的合理期待，出现了损害利益相关者的行为，高校就需要勇敢地承担起自己行为后果的责任，接受利益相关者对其进行的责任追究和惩戒。

事后问责体现的是弥补功能和警示功能。问责本身并不是目的，而是一套确定为实现既定目标而采取的行动和负责任的机制。所谓的弥补功能，体现的是通过对高等教育机构在社会中应承担的责任以事后的眼光进行追责并审查失责行为的过程，实现高等教育机构行为的改进，减少利益相关者利益和公共利益的损失。所谓的警示功能，是指某些高等教育机构因出现否定性结果或不良后果时遭受责任追究和惩戒而对其他高等教育机构发挥的“杀一儆百”作用。事后问责将警示所有高等教育机构积极主动地对自己的行为负责，尽量避免不良结果或否定性结果的出现。

4.5.2 事前、事中与事后问责的动态衔接

事前问责、事中问责与事后问责是按时间维度进行的静态划分，而事实上，事前问责、事中问责与事后问责并非是静态的、彼此隔离的，而是彼此之间动态衔接的。三者首尾相接，形成循环往复的公立高等教育问责圈（见图 4-2）。

公立高等教育问责关注高等教育机构动机与行为的整体性和规范性，并将责任贯穿于事前、事中、事后或者行为的决策、执行、完成等诸多环节之中。其中，事前、事中、事后或决策、执行、完成的全过程，高等教育机构作为问责客体都要负责。事前问责是事中问责和事后问责的前

---

① 伍洪杏.行政问责的伦理研究[M].北京：中国社会科学出版社，2016：59.

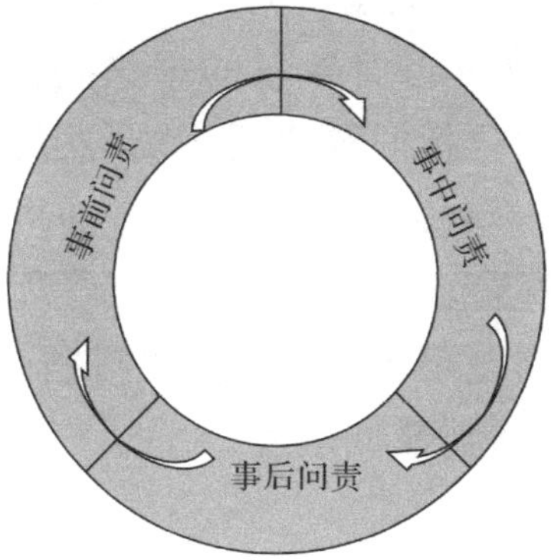

图 4-2 公立高等教育问责圈

提和铺垫。在行动之前，高等教育机构必须考虑到行为可能使用的方法、手段以及可预见的行为后果，从而在事前问责阶段将问题消灭在萌芽状态，变事中监督和消极被动的事后查处为积极主动的事前防范。事中问责是关键中间环节，上端连接事前问责阶段，将事前问责的结果消化吸收，下端连接事后问责阶段，对事后问责起到很好的防范作用。在事中问责阶段，高等教育机构通过对行动的自觉驾驭，实现事前问责阶段的责任目标期待，同时避免事后问责阶段出现不良后果，注重既定目标达成手段的正当使用。事后问责上端连接事中问责，可以有效利用事中问责的结果，防患于未然，下端连接事前问责，事后问责的结果可以成为下一个循环事前问责决策的重要反馈和投入，防止类似的问题再次出现。如此继续下去，循环往复。

事前问责、事中问责和事后问责的动态衔接，决定了公立高等教育问责的过程是一个全程概念，三者都必不可少，都是问责制的重要组成部分。高等教育问责制应建成融事前问责、事中问责、事后问责为一体的问责制度，环环相扣，缺一不可，既要重视“问题发生后怎样解决问题”的结果导向型事后问责，对失职情况进行反思与责任追究，又要重视问题计划的前瞻性问责与进行过程中的风险管理，将问责贯穿到高等教育机构履行责任、发挥职能的全过程，做到持续性关注。有一种经常性的做法，是将公立高等教育问责简化为事后问责，问责变成否定性后果和不良后果出现后才进行的活动。诚然，事后问责作为问责过程的一个环节非常重要。然而，事前问责和事中问责与事后问责同样重要，甚至比事后问责更重要。事后问责更多的是一种惩罚、补偿或者“亡羊补牢”，然而，高等教育机构行为失当而导致的损失与不良影响往往是无法挽回、无法弥补的。而仔细分析问题之后，就会发现在事前与事中阶段，都有隐藏的问题和潜在的不利因素可以追踪。如果当时将问责关口前移，重视发挥事前问责前瞻防范和事中问责过程管理的作用，将问题诱因在量变中提早切断，很多问题可能不会成为“问题”，利益相关者的损失和公共利益的损失就可以降到最低限度。

5 我国公立高等教育问责的现实问题和优化路径

当前，我国高等教育已从大众化阶段过渡到普及化阶段，高等教育在个体发展和国家社会发展中的作用更加凸显，这就决定了建构公立高等教育问责的必要性和迫切性。“高等教育在全球化劳动力市场中的作用越重要，教育政策的制定者、社会消费者就越需要问责机制。”从2003年中国教育与人力资源问题报告《从人口大国迈向人力资源强国》提出“建立公共政策决策咨询论证制度，建立社会公示制度和听众制度，建立政策问责制度”①以来，我国教育领域的问责制度的建设渐渐拉开帷幕。近几年，完善高等教育问责制作为我国提高高等教育治理水平的重要内容，已成为我国高等教育改革与发展中的焦点问题。《国家中长期教育改革和发展规划纲要(2010—2020年)》中明确提出：“建立健全层级监督机制。加强监察、审计等专门监督。强化社会监督。”由此，我国正式提出了完善高等教育问责制的改革任务。2017年《国家教育事业发展“十三五”规划》进一步明确提出以下要求：“完善学校各类信息公开制度，保障教职工、学生、社会公众对学校重大事项和重要制度的知情权，接受社会特别是利益攸关方的监督。高校本科教学评估报告、专业评估报告、教学质量年度报告、就业质量年度报告、教学质量常态监测数据、学业质量监测结果向社会公开。”2020年印发的《关于深化新时代教育督导体制机制改革的意见》中树立的主要目标是：“到2022年，基本建成全面覆盖、运转高效、结果权威、问责有力的中国特色社会主义教育督导

① 中国教育与人力资源问题报告课题组.从人口大国迈向人力资源强国[M].北京：高等教育出版社，2003：24.

体制机制。”然而，由于我国公立高等教育问责制的建设起步较晚，当前仍然处于初建阶段，相关的模式与机制还处在探索与形成中，问责实践中面临着诸多问题和现实困境，问责制度亟待优化和提升。

5.1 现实问题

问责制是如何想象和如何实际运作之间的裂痕。“问责制经常被嘲笑为一个万能的发展流行语，它是一个适合劝诫的主题，但是在世界上大多数地方很少实现。”[①]问责难以实现，究其原因，是对问责实践中的现实问题还需梳理，对问题还需剖析。我国高等教育问责实施过程中面临着一些现实问题，具体来说包括以下几个方面。首先，问责主体单一化，问责过程缺少高校的自我问责和其他利益相关者的参与问责。其次，问责内容还需明确，责任主体权责不明确，问责客体对应承担的责任与主体适用追究责任的情形还不明确。再次，问责程序还需完善，问责法律制度支撑需要加强，问责制度设计需要完善，问责闭环不完整，信息公开制度需要完善，问责方式相对单一等。这些问题的存在，客观上阻碍了我国高等教育治理体系和治理能力现代化进程，亟待破解和改变。

5.1.1 问责主体单一

我国公立高等教育问责存在着问责主体缺位的问题，问责主体呈现单一化和行政本位的特点。

5.1.1.1 问责主体单一化

从世界范围来看，公立高等教育问责主体走向多元化已成为一种共同的趋势。鉴于高等教育典型的正外部性和公共效用不可分割性等特征，高等教育机构的发展离不开各种利益相关者的投入与参与，因此其发展必须以服务于不同利益相关者的共同利益作为自己的追求目标。高等教育问责的主体应向多种利益相关者延伸，使得高等教育机构受到来自多方力量的资源支持和有效制约，从而使得高校更好地担负起其应

---

① Ebrahim A, Weisband E. Global Accountabilities: Participation, Pluralism and Public Ethics[M]. Cambridge: Cambridge University Press, 2007: 14.

有的责任，满足多方利益相关者的利益需求。多元问责主体共同对高校问责，使高等教育机构既关注内部利益相关者的利益诉求，遵循自身发展逻辑，又确保高等教育机构与外部密切联系，主动适应外部环境变化，调整自身发展策略。外部问责主体具体包括政府、家长、用人单位、校友、捐赠者、科研经费提供者、其他大学、社会公众、贷款提供者、社会中介组织、社区等，而高校内部力量则为内部问责主体，具体包括教师、行政人员、学生等。

目前，我国提出了高等教育问责主体从单一化走向多元化的发展目标，强调督导问责体系是由政府部门、学校机构与社会中介组织等共同构成。例如，在本科教学评估方面，强调建立以高校自我评估为基础，以院校评估、专业认证及评估、国际评估和教学基本状态数据常态监测为主要内容，政府、学校、专门机构和社会多元评价相结合的，与中国特色现代高等教育体系相适应的教学评估制度。然而，在具体的问责实践中，高等教育问责主体依然呈现政府主导的行政问责特征。政府主要行使高等教育问责权，问责过程缺少高校的自我问责和其他利益相关者的参与问责。外部问责以政府为主体，其他问责者对公立高等教育问责参与较少。我国高等教育问责的实施方式，如本科教学评估、学科评估等，大多是政府主导的教育行政部门对高校的自上而下的问责，而家长、用人单位、校友、捐赠者、社会公众、贷款提供者、社区等在高等教育问责中仍处于相对缺位的状态。社会公众的社会问责和第三方教育评估机构的专业问责较少。社会组织对政府的依赖程度高，甚至隶属于政府，并不是自下而上形成的组织。高校参与问责的积极性低，并没有形成自我问责的内驱力。近些年来，教师与学生对问责的参与有所增加，但参与度在很多高校依然处于不高的水平。总之，“对利益相关者负责”并没有成为我国大学领导者在转型时期的重要治校理念和职责，“冲突和多元利益”也没有获得体制表达的机会[①]。

诚然，政府问责对高等教育发展发挥着重要的调控与引导作用，然而，政府以外问责主体的缺位，会导致这些利益相关者的权利被忽视，其意愿和诉求难以表达，知情与监督职能难以发挥。对问责主体责任认识

① 龚怡祖.大学治理结构：现代大学制度的基石[J].教育研究，2009(6)：22－26.

不够，使得问责主体缺位以及责任意识稍显滞后。问责政策规章与具体实践工作不能协调一致，使得问责政策难以执行或者执行不到位，规范与实践的落差与脱节造成了诸多的“不理解”“不愿意”和“不会做”。政府单一主体的问责，可能导致政府在高等教育领域直接干预过多，问责效果大打折扣。仅仅依靠“自上而下”的传统问责模式，在公立高等教育问责工作中可能会出现问责结果公正性难以保障、公信力缺失的问题，最终会造成教育问责机制整体效力的缺损。

5.1.1.2 问责主体行政本位

我国高等教育问责模式受“官本位”和政府行政管理模式的影响，问责主体呈现行政本位特征。

中国数千年受“官本位”传统思想观念的影响衍射泛化为大众文化的重要内涵，与之相配套的是权力意识，缺少对责任约束的意志[①]。对政府过度依赖或由行政主管的管理观念对新时代公立高等教育进行问责存在着一些消极影响，与“责任本位、服务本位”的观念相冲突。矛盾具体表现为问责机制所代表的价值准则与传统公立高等教育的社会福利或公共事务属性有所冲突。“政治学上，问责原本是一个专业化的概念，反映的是民主社会的基本价值准则，是社会或公众对政府财政支出质量的一种必要的监控机制。传统上，高等教育属于公共福利的一部分，但由于人才培养和科学研究工作的特殊性，大学虽然享受公共财政的资助，却很少接受政府或社会的问责”，但在“近几十年来，随着问责作为一种制度在公共事务治理中逐渐普及，尤其是随着人们对于量化评价和科学测量的热衷，对高等教育发展的绩效评价逐渐兴起。尤其是在现代社会中，规模庞大的高等教育需要耗费大量的公共资源。对高等教育进行问责和绩效评价在理论上具有合理性，在实践中也具有合法性。无论问责的主体是政府，还是社会，其初衷多是通过问责机制来约束高等教育机构可能的利己主义，重建大学与社会间的信任。但不幸的是，当政府或社会不得不建立问责制，并对大学进行绩效评价时，就表明对高等教育机构的信任已非常脆弱”[②]。

---

① 周亚越.论中国问责文化的缺失与建构[J].宁波大学学报(人文科学版)，2008(3)：64－68.

② 王建华.对高等教育中问责与绩效评价的反思[J].现代教育管理，2020(7)：1－7.

新时期我国教育法规定的其中一项基本教育制度——教育督导制度，由国务院发起，成立国务院教育督导委员会，实施中央—省—市—县分级教育督导机制。在高等教育评估监测制度方面，尽管规定实施多方参与的教育评估监测机制，但是，参与评估监测的教育行政部门、评估中介机构和学校，在行政、人事、资金等方面都隶属于政府部门，即教育行政官员、评估中介专家以及学校教师都由政府出资选派，这就造成了教育督导体系中的各机构往往是行政管理部门的下级机构，呈现出自上而下的行政本位的特点。

行政本位的问责固然有执行力强、效率高的特点，但是也存在着一些局限。首先，对问责结果的专业性和客观性有影响。问责与评估团队往往无法从专业角度对问责对象进行客观评价，而是更多从管理效率、行政权威等方面推进指导。在具体的评估实践中还会出现管理者意志高于专业技能判断、评估标准根据管理者个人意志而不断调整等问题，从而影响问责结果的专业性和客观性①。其次，降低了问责客体的积极性和主动性。问责的最终目的是发挥问责客体即高校的积极主动性，使得高校工作得到持续性改进。而行政本位的科层化的问责模式有时使得问责主体和问责客体难以处于平等位置，从而使两者难以形成有效沟通和交流。在很多情况下，问责客体被动、消极地接受各种形式的问责，不仅造成问责客体承担大量的额外工作，而且会挫伤问责客体工作的主动性与创造性，较难实现高校工作持续改进这一问责预期目标。最后，责任追究落到实处难度加大。行政本位的问责模式往往使整个问责局限于教育系统内部，当高等学校出现某些无为、滥为和妄为行为而尚未上升为公众事件时，由于人情关系网等因素的干预，出于保护部门整体利益的考量，行政部门往往对某些问题淡化处理，或避重就轻，或流于形式，可能难以对高校理应受到处罚的行为进行必要的惩戒。这不仅会在系统内部形成问责“无所谓”的态度，还会引起公众对问责效果的质疑，降低公众对高等教育机构的信任。

---

① 王瑜，马小婷. 论我国义务教育问责制实施困境及其破解思路[J]. 教育科学研究，2019(9)：29－35.

5.1.2 问责内容有待明确

公立高等教育的问责内容即公立高等学校应承担什么责任，并在什么情况下被鼓励，在什么情况下接受责任追究。高校在行事之前需要明确追求的公共目标，并且具有高度的责任感、义务感和使命感，自觉以此作为行事的内在驱动力，这样的问责才更加具有意义。从这种意义上说，公立高等教育问责的内容必须清楚、确定和可预测，否则高校不明确自身合理行为方向，问责主体无据可依，问责客体权责不明，也就难以实施问责行动和达到问责目标。然而，我国当前公立高等教育问责范围宽窄有时不一，有时存在不确定性、随意性和不可预测性，高校对于合理行为和目标行为缺乏应有的认知，责任追究缺乏应有的依据。同时，公立高等教育问责唯“过”是问，有时表现为对高校内部出现的权力寻租、学术剽窃、财务腐败、招生暗箱操作以及突发事故等进行责任追究，而对高校责任履行的决策环节和监督环节缺乏应有的关注和跟踪。

5.1.2.1 问责范围宽窄不定

问责范围宽窄不定具体表现为问责客体对应承担的责任与问责主体适用追究责任的情形还需明确。

首先，政策规定的笼统抽象是造成目前我国公立高等教育问责范围宽窄不定的主要原因。当前，我国虽初步建立起与高等教育问责制相关的教育法律法规体系，在已有的教育政策和相关文件规定中，关于问责主体及其权限、问责对象及其内容、问责工具及其机制等关键要素有的却流于形式[①]。《中华人民共和国教育法》第二十九条规定，学校及其他教育机构行使下列权利：(一)按照章程自主管理；(二)组织实施教育教学活动；(三)招收学生或者其他受教育者；(四)对受教育者进行学籍管理，实施奖励或者处分；(五)对受教育者颁发相应的学业证书；(六)聘任教师及其他职工，实施奖励或者处分；(七)管理、使用本单位的设施和经费；(八)拒绝任何组织和个人对教育教学活动的非法干涉；(九)法律、法规规定的其他权利。《中华人民共和国教育法》第三

① 胡健，杨建国. 为质量而问责：美国高等教育问责制及其启示[J]. 教育研究，2019(8)：68－78.

十条规定，学校及其他教育机构应当履行下列义务：（一）遵守法律、法规；（二）贯彻国家的教育方针，执行国家教育教学标准，保证教育教学质量；（三）维护受教育者、教师及其他职工的合法权益；（四）以适当方式为受教育者及其监护人了解受教育者的学业成绩及其他有关情况提供便利；（五）遵照国家有关规定收取费用并公开收费项目；（六）依法接受监督。这些规定较为笼统抽象，缺乏细节性的描述，使得高等教育机构对于自身的角色和职责缺乏清晰的认知，对于自身应当履行的责任缺乏具体的标准。同时，法律法规中对教育问责客体的规定显得比较局限，仅将高校视为被问责、被督导的对象，而对于承担责任的部门与官员尚未有详细的规定。虽然在《中华人民共和国教育法》中明确说明对教育违规及不法行为的处罚，但并没有对直接责任人做出明确规定，对各项责任的分配界定并不十分清晰①。总体来看，我国高等教育问责制度实施的法律依据还需进一步加强，否则操作过程中容易造成模糊灰色区域的生成。

其次，放权实践的循环往复也是造成问责范围宽窄不定的重要原因。长期以来，我国推行扩大高校自主权的变革，先是通过明确和加强高校自主权的方式向公立高校一次次放权，而后又以法人权利的形式对高校"松绑"，目的是使原本社会主体性不强的公立高校能够作为独立的办学实体，面向社会和市场自主办学②。由于大学办学自主权和自主办学责任之间的正向匹配和合理对称关系还需完善，往往会出现扑朔迷离、摇摆不定的结果：一种结果是高等教育机构享有过多的自主权而不承担相应的责任，从而滥用权力、误用权力，招致社会各界的诟病和质疑，最终导致某些自主权被谨慎收回；另一种是高等教育机构自主权不足而责任骤然加码，越来越多的责任成为公立高等教育机构的不能承受之重，在这样的背景下，自我目标模糊的高校承担了不该承担的责任，而忽略了本职使命，高校的发展方向偏离了正确的轨道。

---

① 陈大兴.高等教育中责任与问责的界定[D].上海：华东师范大学，2014.

② 龚怡祖.大学治理结构：现代大学制度的基石[J].教育研究，2009(6)：22－26.

5.1.2.2 唯“过”是问

我国公立高等教育问责内容具有自身的特点，体现了我国传统文化语境的影响。我国将高等教育机构视为政府部门的组织延伸和附属机构，将保障国家意志和行政权力通过科层结构得到有效贯通和顺利运行作为问责目的①。公众对教育问责的内涵认识还需明确，在很多人的眼中，将问责涵义理解为非中性、偏向贬义的，将问责与“责任追究”“惩戒”画等号。在实践取向上，则更多地表现为唯“过”是问，主要针对领导者、管理者或学术人员违法、犯罪或失职渎职行为。责任追究制体现惩处性，是在责任制规定的内容基础上进行考核，对考核不力的单位和个人采取批评教育、责令限期改正、组织处理和纪律处分等方式进行责任追究。责任追究很多是由于产生了严重后果，为了引起警惕，教育本人和后来者不至于重蹈覆辙而采取的一种被动措施②。只有当高校内部出现违法违纪等否定性结果和不良后果，例如权力寻租、学术剽窃、财务腐败、招生暗箱操作以及突发事故时才对高校内部相关负责人或责任人进行处罚和惩戒。这是一种典型的对重大负面事件应急回应的“善后”处理方式。从学术层面来理解，这实际上窄化了高等教育问责的概念和意义，将问责仅与过错相联系，而不与责任、角色、义务等核心要素挂钩。实践中高等教育问责更多发挥的是抑恶功能，缺乏其应有的规范与秩序功能、协调整合功能、扬善功能，更不能发挥纠错完善功能。因此，传统问责关注突发事件而不是组织及其项目的平常绩效，容易陷入各方的相互争吵与彼此推诿中，从而阻碍了对真正问题的坦率讨论和客观分析③。因审核评估整改不到位，许多高校在专家组离校后又恢复到原来状态，降低了审核评估的绩效④。

5.1.3 问责程序还需更加规范

公立高等教育问责既是一个实体规范，又是一个程序规范。问责程

---

① 柳亮，苏梅玲. 高等教育问责：概念、类型与特点[J]. 黑龙江高教研究，2018(6)：45-48.

② 徐昳荃. 高校问责制与责任追究制的比较分析[J]. 纺织教育，2009(1)：1-3.

③ 柳亮，苏梅玲. 高等教育问责：概念、类型与特点[J]. 黑龙江高教研究，2018(6)：45-48.

④ 陆根书，李珍艳，徐菲，等. 普通高校本科教学工作审核评估存在的问题及其改进策略[J]. 江苏高教，2020(11)：1-8.

序是问责主体对问责客体实施问责需要遵循的一系列方式、步骤、顺序和时限的总称。我国公立高等教育问责程序存在问责闭环不完整、信息公开实践还需完善、问责方式单一等问题，可能会影响问责结果的质量和问责效能的提升。

5.1.3.1 问责闭环不完整

无论是从静态来看，还是从动态来看，我国公立高等教育问责存在着闭环不完整的问题。

从静态来看，问责是一种系统性的制度结构，它至少包括三个方面的形态：在行为实施之前，行为主体就应明确追求的公共目标；在行为实施的过程中，公共责任表现为主动述职或自觉接受监督，受外界评判机构的控制并向其汇报、解释、说明原因，反映情况，承担义务和提供账目；在行为实施之后，公共责任是一种评判并对不当行为承担责任——撤销或纠正错误的行为和决策，惩罚造成失误的决策者和实施错误行为的执行者，并对所造成的损失进行赔偿①。也就是说，公立高等教育问责至少呈现三种不同的表现形态。第一，角色接受与担当。高校对于自身角色和职责具有清晰的定位，即明确自身的行为目标和方向。第二，解释与说明。广泛的利益相关者对高校职责与使命的履行给予日常性、制度化的监管，在适当情况下高校需给予及时、必要的解释说明。第三，结果性评价与奖惩。利益相关者对于高校的行为进行评判，并对表现卓越者给予肯定性奖励，对责任履行不合期望或不合法行为进行否定性惩罚。我国高等教育问责主要局限在第三个方面，即结果性评价和奖惩，而对于高校角色接受与担当、解释与说明应有的关注还需加强。这使得高校的角色意识需要加强，并加强日常性和制度性监管。

从动态来看，正如上一章所提到的事前问责、事中问责和事后问责，这三种问责形式存在着动态的衔接关系，构成流动的循环圈。而我国公立高等教育问责很多情况下为出现否定性结果或不良后果时的事后问责，缺乏对行为计划的事前问责与对高校正在进行行为的事中问责。我国现有的高校问责大多属于“上问下责”式的行政问责，且主要在出现重大责任事故时启动问责程序。问责以事后惩罚为目的，一般是在造成重

① 周志忍，陈庆云. 自律与他律：第三部门监督机制个案研究[M]. 杭州：浙江人民出版社，1999：24.

大伤亡或损失的突发公共事件后对高校主要部门负责人的失职行为进行追责，且这种事后追究的惩戒力度通常视突发事件的严重程度及社会关注度的大小而定①。因而，我国的高校问责制度多为事后的被动性问责。以《普通高等学校本科教学工作合格评估实施办法》为例，该办法规定评估结论为“通过”的学校进入下一轮的审核评估，而对“暂缓通过”和“不通过”的学校准予 2 年或 3 年的整改期，在此期间采取限制或减少招生数量、暂停备案新设本科专业等限制措施。在接受重新评估后仍未通过的学校，将被认定为教育教学质量低下，依据有关法律给予相应处罚。而《普通高等学校本科教学工作合格评估实施办法》对高校的事前决策和事中监督涉及不多。事后问责对于审查高校失责行为，发挥弥补和警示功能具有重要意义。然而，事后的问责多为“亡羊补牢”，行为失当而导致的损失与不良影响往往无法挽回，但仔细分析问题之后，就会发现在事前与事中阶段，都有隐藏的问题可以追踪。只关注事后问责的方式难以形成有效的动态循环问责圈，不利于从源头上防范问题，优化高校行为，因而在问责效果上是打折扣的。

5.1.3.2 信息公开实践还需完善

在公立高等教育问责过程中，高校信息公开制度是联通高校内部问责和外部问责、连接应答性问责和奖惩性问责的关键。它有利于利益相关者获取相关高校信息，对高校各方面情况进行有效监督和实时跟踪，有利于依法治校，使高校办学自主权在阳光下运行，从而防止高校滥用权力和腐败行为发生。

纵观世界高等教育问责制比较成熟的国家，其公立高等教育问责制一般以高校自我评估和信息公开为起点，中间经过同行评估、政府评估、认证、鉴定、审计、排名等多种问责方式，并将评估、认证、审计、排名结果向社会公众公开，利益相关者依据相关信息对高校进行应答性问责和奖惩性问责。

2010 年，教育部颁布《高等学校信息公开办法》，将高校信息公开纳入法制化轨道。该办法自颁布以来，许多公立高校着手推进信息公开工

① 田宝军，齐子玉. 教育行政问责的发展趋势与当前高校行政问责制度完善的对策[J]. 河北大学学报(哲学社会科学版)，2013(5)：15－19.

作，取得了一定成效。然而，由于高校信息公开制度在我国起步较晚，高校信息公开工作发展还存在一些问题。

由于信息公开在高等教育问责制中的衔接和沟通作用，信息公开环节存在的诸多问题会阻碍公立高等教育问责制的具体落实和实施，或者可以说，信息公开实践的不完善，会影响当前高等教育问责行动的顺利推进，使得公立高等教育问责发展受阻。首先，它导致高校外部监督相对不足。高等教育问责的顺利进行，是以利益相关者的知情权为前提的。其次，它可能会导致高校腐败行为发生。公共行政学强调腐败发生的程式为：腐败＝专权＋自由裁量权－问责－廉政性－透明度。事实上，权力的高度垄断和信息的不透明有着直接的因果关系，信息越是不透明，权力受到制约和监督的外部规约就越少，权力的使用就处于“信息屏蔽”和“暗箱操作”之中，权力寻租就在所难免，权力腐败的风险就会增大①。

5.1.3.3 问责方式单一

问责方式往往与问责主体密切相关。从世界范围来看，由于问责主体的多元化，不同问责主体使用不同的问责方式，公立高等教育问责方式从单一化走向多元化已经成为一种必然趋势。具体的问责方式包括绩效预算、绩效报告、绩效拨款、评估、认证、学术审计、大学排名、评议、满意度调查等。不同的问责主体使用问责方式的侧重点有所不同。具体而言，政府较多采用评估、认证、审计、绩效预算、绩效拨款等方式，关心政策目标和公共利益的实现；高校较多采用自我报告、自我评估等方式，以加强对自身行为的诊断与公开；市场则通过声誉和优胜劣汰的方式，以满足学生消费者的真正需求；社会较多采用评估、认证、评议等方式，建构参与体制机制，监督高校的办学行为。而当今的社会，公共事务趋向于由政府、私营企业和第三部门来共同提供，必然产生多样化的问责途径，且它们之间相互借鉴，逐步走向融合。私营企业的量化指标测量开始越来越多地用于对政府绩效的评估，第三部门可以向政府学习如何进行内部的控制和管理，政府也可以像第三部门那

① 牛军明，张德祥．高校信息公开的缘由、现状与策略研究：基于2016年度教育部75所直属高校的信息公开年度报告[J]．中国高教研究，2018(2)：29－35．

样尊重顾客的意见，增加对民众的回应性[①]。对公立高等教育的问责越来越多地采用多种问责方式融合使用的模式，这样可以有效弥补单独依靠一种问责方式的不足。

科根(Kogan)曾经把高等教育问责模式划分为三种类型。第一种是公共-国家控制模式，它以科层制、清晰的控制链、单向的信息流、官僚化的学校和系统组织为主要特征，也就是说，以民主方式得到法律赋权的中央和地方机关有权利对学校作出评议。第二种是专业控制的模式，即通过学校教师或专业化社会组织来对学校进行问责，此模式的一个重要特征就是自我报告式评价。学校要对外部的评议要求做出回应，同时还要保持和延伸自己的专业独立性，大学尤其要紧紧地掌握自治权。第三种是以消费者为中心的模式，可以采取合作的关系或通过市场机制来运行问责机制[②]。罗姆泽克(Romzek)和杜布尼克(Dubnick)曾将问责划分为科层问责、法律问责、专业问责和政治问责四种类型。我国学者在此基础上，将政府购买公共服务的问责框架划分为市场问责机制、法律问责机制、科层问责机制、专业问责机制和政治问责机制五种方式。其中，市场问责机制设定了一种责任关系的假设：公共服务的接受者被定位为顾客，公共服务的提供者和生产者则被要求像市场中的私人企业一样为顾客提供价廉物美的公共服务。法律问责机制建立在对规则负责的基础之上，体现的是现有法律体系对政府购买公共服务行为的规范和约束。科层问责机制依赖于等级制原则——对上级负责和为下级负责，其目的在于保证组织中的下级职员服从上级职员的命令。专业问责机制也被称为自我问责机制，对科学知识和职业技能有相当高的要求。政治问责机制强调政府购买公共服务更是一种政治过程，必须对选民负责，反映选民的期待，回应选民的质疑[③]。具体如表 5-1 所示。

---

① 王淑娟.美国公立院校的州问责制[M].北京：知识产权出版社，2010：51.

② Macpherson R J S. Educative Accountability：Theory，Practice，Policy and Research in Educational Administration[M]. Oxford：Pergamon，1996：44.

③ 叶托，隆晓兰.市场问责机制的局限性及超越：政府购买公共服务的多元问责框架[J].中国社会科学院研究生院学报，2016(11)：51-57.

表 5-1 政府购买公共服务的多元问责框架

类型	问责关系	问责内容	主要的问责工具
市场问责机制	对顾客负责	改善效率和质量	竞争性投标、绩效评估
法律问责机制	对规则负责	保障依法行事	法律审查、司法调查、检举揭发
		维护信托责任	财务审计、合同管理、提出诉讼
科层问责机制	对上级负责	遵从组织决定	制定规章制度、设置监控机构
专业问责机制	对职业负责	尊重专业知识	专业标准、资格认证、第三方评估、员工培训
政治问责机制	对选民负责	反映选民的期待，回应选民的质疑	定期选举、公民参与、信息公开、投诉、满意度调查

资料来源：叶托，隆晓兰.市场问责机制的局限性及超越：政府购买公共服务的多元问责框架[J].中国社会科学院研究生院学报，2016(11)：51－57.

根据上述划分，对我国公立高等教育问责采用公共-国家控制模式，科层制、清晰的控制链、单向的信息流特征明显。问责方式主要表现为以政府为主导的科层问责和法律问责，呈现单一化特征。这种问责方式自上而下，强调设立标准、规则和程序来规范高等学校的行为，并运用各种外部监督机制来确保这些标准、规则和程序被严格遵守，最终以对标准、规则和程序的遵从作为问责标准。例如，我国的本科教学评估就是重要的问责方式。它由政府主导，对所有高等学校实施强制性问责，采用统一的评价指标体系，注重量化技术的运用。这种公共-国家控制问责模式执行力强，效果明显，具有不可替代的优势。但是，这种问责模式“重程序，轻结果”，容易造成资源浪费和绩效产出低下。在当前背景下，既要发挥科层问责和法律问责的作用，同样需要发挥市场问责、政治问责，特别是专业问责的作用，通过搭建不同问责方式相互补充、共同补给的结构来促进问责的落实与推进。

5.2 优化路径

当前，我国高等教育已经步入质量发展的新时代，亦需要进行高等教育治理体系和治理能力现代化转型。而问责制的完善对于实现高等教育的内涵式发展发挥了关键作用，是高等教育治理体系和治理能力现代化变革的重要内容。当前高等教育问责制存在的现实困境，阻碍了高等教育问责的进一步深化，影响了高等教育的内涵式发展。随着我国现代市场经济的不断发展，现代法治精神渐渐扩展，政府行政问责不断强化，这些都为完善我国高等教育问责制提供了原则性的制度框架和先决性的约束条件，同时为我国优化高等教育问责制提供了新的机遇。在当前的现实背景下，需要考虑优化公立高等教育问责制的基本路径，在问责主体、问责内容、问责程序和问责文化等方面进行机制上的创新和制度上的突破。

5.2.1 建立多元立体的问责主体结构

从问责主体来看，要实现从单一化行政本位结构向多元化立体结构的转变，激发多元主体参与质量问责行动。具体来说，既要突破同体问责占绝对优势的结构，实现同体问责与异体问责相结合，建立以同体问责为主导、异体问责为补充的结构；又要改变向下问责占绝对主导的结构，实现向上、向下、向内和向外问责的结合，建立多元主体参与、多种渠道并行、多种方向联动的立体化的高等教育问责主体结构。

5.2.1.1 同体问责与异体问责相结合

依据问责主体和问责客体之间的关系，问责制可以分为同体问责和异体问责。在公立高等教育问责中，同体问责是指公立高等教育系统内部由上向下的问责，即上级教育行政部门对公立高等教育机构以及学校内成员的问责；而异体问责则是指除上级教育行政部门以外的公众对公立高等教育机构以及学校内成员的问责，体现的是不同系统之间的问责，包括家长对高校的问责、用人单位对高校的问责、校友和捐赠者对高校的问责、新闻媒体对高校的问责、社会中介机构对高校的问责、社区居民对高校的问责等多个方面。

无论是同体问责，还是异体问责，都是公立高等教育发展所必需的，而且是可行的。其制度使命是一致的，即加强对高等教育机构的监督，帮助其及时纠错纠偏，实现高等教育机构的行为改进和质量提升。同体问责遵循的是等级控制的制度逻辑，体现的是上级机关对下级机关的监督关系。它具有创造秩序、提高效率、增强执行力等优点，但同时由于内部控制的原因，存在问责过程不透明、结果不彻底等弊病。相对于同体问责来说，异体问责更具有约束力和公信力①，且更符合民主政治社会发展的规律。但异体问责具有过程复杂、稳定性差、秩序性不强等缺陷。

由哪些主体来进行问责，实质上是一个问责权的分配问题。由于问责框架包括嵌入结构安排的组织或机构行为者，利益攸关方之间的不对称关系可能导致问责模式呈现为满足利益主导者的方式而发生扭曲。因此，引入多元化的问责主体，实现问责权的分散化配置，重构高等教育问责的权力场域，增加异体的资源支配权和使用权，唤醒异体问责的动机和内在激励，就显得尤为重要。有效的异体问责，意味着异体不仅需要更有制度保障的问责资格，而且还需要拥有广泛可操作的检查权、判断力和制裁权②。

增加异体问责，在当前背景下，首先要加大第三方机构的参与。一方面，教育部牵头组织实施，进一步加强第三方机构资质的认定和评估；另一方面，增强对第三方机构的信任，发挥其在评估中的独立作用。其次，要强化社会行业参与。在以前的问责主体结构中，来自行业部分的专家很少。在未来的问责过程中，应邀请行业、企业和社会用人单位的专家，充分发挥这些专家的作用，增强社会行业参与学校人才培养过程和质量评估的力度。

增加异体问责的广度和深度，这并不意味着取消同体问责，或者说并不意味着要从同体问责向异体问责转化。通过同体问责与异体问责的有机结合，最广泛地吸引公众参与高等教育问责，汇聚问责合力，建立多元化的问责主体格局，促成多方问责主体协同共振、同向发力。

5.2.1.2 多种方向的问责互动

高等教育问责在多个方向上存在。按问责的垂直-水平方向进行划分，高等教育问责一般分为垂直问责、水平问责。所谓的垂直问责，是指存在等级关系上下级之间的问责。垂直问责又可进一步划分为自上而下的问责和自下而上的问责。所谓自上而下的问责，包括上级教育行政管理机构、党政机关等对高校的问责；所谓自下而上的问责，包括高等教

① 刘厚金.我国行政问责制的多维困境及其路径选择[J].学术论坛，2005(11)：40－44.

② 韩志明.对行政问责模式的比较分析及反思[J].探索，2011(4)：77－82.

育管理者在参与性决策中向下级负责或向社团负责。水平问责模式中问责主体和问责对象之间在机构组织关系上不是隶属的，而是平行、同级、独立的，以此体现独立性和权力制衡的要求。水平问责又可以进一步分为两种：一种问责主体相对于问责客体而言具有一定制度性权力，包括教育缓冲机构、社会中介组织等的问责，例如英国和印度的大学拨款委员会的问责；另一种是问责主体相对于问责客体而言具有一定的独立性和平行性，但是该机构或个人一般只有调查或者建议处罚权，而没有制度性制裁强制权①，例如家长、用人单位、校友和捐赠者、新闻媒体、社区居民等的问责。按向内-向外方向进行划分，高等教育问责又可分为向内问责和向外问责。所谓的向内问责，是指专业人员按照专业或者伦理标准对高校进行的问责；所谓的向外问责，则是指高校对外部的顾客、参与者、支持者做出的回应。

基于高等教育问责本身的复杂性、模糊性和情景生成性，不应该只是固守一种问责方向，而应该保障在多种问责方向上共同发力。多种方向的问责，符合高等教育治理的现代化发展要求，既有利于发挥冲突在防止系统僵化、增强组织适应性和促进社会整合等方面的正向功能，又有利于发挥不同主体的智慧，寻求多方利益共同点并追求效益最大化②。总之，多种方向的问责，有利于高等教育机构按照不同的制度规范行事，兼顾不同的利益诉求，保证高等教育问责的公正性、客观性与全面性，提高高等教育的质量与效率，同时对改变高等教育从行政主导走向多元共治具有重要意义。

如果按垂直-水平方向进行划分，我国高等教育问责属于垂直问责，而且基本上是自上而下的垂直问责，水平问责较少。如果按向内-向外方向进行划分，我国高等教育问责基本属于向外问责，且集中在向政府方向上的问责，而其他方向的向外问责和向内问责较少。这种单一方向的问责方式不仅阻碍了问责目标的实现，同时在处理日益复杂的问题时效果较弱。

要完善我国高等教育问责制，构建政府、高校、社会和市场“四位一

---

① 王若磊.问责的概念与模式[J].理论界，2012(7)：17－20.

② 蒋凯，王涛利.高等教育治理体系与治理能力现代化的关键问题和推进路径[J].厦门大学学报(哲学社会科学版)，2021(1)：105－114.

体"的多元问责主体体系，通过高校满足各方利益相关者的诉求，打造良好的问责生态环境。在政府层面，我国实施高等教育问责具有良好的行政组织机构基础，例如全国人民代表大会常务委员会、国务院、教育部，以及省、市、县各级地方人民政府教育部门。《中华人民共和国教育法》《中华人民共和国高等教育法》通过明确高校的独立法人地位，对公立高校实行举办者与办学者分离、举办权与办学权分离的体制安排完成了法律确认，使政府与公立高校之间除具有法律所规定的行政管理关系之外，还为两者建立具有委托代理性质的契约管理关系提供了法律依据和操作空间①。在高校层面，可有效调动高校内教学督导部门、质量评估办公室、纪检部门、审计部门等职能部门，进一步改变大学教师和学生有限参与高校问责的现状，开拓师生表达权益诉求的途径。在社会层面，可逐步提升第三方教育评估机构的公信力，让其充分发挥专业能力，即采用专业技术与方法，对高等学校的办学水平、效益和教育质量作出客观评价②。对于广泛的社会公众而言，要拓宽其参与高等教育问责的渠道，像校友、捐赠者、科研经费提供者等，可让他们有条件成为高校理事会的成员，监督学校的教学和科研活动，了解学校的重要决策等，不断提高他们的问责效果。而针对普通民众问责意识十分薄弱的问题，可让他们意识到作为公民有权利通过合理的舆情民论对高校施加压力，要求高校对媒体发布的负面新闻或实施的新政策进行及时的回应或解释。在市场层面，用人单位有较大的话语权，应促进高校与企事业单位、政府机关等建立可持续性合作机制。高校不仅要对标用人单位的人才需求向其输送高质量的人才，还要设置长效的人才追踪机制，能从用人单位中获取毕业生的就业质量和实际工作能力等信息。

5.2.2 建构主体间的信任关系

"真正的问责只有在相互信任和尊重的情况下才会发生。"建构高等教育机构与公众之间的信任关系，是公立高等教育问责实践得以优化的重要方向，也是高等教育机构得以有效运转的前提条件之一。它是利益

---

① 龚怡祖.大学治理结构：现代大学制度的基石[J].教育研究，2009(6)：22－26.

② 严萍.高等教育第三方评估机构的基本特征与建设路径[J].高教探索，2019(10)：17－21.

相关者在结果不确定、信息不对称的情况下为了降低高等教育质量下降风险所采取的行动机制。只有在高校与利益相关者之间建立基于信任、尊重和互利的关系，才能减少高等教育问责中的对抗与鸿沟，促进问责的有效进行。高等教育的公共信任度越高，其合法性就越高，其体系的稳定性就越强，高等教育有效治理的效度就越强，反之亦然。信任需要积极地去"培养"，而不能被"要求"。这种信任关系的建构，需要基于适度透明、承诺和践约等切实可行的伦理规范。这些规范描述起来容易，在实践中却往往实施困难。它们必须存在于信息供应链的每一个环节中。

5.2.2.1 适度透明

增加高等教育的透明度，是高等教育问责制力图建设信任的重要方面，也是对诘难大学过于封闭、保守的有力回应①。透明是一个机构通过允许其内部活动或表现被外部行动者监督的一种信息的主动披露行为②。

传统的高等教育系统并非完全透明的部门，高等教育机构与外部行动者之间横亘着无形的"墙"，高等教育机构不可能也没有义务向政府之外的利益相关者公开自身的任何信息，而这些利益相关者也没有了解高等教育机构信息的可能和必要。在现代社会，高等教育机构的生存环境和本质属性已发生了根本性的变化。根据公立高等教育问责的理论基础——契约理论，利益相关者是问责主体，高等教育机构必须对利益相关者负责。广泛的利益相关者有权了解高等教育机构的行为过程和行为结果，并通过外部制度确保能获得这些信息。公立高等教育机构也有义务向广大利益相关者交代自己的活动和取得的业绩。增加高等教育透明度，就是指将高等教育机构内部活动和表现由以往的"主动不可见"变为"主动可见"。与其说透明是一种基于契约的对高等教育机构的外在强制，不如说它是一种基于高等教育机构自身发展的自我约束力量，越来越成为公立高等教育问责过程中高等教育的基本特性。透明度与

---

① 柳亮. 大学信任与高等教育问责[J]. 教育发展研究，2010(1)：17－22.

② Grimmelikhuijsen G S. Transparency of Public Decision-making: Towards Trust in Local Government? [J]. Policy & Internet，2010(1)：5－35.

问责制密切相关。对高等教育机构来说,透明的重要意义在于,面对公众的信任危机,高等教育机构被鼓励提升面对社会的责任意识、责任感并做出负责任的行为,从而慢慢重建公众对高等教育机构的公信力。

卡尔森(Karlsson)认为,透明由披露透明(disclosure transparency)和参与透明(participatory transparency)组成①。在高等教育问责过程中,所谓的披露透明,是指高等教育机构在管理过程中,将学校的决策决定、财务管理、经费支出、政策实施等自身行为和业绩表现按照规范的程序进行信息公开,并向利益相关者提供获取这些信息的有效途径,从而使高等教育机构的行为从"后台"转为"前台"。透明度通常建立在信息自由流动的基础上,代表着利益相关者对决策过程的关注和理解程度。披露透明在重建高等教育公共信任过程中发挥着至关重要的作用。信息作为一种稀缺性的社会资源,其价值日益凸显,已成为连接高等教育机构与公众的桥梁和纽带。高等教育机构信息的公开程度直接影响着公众对高等教育的认知和了解程度、对高等教育事业的参与程度和对高等教育机构的信任程度。因此,披露透明的价值不仅在于满足公众的知情权,还在于通过对公众知情权的保障建立起良好的公共信任关系。所谓的参与透明,是指不同的利益相关者按照规范的程序参与高等教育的行为过程、治理过程或评价过程,并参与有关高等教育发展的对话,从而使高等教育机构处于公众的监督、检查、批评或介入之下,确保利益相关者有效参与合作。一方面,高等教育机构需要主动接受社会公众的实时有效监督,并通过制度程序确定监督的形式、内容等;另一方面,高等教育机构要针对社会公众的询问、质疑及其所关心的热点难点问题进行及时的解释与回应,实行开诚布公的会话。欠缺了参与透明,高等教育问责就有可能蜕变为传统的内部封闭性自我管理。参与透明有助于在高等教育机构和利益相关者之间建立以对话协商与解释沟通作为基本特征的平等、自由和充分的公共话语机制,从而有助于拉近高等教育机构与利益相关者的距离,缓解彼此之间的冲突与隔阂,建立彼此之间的信任,同时也助于建立利益相关者有效行使权力,参与社会治理的现代治理模式。

---

① Karlsson M. Rituals of Transparency[J]. Journalism Studies, 2010, 11(4): 535 - 545.

那么,是不是信息越透明,公共信任就越高呢?事实证明,透明和信任之间并不是完全的正相关关系,二者之间诚然存在一定范围内的正相关性,然而,透明是有限度的,超出既定的范围,透明与信任之间将走向负相关。不透明或模糊在高等教育领域具有自身的合法性①。这是由高等教育系统的组织特性决定的。"松散结合的系统"和"有组织的无序状态"言简意赅地阐释了高等教育系统的独特组织特性。卡尔·韦克(Karl Weick)把高等教育之类的系统称之为"松散结合的系统"。所谓松散结合,是指组织结构的组成部分尽管各自承担相应的责任,但是各个部分保持着其本性和可分离性的迹象。松散结合的特点是不确定性和模糊性。有学者则把组织的这类存在状态称为"有组织的无序状态"②。高等教育的"产品"是知识和人性,知识和人性本身是无形的、几乎不能量化的,这样就很难像对企业组织一样为高等教育机构确定具体目标,要把这些目标转化为明确的行动方案更是困难重重。设计目标和约束条件的模糊性、载荷与环境因素的模糊性以及设计准则的模糊性决定了问责过程不透明存在的合理性。过度透明只会削弱高等教育的边界,甚至使高等教育机构有意操控信息,恶意歪曲数据,最终将招致公众更大的不信任。"透明性与其说是对抗秘密,倒不如说是对抗欺骗和谎言。"③因而过度的透明最终导致与透明的初衷与本意背道而驰。

可见,在信任和透明的相互关系上存在内在张力,在可视化和开放性方面修复和建设信任关系的同时,也潜藏着削弱甚至颠覆信任的风险④。因此,在基于透明原则建构公共信任的过程中,非常重要的一点是遵循透明的适度原则。传统的问责方法在很大程度上是被动的:政府制定规则,高校被期望遵守规则。相比之下,新兴的问责理念越来越强调高校自身主动承担责任。高等教育机构有义务自愿向利益相关者提供决策,特别是政策决策所需的信息。高等教育系统的所有成员都必须秉持透明的精神,坦诚地报告高等教育的关键价值驱动因素,包括资源

① 柳亮.美国公立大学问责的演进与运行研究[M].北京:知识产权出版社,2020:92.

② March J G, Olsen J. Ambiguity and Choice in Organization[M]. Bergen: Universitetsforlaget, 1976: 85.

③ 克拉斯特夫.透明的幻觉[J].吴万伟,译.国外理论动态,2013(6):80-86.

④ 柳亮.美国公立大学问责的演进与运行研究[M].北京:知识产权出版社,2020:93.

的使用方式、学生成绩、需要关注的领域以及高等教育绩效。但是，对于怎么公开信息，公开哪些信息，什么时候公开等，公众怎么参与，参与哪些领域，什么时候参与等，需要谨慎把握和权衡。

5.2.2.2 **承诺**

承诺既不是信任的构成要素，也不是预支信任的手段，而是建立信任关系的起点。作出承诺并履行承诺，才会走上确立信任关系的途径①。

关于什么是承诺，斯坎隆(Scanlon)认为是这样一种行为：我声称有某种意图，我作出这种明晰的声称是为了让你相信我有这个意图，最终，我向你表明我相信并且认真对待我的声称。如果不按照我自己说的做，就将是不对的。"我承诺"的表达功能相当于"信任我"②。谢林(Schelling)指出，"承诺是指有决心、有责任、有义务去从事某项活动或不从事某项活动，或对未来行动进行约束"③。也就是说，承诺是对自身将要从事行为的话语表达，这种话语表达将现在话语和未来的行为联系起来。承诺可以改变受诺方对承诺方的认知与预期，当受诺方相信承诺方的承诺时，受诺方会进一步做出有利于承诺方的行为策略选择。该逻辑可用公式表达为：甲的承诺→乙对甲的预期→乙的行为与选择。该逻辑链中的关键环节是如何让对方相信承诺。但是由于事前承诺与事后践诺之间存在一个时间差，承诺方就可能有违约与欺骗的动机④。

我国学者张康之根据时代的流变，将信任划分为习俗型信任、契约型信任和合作型信任。习俗型信任是极有限的信息对称，是基于对相对人身家背景、行事风格、社会制约的信任；契约型信任则是相对扩展的信息对称，主要通过成文活动将其规范化，并且引入第三方的监督，使之受到遵守；合作型信任则是极为发达的信息对称，并且在此之上秉持着实

---

① 张康之. 试分析信赖、相信与承诺[J]. 天津行政学院学报，2008(1)：23－26.

② Scanlon T M. What We Owe to Each Other[M]. London：Belknap，1998：307.

③ 谢林. 承诺的策略[M]. 王永钦，薛峰，译. 上海：上海世纪出版集团，2009：1.

④ Schelling T C. Strategies of Commitment and Other Essays[M]. Boston：Harvard University Press，2006：3.

质理性，自觉自发地选择合作的最优解①。高等教育问责从根本上讲是公众和高等教育机构之间的契约，因而高等教育问责中的信任更多的是一种契约信任，这种信任是由契约造就和通过契约加以维护和维持的。公立高等教育问责过程中，高等教育机构对公众做出的承诺，或是口头表达的，或是以文字形式表达的，其实都是契约的内容。契约与信任之间，同样是二律背反的关系。一方面，契约本身就是不信任的结果，也是不信任的标志。因为不信任，才会签订契约。因此，契约型信任是一种积极的不信任，因为不信任，而选择签订契约采取共同行动。这就是二者关系的另一方面，通过契约的造就和维护，不同主体之间产生相互信任。契约和承诺二者之间存在着很大的区别：契约一般客观地包括了对契约的遵守，契约作为一种正式的、带有法律性质的约定是受到法律保障的，而承诺则仅仅是停留在道德的义务层面上；契约是一种普遍的理性精神的体现，而承诺则与承诺者的个体特征相关②。

在公立高等教育问责过程中，需要通过制度化的设置去促进承诺以及履行承诺的行为，为信任关系的建立提供起点上的积极保障。通过政府与高校之间签订合同进行契约式管理是一种值得探讨的问责工具。所谓的契约式管理，是指高校制订自身的发展目标和计划，通过协商机制与政府达成契约；根据契约规定，政府给予必要的政策与经济支持，并在一定周期内对高校进行考核评估，按照考核评估结果对高校予以激励。契约式管理的优势在于，它是行政直接管制和高校完全自治的中间地带，政府实现由过程管理向目标管理、由直接管理向间接管理、由微观管理向宏观管理的转变③。更重要的是，它引入对高校绩效的公平判断，高校的既定目标由高校和受诺方协商确定，而且高校自身可以影响目标的设定，这种机制有利于反馈和对话。在实施契约式管理方面，新西兰提供了范例。新西兰在实施新公共管理制度方面走得较远。绩效合同的引入被看作是解决高等教育中效率、效果困境的重要尝试，同时也成为治理和问责越来越一体化的方式。

---

① 张康之. 在历史的坐标中看信任：论信任的三种历史类型[J]. 社会科学研究，2005(1)：11 - 17.

② 郭慧云. 论信任[D]. 杭州：浙江大学，2013.

③ 马陆亭，陈浩. 政府对高校实施契约管理可行性的调查[J]. 中国高教研究，2016(4)：68 - 72.

承诺的“可信化”是公立高等教育问责过程中建立信任关系的核心命题。承诺是否可信受两个要素的影响，即力量和可信度。力量是指承诺方所具有的履约能力。可信度是指承诺在外人看来将被真正执行的概率。当承诺方具有足够的力量，同时承诺信号足够可信时，该承诺就会被对方接受①。因此，高等教育机构的承诺要有可信性，一方面，契约条款需要清晰，在可预见的未来，高等教育机构具有完成这些条款的能力，同时具有真正执行的概率，另一方面，契约条款签订之后，事后行为不可逆转与撤销。

5.2.2.3 践诺

承诺本身并不构成信任的要素，当你向某人作出承诺后，你从对方得到了所期望的回应，但这种回应绝不是信任，而仅仅是对方对你的承诺的相信。只有当你履行了你的承诺，甚至是多次履行了承诺后，才有可能赢得对方的信任。或者说，从承诺到信任有一个“言必信，行必果”的环节，只有这个环节得以完成，才能在承诺者与接受承诺的人之间确立起信任关系②。这一环节是践诺环节，即承诺方对自己责任、义务和承诺的恪守与履行。信守承诺并诚信履约才是走向信任的实质性推进环节。

由于从做出承诺到兑现承诺的过程中，起着关键作用的是道德的约束力，因此，在践诺过程中，道德规范和道德品质发挥重要作用。诚信作为体现高等教育问责过程中的一种关系伦理，体现着问责主体和问责客体关系的价值规定和道德要求。诚信是高等教育机构与公众订立契约的道德前提，是高等教育机构与公众执行契约的道德基础，也是高等教育机构与公众必须遵守的道德依据。一个组织和它的员工是由文化驱动的。高等教育机构的文化以及决策者的文化需要建立在道德、诚信和客观的基础上。在个人和组织层面承诺做正确的事情并保持公众信任需要超越核心职业责任③。公立高等教育问责过程中，所谓的诚信，就是高校及其内部成员“做正确的事情”，有效地履行与利益相关者所建立

---

① 谢林. 承诺的策略[M]. 王永钦，薛峰，译. 上海：上海世纪出版集团，2009：1.

② 张康之. 试分析信赖、相信与承诺[J]. 天津行政学院学报，2008(1)：23－26.

③ Leveille D E. Accountability in Higher Education：A Public Agenda for Trust and Cultural Change[R]. Berkeley：Center for Studies in Higher Education，2006：101.

的正式与非正式契约，承担应该承担的责任，切实履行承诺，遵守信用原则，为利益相关者创造价值。

高等教育机构的诚信综合体现在由诚信度、合规度、践约度构成的三维空间中，三个维度之间相互支撑，相互影响，又互有转化。所谓的诚信度，是指高等教育机构及其人员的基本诚信素质，涉及道德文化理念、精神素养、意愿及能力和行为；所谓的合规度，是指高等教育机构在其各项活动中遵守国家管理规定、行业规则、民间惯例、内部管理规定的意愿、能力与行为结果；所谓的践约度，是指高等教育机构遵守签署的契约或合同的能力和行为表现。总之，高等教育机构的诚信由言语上的承诺变成其行为自觉，即自为的存在状态。诚实守信，自觉履行约定的承诺，成为高等教育机构处理与其他利益相关者社会关系的伦理理念、道德准则和行为模式。而信任一旦成为一种策略，也就失去了信任所应有的性质，转化成制造不信任的因素，即使作为策略的信任能够赢得一时的信任，也是属于不诚实的表现。这种信任的策略性动机一旦被识破，就会立即陷入破坏性的信任危机状态①。高等教育机构的诚信建设得好，不仅可以有效惩治失信违约行为，改善文化环境，而且可以有效防范和控制信用风险，降低交易成本，促进自身行为改善，提高公众对高校的认可度和信任度。

为了确保公众信任并满足国家、民族和公众不断变化的需求，高等教育机构应坚持这些指导原则：在项目和服务的所有方面坚持诚信和质量；在以机构名义进行的所有活动中展示管理、道德行为和诚信；为公共利益而运作；确保绩效和行动是透明的，易于接受严格的审查和评估；酌情让决策者和利益攸关方能够获得成果。完善高等教育机构的履约机制，需要从以下几个方面做出努力：第一，设立专门的委员会来审查并监督落实高校履行契约义务的情况；第二，使用标准化的报告和监测工具，一般通过集中收集信息与相关部门间的衔接来监测契约遵守、承诺执行、责任履行情况；第三，增设完善的失信惩戒和守信奖励机制，敦促高等学校及时履约。

在这方面，美国的自愿问责机制有许多值得借鉴的地方。虽然问责

---

① 张康之. 在历史的坐标中看信任：论信任的三种历史类型[J]. 社会科学研究，2005(1)：11－17.

给高等教育机构带来了巨大压力，然而，美国的很多公立高校组成高校联盟，基于盟约中公开、公益的共同承诺，自愿接受相应机构的认证与问责。如果说之前的美国高等教育问责制的逻辑起点是接受公共资助的高等学校，需要就资源输入及其使用情况、学生培养质量等教育事务，向政府和社会进行描述、说明与解释①，“折射出一种基于资源投入-回报的‘交易’哲学和经济理性”，则“自愿问责制”的逻辑起点在于“公立高校对教学质量以及整个美国社会发展所应担当的集体责任，体现出一种基于承诺-履行的伦理契约和价值理性”②。

5.2.3 清晰地框定问责内容

宽窄适度是问责主体确定问责对象范围的一种理想状态。以较为清晰的高校责任框定问责的内容既可以为利益相关者提供问责依据，又可以作为高校的行为准绳，把高校置于合理的问责情境中。针对当下我国公立高等教育问责内容的现状，需要注重法律制度的建构与安排，明确高校应承担的责任与义务，确保高校责任的兑现和职责的履行。既要根据高校应该履行的责任，扩大问责范围，又应该以高等教育使命为依归，聚焦教育教学质量。

5.2.3.1 扩大高校问责范围

按照马丁·特罗的分类方法，高等教育问责内容包含资源使用情况和教学、科研、社会服务三大高等教育使命达成情况。大学对培养的人才负责、对从事的科学研究负责、对社会负责，各个方面的责任之间彼此关联、相互作用、互为支持，由此形成了一系列理念与实践组成的责任内容体系③。

在各国的高等教育问责实践中，出现的明显趋势是问责的内容从输入为重心转为以结果问责为重心。早期的高等教育问责制，主要关注的是高校在人、财、物等资源方面使用或消耗的有效性和合理性。而如今，问责的重点不再是基于资金、学生和教师的资源投入，而是更多关注高

---

① 胡健，杨建国．为质量而问责：美国高等教育问责制及其启示[J]．教育研究，2019(8)：68－78.

② 柳亮．“自愿问责制”：美国高等教育问责制发展的新动向[J]．比较教育研究，2011(2)：81－85.

③ 康乐．大学社会责任理念与履行模式[D]．大连：大连理工大学，2012.

校为学生、政府和社会提供服务的数量和质量。以结果为导向的绩效问责机制是一种普遍的趋势。通过专注于绩效而非合规性,管理者将责任和改进的目标结合起来,严格制定目标,但对实现目标的手段不格外关注,从而在分散权力的同时提高绩效①。从美、德、法、印、俄五国的高等教育问责内容来看,其中高校的教学、科研、社会服务使命达成情况被重点关注,此外,高校还需要就人力、财力、物力资源的使用情况向外界予以公开说明。其中,美国高等教育问责范围更为广泛,公立高校的教学科研、育人质量、社会服务、财政安全、资源使用效益、风险管理等方面都是高等教育问责的内容。

立足中国国情和高等教育管理实际,合理借鉴发达国家公立高等教育问责经验,教学、科研、社会服务三大使命达成情况可作为我国高等教育问责的主要内容。《中华人民共和国高等教育法》阐述的高等教育的任务是,培养具有社会责任感、创新精神和实践能力的高级专门人才,发展科学技术文化,促进社会主义现代化建设。这些文本相对笼统,并未就问责的具体原则、程序、内容做精细化规定。

首先,加强教育教学改革,提高人才培养质量,应成为高等教育问责的重中之重。它是促进高校内涵建设、强化内部质量保障体系建设的核心工作。我国教育主管部门组织的学科评估、教学评估、高校精品课程审核、大学排名等都是不同程度上对教育教学质量的问责。这些问责方式对提高教育教学质量发挥了重要作用,但是,在标准设定、制度设计和过程实施上,仍存在一些问题,需要在改革中逐渐加以完善。

其次,科学研究职能是知识经济社会高等教育机构所承担责任的核心。追求学术或高深知识是大学产生的必要性条件,又是大学存在、延续与发展的核心支撑材料,也是大学基业长青的根源②。科学研究既是大学人才培养的思想之源和重要手段,也是发挥大学社会服务功能的形式和基础③。高校要承担科学研究的责任,履行探求真理的核心使命,紧跟时代和科学的需求,走在学术发展前沿。近些年来高校的科学研究

---

① Alexander K F. The Changing Face of Accountability: Monitoring and Assessing Institutional Performance in Higher Education[J]. The Journal of Higher Education, 2000, 71(4): 410 - 417.

② 林杰. 关系思维中的大学自主办学研究[D]. 大连:大连理工大学,2016.

③ 康乐. 大学社会责任理念与履行模式[D]. 大连:大连理工大学,2012.

责任越来越被强调，甚至在很多高校超过了人才培养的分量，教学的轻视化和科研的功利化倾向不同程度存在。高校现行的评价和激励机制重科研轻教学，在一些评价指标体系中，高校科研成果甚至放在首要地位，科学研究占有压倒性分量。其中，获得诺贝尔奖或菲尔兹奖的校友数和教师数、各学科领域最高被引研究者人数、顶级期刊收录论文数和全职教师人均学术绩效成为最主要的评价指标。因此，优化教学与科研指标所占比重，使高校的教学与科研发展得以均衡和协调，树立崭新的评价理念至关重要。同时，在当下功利主义存在的氛围下，高校从事科学研究的学者学术造假、学术伦理失控、学术职业遮蔽等违背学术道德的行为时有发生。高校应在坚守学术规范和遵守伦理道德的规约下，加强对学者学术研究活动的引导、监督和惩戒。

再次，随着高校与社会之间双向共生互动关系的生成，高校服务社会的职能越来越重要。高校服务社会的职能是通过履行社会责任来实施的。高校的社会责任是指高校在遵守伦理道德规范和坚守学术性的前提下，有效促进人类社会文明发展的各项有意义的活动。在追求教育质量和科研产出的同时，高校需要全面承担起历史赋予的服务与引领社会前进的责任。因此，需要建立科学的高校社会服务职能评价体系和评价方法，引领高校社会责任的履行和社会服务职能的实现。当下，我国建立高校社会服务职能评价体系暂时没有统一遵循的原则和规范，还需要在实践中不断摸索。

当然，资源使用情况应当始终列入我国公立高等教育问责的范围。这一方面始终是高等教育问责的一项重要内容。我国《高等学校信息公开办法》规定了高等学校应当主动公开资源使用情况，其中涉及人、财、物等高校资源的信息公开，应在此基础上，确定高校在教师和其他专业技术人员数量、财务、资产、实验室、仪器设备配置与图书藏量等方面的情况，以此确定高校是否合理配置和有效使用资源。随着高校经费来源由单一化向多元化方向发展，高校的经费得到了有效的补充，但同时也带来了经费管理和资源配置上的问题。资源分配的功利主义取向、经费分配的随意性、经费使用效率低、资源分配缺乏制度保障、分配不公平等问题还大量存在。因此，需要建立健全高校经费制度，规范高校财务管理模式，加强对高校资源使用情况的监督与问责。高校有责任向不同的财务资源提供者说明资金的使用情况和运用效果，对财务会计报表的事项做进一步的精细化处理。我国现行的高等学校会计制度对会计报表的格式和财务报表的编制有较为细致的说明，但更重要的是要落实到位，高校应提供合乎要求的详细报告，并接受公开的监督。

5.2.3.2 **聚焦教育教学质量**

高等教育机构的组织属性不断扩展，它不仅是教育性组织，而且是学术性组织、文化性组织、社会性组织和道德性组织，或许随着时间的推移，它的组织属性还将继续扩展。然而，无论高等教育机构的组织属性如何扩展，它首先是一个教育性组织，这是高等教育机构的本质属性，是高等教育机构区别于其他机构的本质前提。高等教育机构的职能也在随着时间不断拓展，它不仅涵盖教学职能，而且涵盖科学研究、社会服务、国际交流职能。然而，无论高等教育机构的职能如何拓展，教学职能始终是高等教育机构的最重要职能，科学研究、社会服务和国际交流职能始终围绕教学职能展开。任何国家、任何历史时期的大学，首先都是一个教育性组织，大学从事的任何活动、涉足的任何领域也都应服务于大学教学职能的发挥，失去教学职能的大学已不再是大学，或者是异化了的大学。大学的教学职能主要表现在培养人才方面，这是大学安身立命之本，也是其繁荣发展之魂①。换言之，完成教学任务、培养合格人才始终高等教育机构的首要责任和根本性任务。因此，公立高等教育问责内容无论怎么宽泛，它必须以高等教育的使命为旨归，以高校的教育教学质量作为聚焦的重点。

从历史发展的纵轴来看，随着社会需求的变化，高等教育责任的边界是在不断拓展的，高等教育问责的内容也在相应增加。由于各国政治、经济和文化背景的差异和高等教育传统的不同，高等教育问责内容具有鲜明的地域性和文化差异性，不同国家对公立高等教育问责的范围、焦点存在着很大的差异。但是，有一点比较明确的是，在那些公立高等教育问责起步较早而如今制度相对成熟的国家，当下往往以学生学习结果为核心的教育质量作为问责的重心和难点。20 世纪 80 年代，公众

---

① 林杰.关系思维中的大学自主办学研究[D].大连：大连理工大学，2016.

对西方国家公立高等教育的信任一度出现动摇。“对本科生学习的评估似乎为人们察觉到的高等教育弊病提供了一剂解药。它要求各高校确定其毕业生应具备的知识和技能，设计反映这些目标的指标，评估其成就的程度，并利用这些成果改善高校业绩。”①“质量”成为美国高等教育问责历史转折中的关键词。学生学业成就和学习过程体验，成为公立高等教育问责的重点。尽管当时的本科生学习结果评估遭到高校内部力量的反对，但是由于它在纠偏高等教育“失去卓越的灵魂”和协助公立高校开展自我评估与改进方面功效显著，因而成为美国公立高等教育问责的核心内容。从 20 世纪 90 年代以来，问责的关注点从以往基于高校声望的问责报告，向基于服务学生发展的高校绩效报告转变。“关注学生学习增值，强调学习成效数据”的学生学习成果评估是问责的重点。无独有偶，英国的情况也很类似。从 20 世纪 80 年代以来，英国的学校督导制度不断在完善，其重心在不断转换：从对学校财政资金使用的评估转移到围绕学生学业成就的评估，再到今天针对学生的发展需求的评估②。

我国教育部在总结以往本科教学评估经验的基础上，于 2011 年 10 月出台了《教育部关于普通高等学校本科教学评估工作的意见》，明确提出要建立中国特色“五位一体”的本科教学评估制度体系，即“以学校自我评估为基础，以院校评估、专业认证及评估、国际评估和教学基本状态数据常态监测为主要内容”。评估涉及硬件和软件两大方面。硬件包括学校办学的基本条件，如教学设备、教师资源、教学资料等；软件包括高校办学的正确导向、良好淳朴的校风学风和政风、完善的办学思想、优质的教学理念、科学的课程设置等。今后，评估活动需要从本科教学拓展到本科教育，把涉及本科人才培养的主要环节、关键要素纳入其中，并突显高等学校立德树人的根本任务，把立德树人的成效作为检验学校本科教育工作的根本标准③。

---

① Alexander K F. The Changing Face of Accountability: Monitoring and Assessing Institutional Performance in Higher Education[J]. The Journal of Higher Education, 2000, 71(4): 410 - 417.

② 顾娇妮. 指向改进的英国学校督导研究[D]. 上海：上海师范大学，2020.

③ 陆根书，贾小娟，李珍艳，等. 改革开放 40 年来中国本科教学评估的发展历程与基本特征[J]. 西安交通大学学报(社会科学版)，2018(6)：19 - 29.

但是，目前教学评估对所有高校采用相同的审核评估范围和评估要素，暂时没有根据高校的类型、层次设计不同的审核评估范围。在这方面，印度的做法有可取之处。印度高等学校的社会服务功能对于所有类型的高等教育机构而言同等重要，但对于印度大学、自治学院和附属学院而言，它们对课程与教学质量以及科研产出质量的要求各有侧重。其中，对于大学，科研产出质量受到各利益相关者的高度重视，而对于自治学院和附属学院，则更加侧重其课程与教学质量，相对而言，自治学院更注重课程质量，而附属学院更注重教学质量。我国已经步入高等教育普及化阶段，需要基于不同层次和类型高校的差异性，树立多元化教学质量观，采纳多元化评价标准，构建多元化评价指标体系，运用多元化评价方式，对教育教学质量进行分类评价。

5.2.4 规范问责程序

高等教育问责遵循一定的程序。规范化的问责程序是公立高等教育问责正常健康运行的根本保障。基于我国在公立高等教育问责程序上存在的问题，为保障问责的有序进行，需要在以下方面做出努力。

5.2.4.1 强化问责的改进功能

高等教育问责分为两种范式，即改进范式和问责范式。改进范式的学校优先意味着站在大学的立场，以形成性评价为目的，强调在参与的氛围中采用多种工具追踪与收集学术质量的定量与定性证据，进而实现内部的持续改进。问责范式的市场优先意味着站在大学外的消费者立场，以总结性评价为目标，运用标准化手段获取便于比较的定量数据，以公开报告的形式对外部要求作出即时反应[①]。

受传统文化的影响，我国大多数学者都认为，问责的第一个要素是惩罚或制裁，“问责即意味着惩罚”[②]。公立高等教育问责基本以责任追究为取向，对学校改进目标的追求还不足，“为问责而问责，为惩戒而惩戒”，对惩戒背后根本目的的关注还不足。而从国外公立高等教育问责

---

① 柳亮. 自愿问责：美国高等教育问责的重要转向[J]. 高等教育研究，2015(12)：104 - 109.

② 世界银行专家组. 公共部门的社会问责：理念探讨及模式分析[M]. 宋涛，译. 北京：中国人民大学出版社，2007：7.

制比较完善的国家来看，其公立高等教育问责大多兼顾学校改进和外部问责双重目标。而且，在学校改进和外部问责双重目标之间，存在着动态平衡关系。正如莱恩斯（Lenth）对高等教育问责的评述："内部评估和外部评估之间、改进和问责之间、形成性评估和终结性使用之间以及做评估的人和需要了解评估的人之间存在着动态紧张关系。"①其中，有些国家以学校改进作为主要功能取向，问责和责任追究则是兼而有之的事情。亦有人对美国公立高等教育问责实践做了这样的总结："所有的州都宣称了外部问责和高校改进的双重目标，但大多数学校都把重点放在高校改进上，并抵制了外部问责对提升结果可信证据的要求。"②

中国的高等教育问责制要继续完善，强化问责的改进功能是必然选择之一。强化公立高等教育问责制的改进功能，需要将学校改进这一功能覆盖到问责的全过程中。首先，在目标的设定上，需要增加实现学校改进这一目标，并把这一目标细分到学校改进的具体细节中，例如，促进教师专业发展、加强课程建设、提高学生学业成就、改善学校管理等，做到目标明确、任务清晰、指向集中。其次，在中间过程，加强对学校改进主要内容的跟踪和监督，关注学校改进关键问题实现的程度，注重行动研究和结果反馈。再次，对学校行为进行评估，生成评估报告，并对学校改进提出相关建议。最后，进一步加强对评估结果的应用。以本科教学评估为例，应将专家组评估报告在校内或在教育系统内部网站范围内公开，同时，强化对学校评估整改工作落实情况的检查和监督，将学校整改结果与对学校的资源配置、绩效考核挂钩，利用整改结果反映学校评估效果，从而加强评估结果对学校本科教育质量提升的导向作用③。

此外，我国现行的问责制度在奖惩方面更侧重于惩罚，关于教育绩效考核的制度和政策还需改进，对责任履行行为、责任兑现行为、积极与卓越行为的正向激励机制还需加强。单纯的惩罚容易使高校陷入"问责恐惧症"，会导致高校认为问责无法为其带来尊严和成就感，而会带来额

---

① Kelchen R. Higher Education Accountability[M]. Baltimore：Johns Hopkins University Press，2018：8.

② Kelchen R. Higher Education Accountability[M]. Baltimore：Johns Hopkins University Press，2018：8.

③ 陆根书，贾小娟，李珍艳，等. 改革开放40年来中国本科教学评估的发展历程与基本特征[J]. 西安交通大学学报（社会科学版），2018(11)：19－29.

外的负担，甚至会诱发高校欺骗等机会主义行为。因此，要改变单纯依靠惩罚的方式，综合利用惩罚和激励两种机制。惩罚机制的作用在于从负面或者规范的角度对高等教育机构的行为进行规限和处罚，以此确保其不逾越法律法规的界限，从而保障高等教育机构规范化办学；激励机制则通过正面鼓励和物质奖励的方式促进高等教育机构良性行为的发生，促进高等教育机构尽其所能提高绩效、追求卓越。当下，单纯以惩罚式责任追究为主旋律的问责程序需要改变，中国在公立高等教育问责机制的建构上需要借鉴这些宝贵经验，综合利用惩罚和激励两种方式。需要指出的是，中共中央办公厅、国务院办公厅印发的《关于深化新时代教育督导体制机制改革的意见》中已经明确提及要落实激励制度、严肃约谈制度、建立通报制度、压实问责制度，其中在“落实激励制度”这一条，规定“地方各级政府要对教育督导结果优秀的被督导单位及有关负责人进行表彰”，这表明我国已意识到激励机制的重要性，具有进步意义。“有效激励对评估对象的绩效信息内部管理使用程度和外部责任使用程度都将产生正向影响。”①结合国外经验和我国当前的教育改进实践，改变责任追究作为主旨取向的问责程序，特别是改变以惩罚为目的的问责结果处理方式，已经成为一种必然的趋势和发展方向。

5.2.4.2 衔接事前、事中与事后问责

在公立高等教育问责中，事前问责、事中问责、事后问责动态衔接、环环相扣，形成循环往复的问责圈。因此，改变单一的责任追究式的问责机制，注重事前问责和事中问责机制的建设，建立融事前问责、事中问责、事后问责为一体的问责制度，对于我国公立高等教育问责机制的建构与发展很重要。

问责应覆盖包括事前、事中和事后在内的全过程。事前问责、事中问责和事后问责体现的是明责→察责→追责的动态链条，三者缺一不可。片面地强调事后问责，势必割裂了问责链条，造成问责效果的不理想。因此，在我国公立高等教育问责机制建设过程中，首先，要注重事前问责机制的建设。一般情形下，先有决策而后执行，执行的失败在一定

---

① 刘帮成，张宗贺．基于第三方评估的高校职能部门绩效体系优化研究：一个三年跨度的纵向设计[J]．公共管理与政策评论，2017(4)：41－49.

程度上是决策的失败所导致的，既然执行被问责，是否决策也同样要被问责。所以决策也应该被纳入高校问责的范围中[①]。事前问责是“预防性问责”或“前瞻性问责”，这一阶段的主要任务是“明责”，确定高等教育机构必须完成的任务、分内必须履行的使命，预设目标价值，划定高等教育机构的责任边界。其次，注重事中问责机制的建设。我国公立高等教育问责过程中很少对高校正在进行的行为进行监督与问责。在高校本身没有过错的情况下损害了相关者的利益、在错误的指令下并没有造成恶劣的后果，从公平角度讲这些情况都是要承担责任的，而法律在此较少提及[②]。事中问责是“即时性问责”，这一阶段的主要任务是“察责”，根据事前问责阶段的任务与目标，对高等教育机构正在进行的行为即时跟进，防患于未然。再次，在此基础上进行事后问责，即“追责”，在高等教育机构行为出现否定性结果或不良后果时对其进行责任追究、惩戒和救济。但是，需要说明的是，鉴于公立高等教育问责的改进功能，问责重点更应该放在“问题发生后怎样解决问题”这一方面，而不仅仅是追查审查失责行为，对过错进行追究和惩罚。以上这三个阶段应环环相扣，动态推进。

法国的契约型管理是兼顾事前问责、事中问责、事后问责的高等教育问责制度。1989 年，法国进行了政府与高校的合同制改革，在法国高等教育领域引入了契约型管理模式。每隔四年，每所高校都要准备一份合同，与政府协商谈判。合同完全由高校自主拟定，政府不会为此设定任何先决条件，高校可以自主确定自身发展方向、教学与科研发展目标等有关高校发展的重大事项。这一过程即事前问责阶段。根据契约，政府给予必要的政策与经济支持，高校按照契约谋划和进行自己的行为，政府和其他利益相关者通过评估、认证等程序对其进行不断监督与持续追踪，有效地规避高校的异化行为。这一阶段即事中问责阶段。四年期满，政府根据契约规定对高校绩效进行总考核评估。若高校在上个合同期内很好地履行了合同规定，评估结果优异，高校则得到相应的补偿激励，政府则选择继续与高校签订下一个期限的合同；若高校在上一个合同期内没有履行好当初达成的协议，政府将不再与高校续签合同，该高

① 陈大兴.高等教育中责任与问责的界定[D].上海：华东师范大学，2014.

② 陈大兴.高等教育中责任与问责的界定[D].上海：华东师范大学，2014.

校未来四年不能得到政府相应的资助，未来发展将受到极大影响。通过这种契约型管理，高校的自主地位得到提升，责任意识得到加强，同时政府的管理模式也有了很大改进，通过事前、事中与事后全过程的问责，实现了由过程管理转向目标管理，由直接管理转向间接管理，由事无巨细的微观管理转向把握全局的远距离驾驭①。

5.2.4.3 完善信息公开制度

信息公开制度是公立高等教育问责制的基础和关键。它有利于防范高校腐败行为和权力寻租行为的发生，加强高校的自律意识和责任意识，同时，它有利于实现利益相关者的知情权，激发利益相关者参与问责的动机，促进公立高等教育问责的顺畅进行。同其他国家一样，我国信息公开制度也存在一些问题，阻碍了公立高等教育问责制的实施。为了更好地推进公立高等教育问责的开展，完善信息公开制度是当下非常需要的环节。

需要指出的是，完善信息公开制度，并不是指高校信息公开没有执行限度。首先，在公开信息的内容上是存在执行限度的。正如我国《高等学校信息公开办法》第十条规定，高等学校对下列信息不予公开：(一)涉及国家秘密的；(二)涉及商业秘密的；(三)涉及个人隐私的；(四)法律、法规和规章以及学校规定的不予公开的其他信息。其次，在执行的程序上，也存在一定限度。第五条规定，高等学校应当建立健全信息发布保密审查机制，明确审查的程序和责任。高等学校公开信息前，应当依照法律法规和国家其他有关规定对拟公开的信息进行保密审查。有关信息依照国家有关规定或者根据实际情况需要审批的，高等学校应当按照规定程序履行审批手续，未经批准不得公开。

5.2.5 增强问责驱动力

实施高等教育问责制要遵循的一个重要原则是道德自律与制度强制约束有机结合，即遵循“自律与他律相统一”的原则。然而，我国高等教育发展历史相对较短，还有一些地方需要完善。在增强问责驱动力这一点上，既要促进高校道德自律，又要强化制度约束。

---

① 李默妍，刘淑华．新世纪以来的法国高等教育问责制研究[J]．高教探索，2020(6)：60－68.

5.2.5.1 促进高校道德自律

所谓自律，是指在没有他人现场监督的情况下，通过自己要求自己，变被动为主动，自觉地遵守相应的行为规范，实施积极行为。一般地说，它包括责任认知、自我管理、坚持不懈、抵御诱惑等方面的精神状态和行为取向①。自律既意味着主体的意志自由，又意味着“主体自身的行为动机由原来的外在约束转换为内在约束，由外在的立法和命令转化为内在的自我立法、自我命令”②。在动态层面，道德自律是一个主体基于意志自由而将外在约束转换为自我约束的“自我立法、自我命令”过程；在静态及结果层面，道德自律则表现为道德主体在对社会的道德原则、规范认同的基础上，将其内化为内心的道德法则即通常所说的良心，并依据内心的道德法则（良心），主动自觉自愿地遵从和践履社会道德原则、规范，从而形成的一种稳定持久的道德品格③。

高等教育机构不仅是需要践行道德实践的道德主体，而且是引领社会道德规范和道德风尚的道德主体。道德自律是作为非营利性社会组织的高等教育机构的内在意蕴。它是有效防范高等教育机构道德风险，保障高等教育机构“做正确的事，做应该做的事”，兑现责任承诺，发挥自身职能的有力保障。而“过多或过重的约束，甚至会使公益性社会组织在努力满足层出不穷的要求的同时导致组织自身紊乱，从而使组织丧失满足约束者对组织实施约束目的的可能”④。当然，道德自律与制度约束两者相辅相成，高校的道德自律性越强，其参与高等教育问责的自觉性和主动性就越强，对于制度约束的抵触感越弱，适应性就越强。

我国公立高校发展历史较短，高等教育机构的“自省”和“自律”意识与组织伦理能力还需提高。构建与运行高校道德自律机制，需要解决以下几个方面的问题。第一，形成高校成员的制度自觉。高校成员基于制度信仰形成对制度重要性、制度价值取向和制度运行的严肃性、权威性的群体性认识，促进制度的他律转化为道德自律。制度化应当作为一种必要的程序和形式要件，促使高校能一直“知道”其责任从而保证自律的

---

① 蒋玉.公益性社会组织的道德自律机制研究[J].伦理学研究，2020(3)：128－134.

② 罗金远.论道德自律[J].哲学研究，2006(4)：110－113.

③ 蒋玉.公益性社会组织的道德自律机制研究[J].伦理学研究，2020(3)：128－134.

④ 杨道波.公益性社会组织约束机制研究[M].北京：中国社会科学出版社，2011：40.

实现。第二，形成高校的伦理能力。组织伦理能力是社会组织在面对道德困境、制定道德规范、处理道德关系时，做出合乎善的选择，并付诸行动的能力，是以“善”结果为导向的实践能力①。第三，建立高校自治文化，帮助高校形成自愿和主动接受问责的意识和习惯。

5.2.5.2 强化制度约束

所谓制度约束，是指利用法律法规、规章等外力对高等教育机构进行多重约束，从而实现高等教育机构内部秩序和外部关系的良性化，保障高等教育机构行为正常化，合理责任得到兑现，职能得以正常发挥的过程。制度作为社会上的一种底线伦理，为高等教育人员制定了最底线的义务，并通过社会权力机构强制其遵循②。制度约束具有他律性和强制性特征，为高等教育机构责任兑现和职能发挥提供刚性约束，在高等教育机构抗拒或违背制度约束，或出现违法或不当行为时，则给予其相应的惩戒和处罚。

世界范围内，高校作为经济理性人，不能完全做到严格的道德自律。同时，高校不可避免受到外部不良环境的影响，产生不可抑制的利我功利行为动机，从而面临诸多道德观念冲突和道德实践困境，高校行为的合道德性和良好的社会效益很难得到保障，高校应该履行的责任难以得到有效履行。鉴于高校道德自律的不足，在加强问责制设计的过程中，合理有效的制度约束作为道德自律之外的、与道德自律相互补充的重要力量不仅是必要的，而且是必需的。制度的强制性和约束性让高校在外在力量的推动下不断强化责任意识，转而形成一种习惯和自觉，从而强化高校的道德自律感。教育问责必须有相应的法律法规做保障，才能切实起到激励和约束的作用，有效促进教育质量的提高③。

在我国，在高等教育机构履行社会责任的过程中，出现了学术资本化、教授官员化、教育产业化、教育市场化、大学管理过度科层化等一些现象。因此，加强外在制度约束对于我国高等教育机构责任的合理履行和问责制的健康发展很有必要。同时，我国高等教育问责在很大程度上

---

① 蒋玉. 公益性社会组织的道德自律机制研究[J]. 伦理学研究，2020(3)：128－134.

② 陈大兴. 高等教育中责任与问责的界定[D]. 华东师范大学，2014.

③ 辛涛. 我国教育问责制建立的几个关键问题[J]. 国内高等教育教学动态研究，2013(15)：11.

具有科层制的特征，是以等级制的监督、命令与控制等为基本特征的，主要的责任机制是法律或有法律效力的合约等技术性手段[①]。鉴于科层制的这种特征，制度强制约束对于我国公立高等教育问责是必要的。

从公立高等教育问责制相对成熟的国家来看，以法律法规供给保障高等教育问责行动，是普遍的做法。

当前，我国关于公立高等教育问责的内容主要存在于宏观教育政策中，但多半是倡议性和建议性的话语。例如，在《国家中长期教育改革和发展规划纲要（2010—2020）》中仅提到“完善督导制度和监督问责机制”，在《国家教育事业发展“十三五”规划》中提出“进一步完善教育督导制度”，《关于深化新时代教育督导体制机制改革的意见》提出“到2022年，基本建成全面覆盖、运转高效、结果权威、问责有力的中国特色社会主义教育督导体制机制”等，但在问责启动、问责主体、问责内容、问责方式、问责程序和问责结果等关键的内容上，还没有细节性的规定。

因此，我国可通过立法建构问责行动，应在梳理当前教育法律法规中有关权、利、责、罚等相关规定的基础上，制定“高等教育问责法”，以教育专门法的形式，对问责的主体与客体、内容与程序、机制与方式，以及问责与后果等实体法、程序法方面有关各行动主体行使权利、履行义务情况进行明晰而细致的规定[②]。

5.2.6 建立自治与问责之间的不稳定平衡关系

高等教育治理变革中自治与问责，如同跷跷板的两端，两者边界处于变动不居的状态，永远处于动态平衡中。自治与问责之间是不稳定平衡关系。在大学自治与问责之间，我国高等教育也需要完善相对平衡的机制。在高等教育治理变革中，首先要保持自治与问责并行，其次需要使两者有效联结和深度融合，坚持负责任的自治和遵自治的问责。

5.2.6.1 保持自治与问责并行

在高等教育治理变革中，最需要突破的是非此即彼的二元对立思维模式，运营过程中最基本的、必须遵循的原则是保持自治与问责并

① 虞维华.发达国家非营利组织公共责任的概念转型研究[J].学会，2008(7)：10－16.

② 胡健，杨建国.为质量而问责：美国高等教育问责制及其启示[J].教育探索，2019(8)：68－78.

行。正如在《21世纪的高等教育:展望与行动世界宣言》中所阐明的那样,大学在享有充分学术自由和自主的权利的同时也应该对社会尽职尽责。自治与问责这两个方面,每一方都在与对方的对立统一中获得生存与发展。两者如同高等教育治理变革的两翼,如果只倾向一翼,则势必会失去平衡,使变革走向失败。因为"每一'极'都发挥它特有的价值和功能,每一'极'的特征与价值的丧失或贬损,都会瓦解两'极'间的张力"①。

高等教育的治理结构在世界范围内差异很大,但是不同的模式仍然遵循共同的框架。高等教育治理变革的最终目标是在高等教育部门实现善治。世界银行认为,善治表征为可预测的、开放的和开明的决策和充满为促进公共利益而行动的职业精神的行政机构②。关于善治的基本特征,世界银行认为包括以下几个方面:参与、达成共识、问责、回应性、有效性和高效率、公平、包容和法治。美国学者希尔(Hill)认为,良好的公共教育治理体系应该符合五项标准:参与的代表性、地方教育行政部门以及学校的自主权、公平、效率、绩效③。我国学者褚宏启等认为,高等教育善治的基本特征包括参与度、回应性、透明度、自由度、秩序、效率、法治、问责、公平和效能④。综合以上观点可以发现,高等教育善治的基本特征包括自治、参与、达成共识、问责、回应性、有效性和高效能、公平和法治。高等教育善治的特征决定了问责与自治在高等教育治理变革中都不可或缺。

自治与问责的并行,彰显了高等教育自身发展逻辑和国家发展逻辑紧密结合的必要性。虽然当前时代背景下,国家发展逻辑越来越占主导地位,但是只有尊重高等教育自身逻辑,高等教育才可能为国家的发展发挥应有的价值和功能。同时,高等教育自身发展逻辑必然应该以公共利益的实现为最终目标,这是高等教育机构在一个国家中安身立命的根本,否则,作为一种典型的资源依赖型组织,高等教育机构就存在

---

① 郑也夫.代价论:一个社会学的新视角[M].北京:生活·读书·新知三联书店,1995:168.

② World Bank. The World Bank Group: Learning from the Past, Embracing the Future [R]. Washington D. C. ,1994:26.

③ Hill P T. Picturing a Different Governance Structure for Public Education[M]. Washington D. C. : Brookings Institution Press,2011:332 - 336.

④ 褚宏启,贾继娥.教育治理与教育善治[J].中国教育学刊,2014(12):6 - 10.

被其他机构取代的风险。高等教育机构无论是发挥自主权，还是接受外部问责，都是其自身生存和发展的需要，接受外部问责绝不等于简单的外部强加。同时，赋予高校自主权和对高校进行问责，也同样是国家发展的需要，赋予高校自主权绝不是国家无谓的施舍与馈赠。在这方面，只有自治与问责并行，高等教育自身发展逻辑和国家发展逻辑才会更加一致，才能找出二者互相服务的契合点，高等教育机构的自身利益和国家发展利益才能得到共同保障，治理变革也才能顺利进行。

5.2.6.2　坚持负责任的自治和遵自治的问责

自治可以分为负责任的自治和不负责任的自治，问责可以分为不遵自治的问责和遵自治的问责。基于自治与问责的辩证统一关系，只有负责任的自治（accountable autonomy）和遵自治的问责（accountability based on autonomy）在现实实践中是可行的，而不遵自治的问责和不负责任的自治在实践中往往遭遇障碍。自治与问责的不同形式如图 5－1 所示。

不遵自治的问责	遵自治的问责
不负责任的自治	负责任的自治

图 5－1　自治与问责的不同形式

在现代社会，自治与问责作为互为冲突的价值取向却在必要的张力中实现了整合。自治和问责的边界日益模糊，二者之间逐渐变得“你中有我，我中有你”。唯有考虑高等教育核心本质特征的问责，即遵守大学自治的问责，才能更加有效务实地进行。同时，大学的自治愈发具有条件性，只有对公众对社会负责任的自治，才是真正可以实现的自治。二者之间存在着微妙的张力，互以不侵犯另一方为前提。外部力量对公立高等教育的问责，不能超越大学作为一个具有独立法人地位的学术组织所拥有的对自身内部事务的基本自治权；大学自治权的实现，不能超越大学作为社会组织的范畴，需要履行公共使命，完成社会责任，实现国家教育公共利益。

所谓负责任的自治，是指高等教育机构在充分行使自主权的同时，主动为不同的利益相关者履行社会责任。布鲁贝克曾经指出："在希望公众认识到最好的大学是最自由的大学的时候，我们不仅依靠它的明智，而且要依靠它的成熟和安全感。"[①]高等教育的"成熟"和"安全感"，来自高等学校的自律、他律、责任意识和负责任的行为。高等教育治理变革能否成功，不仅表现为高等教育机构获得充分的自主权，还在于作为权力的接受方，它们能否对获得的权力合理运用。权责统一是现代公共行政的核心原则之一，意味着公共权力行使者所拥有的权力应与其履行职责和义务相匹配。为了防止"公地悲剧"的发生，自律和他律是落实高等学校自主权的两个基本方面。所谓的自律，即支配主体道德行为的道德意志纯由自己的理性所决定，而不受制于外部必然性；与此相反，他律即支配道德行为的道德意志受制于外部必然性而非由理性自身决定。从自律角度讲，高等教育机构需要变被动为主动，自觉遵守法律法规，坚守高等教育发展逻辑，按照高等教育发展规律的要求自我约束，控制不合理、不理性的行为。而他律是高等教育机构认识到外部干预的力量，接受来自政府、市场与社会等各个方面的积极干预与合理监督。通过自律和他律，形成高等教育机构对自身角色与功能的理性判断，进而形成责任意识和负责任的行为。高等教育机构在依法享有更多办学自主权的同时，意味着面向其他外部主体的责任与义务的增加。大学在追求自治的同时承担应该承担的社会责任，这是大学存在的正当性基础[②]。联合国教科文组织明确提出，高等教育机构应被赋予管理内部事务的自主权，但这种自主权必须建立在对政府、议会、学生和更广泛社会的清晰而透明的问责基础之上。高等教育机构负责任行为既是造福于公众和社会的过程，也是证明高等教育机构自身主体性的过程。齐格蒙特·鲍曼(Zygmunt Bauman)指出，现代社会中对他者负责和对自己负责本质上是一个东西，负责创造了宽容与协同，这是现代人类同命共运的观念基

---

① 布鲁贝克.高等教育哲学[M].王承绪，郑继伟，张维平，等译.杭州：浙江教育出版社，2001：24.

② 王世权，刘桂秋.大学社会责任的本原性质、履约机理与治理要义[J].教育研究，2014(4)：85－93.

础[①]。高等教育机构的责任是面向他者的行动，有利于创建高等教育机构与利益相关者的信任关系，减少因怀疑、猜忌而产生的成本，有利于高等教育机构与外界的积极互动，同时有利于高等教育发展和谐环境的生成。形成健全的内部约束机制，建立基于价值承诺的自愿约束机制非常重要。要求高校依据专业组织的标准和要求，明确并兑现自身的义务和承诺，激发公立高校的专业自律、文化自觉和道德承担意识，为维护学术自由、学校自治和价值完整性作出合法性与合理性证明，担负起高质量地传播知识和培养人才的文化使命，高标准地践履保障自身学科专业水准和推进内部改进的责任承诺，并接受专业组织的评议与审查[②]。

所谓遵自治的问责，是指高等教育机构应该在维护传统和使命与坚守自治精神的前提下履行社会责任、拓展社会服务功能和接受外部问责。外界积极地干预高等教育事务，以确保高等教育的发展不至于严重落后于社会实际和外部期待，但是这一过程需要遵循的底线是不侵犯高等教育机构的传统内在逻辑，即大学自治精神。学术自由和管理自主权对于所有社会的福祉都是不可或缺的。因此，高等教育的成功演变将取决于在可信的问责实践和良好的自治条件之间找到适当的平衡[③]。自治作为高等教育机构存在的内在逻辑，对于高等教育机构实现社会职能和接受问责至关重要。大学自治这一内在逻辑犹如轮轴转动的轴心，无论高等教育机构如何适应外部不断变换的外部环境，这一轴心依然不可脱离。如果高等教育机构丧失了内在的传统精神即自治精神，只是一味地迎合外部的需求和期望，那么高等教育就有异化的风险。如何做到遵自治的问责？首先，高等教育机构应与社会保持一定的距离，不能时刻围绕外部需求来运转。“距离是美”是把握高校与社会关系的关键。有了距离，社会才不会把无穷无尽的欲望强加于高校的身上。“服务站”的理念使高校以泯灭组织内在的基本特质为代价，最终被急功近利所淹没。不即不离的关系才能使高校提供真正的、学术性的和适度的服务。

---

① 鲍曼.现代性与矛盾性[M].邵迎生，译.北京：商务印书馆，1999：356.

② 柳亮.美国公立大学问责的演进与运行研究[M].北京：知识产权出版社，2020：46.

③ Salmi J. The Growing Accountability Agenda：Progress or Mixed Blessing？[J]. Higher Education Management and Policy，2009，21(1)：1－22.

高校应该在“不离”中了解和掌握社会，在“不即”中避免功利性介入，进行理性的批判与思考也许是高校社会责任履行的最有效方式①。其次，政府的干预行为必须具有充分正当的理由，是符合其他公众利益要求的。如果政府官员能够遵守这些条件，那么他们就有权力去纠正严重的错误，有强烈的动机去促使教育资源满足更多公众的需求②。再次，高等教育机构需要避免对外部资源的过分依赖。

① 龚放．试论现代大学的社会责任[J]．北京大学教育评论，2008(2)：118－127．

② 博克．走出象牙塔：现代大学的社会责任[M]．徐小洲，陈军，译．杭州，浙江教育出版社，2001：68．

参考文献

一、中文文献

[1]阿什比.科技发达时代的大学教育[M].滕大春,滕大生,译.北京:人民教育出版社,1983.

[2]加塞特.大学的使命[M].徐小洲,陈军,译.杭州:浙江教育出版社,2001.

[3]奥斯本.新公共治理?——公共治理理论和实践方面的新观点[M].包国宪,赵晓军,等译.北京:科学出版社,2016.

[4]安双宏.印度政府对高等教育的管理[J].比较教育研究,2006(8).

[5]包国宪,赵晓军.新公共治理理论及对中国公共服务绩效评估的影响[J].上海行政学院学报,2018(2).

[6]宝贡敏,徐碧祥.组织内部信任理论研究述评[J].外国经济与管理,2006(12).

[7]克拉克.高等教育系统:学术组织的跨国研究[M].王承绪,徐辉,殷企平,等译.杭州:浙江大学出版社,1994.

[8]克拉克.高等教育新论:多学科的研究[M].王承绪,徐辉,郑继伟,等译.杭州:浙江教育出版社,2001.

[9]博格,霍尔.高等教育中的质量与问责[M].毛亚庆,刘冷馨,译.北京:北京师范大学出版社,2008.

[10]曹淑江.论教育的经济属性、教育的公益性、学校的非营利性与教育市场化改革[J].教育理论与实践,2004(9).

[11]操太圣.遭遇问责的高等教育绩效化评价:一个反思性讨论[J].南京社会科学,2018(10).

[12]沃尔夫.市场或政府:权衡两种不完善的选择[M].谢旭,译.北京:中国发展出版社,1994.

[13]陈大兴.高等教育中责任与问责的界定[D].上海:华东师范大学,2014.
[14]陈列.市场经济与高等教育:一个世界性的课题[M].北京:人民教育出版社,1998.
[15]陈欣.高等教育问责制度国际比较研究[M].北京:中央编译出版社,2014.
[16]陈雪纯.20世纪90年代以来的印度高等教育问责制研究[D].杭州:浙江大学,2018.
[17]陈振明.评西方的"新公共管理"范式[J].中国社会科学,2000(6).
[18]陈志伟,陈洪捷.德国高校教授薪酬制度的结构特征及激励机制研究[J].教师教育研究,2021(1).
[19]程瑜.政府预算契约论:一种委托-代理理论的研究视角[M].北京:经济科学出版社,2008.
[20]程东峰.责任伦理导论[M].北京:人民出版社,2010.
[21]褚宏启.教育政策学[M].北京:北京师范大学出版社,2011.
[22]褚宏启,贾继娥.教育治理与教育善治[J].中国教育学刊,2014(12).
[23]奥斯本,盖布勒.改革政府:企业家精神如何改革着公共部门[M].周敦仁,等译.上海:上海译文出版社,2012.
[24]戴晓霞,莫家豪.高等教育国际化[M].北京:北京师范大学出版社,2004.
[25]诺斯.制度、制度变迁与经济绩效[M].刘守英,译.上海:上海三联书店,1994.
[26]博克.走出象牙塔:现代大学的社会责任[M].徐小洲,陈军,译.杭州,浙江教育出版社,2001.
[27]阿特巴赫.比较高等教育:知识、大学与发展[M].人民教育出版社教育室,译.北京:人民教育出版社,2001.
[28]范富格特.国际高等教育政策比较研究[M].王承绪,等译.杭州:浙江教育出版社,2001.
[29]高耀丽.由被动到主动:美国高等教育问责制度的发展与启示[J].高等教育研究,2014(2).

[30]龚放.试论现代大学的社会责任[J].北京大学教育评论,2008(2).
[31]龚怡祖.大学治理结构:现代大学制度的基石[J].教育研究,2009(6).
[32]顾娇妮.指向改进的英国学校督导制度[D].上海:上海师范大学,2020.
[33]顾明远.教育大辞典[M].上海:上海教育出版社,1998.
[34]郭慧云.论信任[D].杭州:浙江大学,2013.
[35]郭荣梅.两德统一后的德国高等教育问责制研究[D].杭州:浙江大学,2019.
[36]韩丽娟.我国高等教育问责制的构建研究[D].太原:山西大学,2018.
[37]韩志明.对行政问责模式的比较分析及反思[J].探索,2011(4).
[38]和震.美国大学自治制度的特征与主题[J].学术研究,2006(1).
[39]贺来.边界意识和人的解放[M].上海:上海人民出版社,2007.
[40]罗索夫斯基.美国校园文化:学生・教授・管理[M].谢宗仙,周灵芝,马宝兰,译.济南:山东人民出版社,1996.
[41]侯定凯.信息透明、质量保障、社会公正和国际化:从布鲁金斯学会看美国高等教育政策动态[J].中国高教研究,2015(6).
[42]胡赤弟.高等教育中的利益相关者分析[J].教育研究,2005(3).
[43]胡赤弟,田玉梅.高等教育利益相关者理论研究的几个问题[J].中国高教研究,2010(6).
[44]胡健,杨建国.为质量而问责:美国高等教育问责制及其启示[J].教育探索,2019(3).
[45]黄福涛.外国高等教育史[M].上海:上海教育出版社,2003.
[46]黄林芳.教育发展机制论[M].上海:上海财经大学出版社,2006.
[47]矫怡程.德国高等教育体系认证:缘起、进展与成效[J].外国教育研究,2016(2).
[48]蒋凯,王涛利.高等教育治理体系与治理能力现代化的关键问题和推进路径[J].厦门大学学报(哲学社会科学版),2021(1).
[49]蒋玉.公益性社会组织的道德自律机制研究[J].伦理学研究,2020(3).

[50]惠迪. 教育中的放权与择校：学校、政府和市场[M]. 马忠虎，译. 北京：教育科学出版社，2003.
[51]康乐. 大学社会责任理念与履行模式[D]. 大连：大连理工大学，2012.
[52]克尔. 大学的功用[M]. 陈学飞，陈恢钦，周京，等译. 南昌：江西教育出版社，1993.
[53]克尔. 高等教育不能回避历史：21 世纪的问题[M]. 王承绪，译. 杭州：浙江教育出版社，2001.
[54]克拉斯特夫. 透明的幻觉[J]. 吴万伟，译. 国外理论动态，2013(6).
[55]劳凯声. 社会转型与教育的重新定位[J]. 教育研究，2002(2).
[56]李福华. 大学治理与大学管理[M]. 北京：人民出版社，2012.
[57]李俊鹏. 责任政府与政府问责制[M]. 北京：人民出版社，2009.
[58]李立国. 什么是好的大学治理：治理的“实然”与“应然”分析[J]. 华东师范大学学报(教育科学版)，2019(5).
[59]李默妍，刘淑华. 新世纪以来的法国高等教育问责制研究[J]. 高教探索，2020(6).
[60]李平. 高等教育的多维质量观：利益相关者的视角[J]. 国家教育行政学院学报，2008(6).
[61]李维安，王世权. 大学治理[M]. 北京：机械工业出版社，2013.
[62]李枭鹰. 论高等教育的关系属性[J]. 教育研究，2014(9).
[63]林杰. 关系思维中的大学自主办学研究[D]. 大连：大连理工大学，2016.
[64]刘帮成，张宗贺. 基于第三方评估的高校职能部门绩效体系优化研究：一个三年跨度的纵向设计[J]. 公共管理与政策评论，2017(4).
[65]刘恩伶. 我国高校校际合作与人才培养模式的创新[D]. 济南：山东大学，2010.
[66]刘厚金. 我国行政问责制的多维困境及其路径选择[J]. 学术论坛，2005(11).
[67]刘虹. 控制与自治：美国政府与大学关系研究[D]. 上海：复旦大学，2010.
[68]刘淑华，朱思晓. 自治与问责：俄罗斯高等教育治理变革双重向度

[J]. 比较教育研究,2021(3).
[69]刘学东,汪霞. 荷兰高等教育认证发展研究[J]. 教育研究,2016(9).
[70]刘艳华. 高校科研经费申请管理过程中的逆向选择与道德风险问题探析[J]. 财会月刊,2008(9).
[71]刘尧. 中国高等教育评估的问题、对策与发展趋势[J]. 高教发展与评估,2006(6).
[72]柳亮. 大学信任与高等教育问责[J]. 教育发展研究,2010(1).
[73]柳亮. 高等教育问责制:内涵、缘起与实践[J]. 现代教育管理,2010(2).
[74]柳亮."自愿问责制":美国高等教育问责制发展的新动向[J]. 比较教育研究,2011(2).
[75]柳亮,苏梅玲. 高等教育问责:概念、类型与特点[J]. 黑龙江高教研究,2018(6).
[76]柳亮. 美国公立大学问责的演进与运行研究[M]. 北京:知识产权出版社,2020.
[77]龙献忠. 论高等教育多中心治理治理的参与协商机制[J]. 高等工程教育研究,2004(5).
[78]卢曼. 信任:一个社会复杂性的简化机制[M]. 瞿铁鹏,李强,译. 上海:上海世纪出版集团,上海人民出版社,2005.
[79]卢梭. 社会契约论[M]. 李平沤,译. 北京:商务印书馆,2019.
[80]陆根书,贾小娟,李珍艳,等. 改革开放 40 年来中国本科教学评估的发展历程与基本特征[J]. 西安交通大学学报(社会科学版),2018(11).
[81]陆根书,李珍艳,徐菲,等. 普通高校本科教学工作审核评估存在的问题及其改进策略[J]. 江苏高教,2020(11).
[82]欧文斯. 教育组织行为学[M]. 孙绵涛,等译. 武汉:华中师范大学出版社,1987.
[83]罗金远. 论道德自律[J]. 哲学研究,2006(4).
[84]马陆亭,陈浩. 政府对高校实施契约管理可行性的调查[J]. 中国高教研究,2016(4).
[85]牛军明,张德祥. 高校信息公开的缘由、现状与策略研究:基于 2016

年度教育部75所直属高校的信息公开年度报告[J].中国高教研究,2018(2).
[86]派泽特,弗拉姆汉.联邦德国的高等教育:结构与发展[M].陈洪捷,马清华,译.北京:北京大学出版社,1993.
[87]潘懋元.潘懋元高等教育文集[M].北京:新华出版社,1991.
[88]潘懋元.新编高等教育学[M].北京:北京师范大学出版社,1996.
[89]鲍曼.现代性与矛盾性[M].邵迎生,译.北京:商务印书馆,1999.
[90]青木昌彦.比较制度分析[M].周黎安,译.上海:上海远东出版社,2001.
[91]冉屏.美国高等教育绩效责任制探析[D].北京:北京师范大学,2005.
[92]任剑涛.大学的主义与主义的大学[J].东方文化,1998(5).
[93]史静寰.构建解释高等教育变迁的整体框架[J].清华大学教育研究,2006(6).
[94]石中英.教育公平的主要内涵与社会意义[J].中国教育学刊,2008(3).
[95]世界银行,联合国教科文组织.发展中国家的高等教育:危机与出路[M].北京:教育科学出版社,2001.
[96]世界银行专家组.公共部门的社会问责:理念探讨及模式分析[M].宋涛,译.北京:中国人民大学出版社,2007.
[97]眭依凡.大学的使命与责任[M].北京:教育科学出版社,2007.
[98]孙进.德国高等教育认证:机构、程序和标准[J].高等教育研究,2013(12).
[99]孙进.政府放权与高校自治:德国高等教育管理的新公共管理改革[J].现代大学教育,2014(2).
[100]孙绵涛.教育效能论[M].北京:人民教育出版社,2007.
[101]孙君恒,许玲.责任的伦理意蕴[J].哲学动态,2004(9).
[102]谭晓玉.当前我国教育法学研究的价值取向:若干问题与思考[J].清华大学教育研究,2001(1).
[103]肯尼迪.学术责任[M].阎凤桥,等译.北京:新华出版社,2002.
[104]唐纳森,邓菲.有约束力的关系:对企业伦理学的一种社会契约论

的研究[M]. 赵月瑟,译. 上海:上海社会科学院出版社,2001.
[105]库珀. 行政伦理学:实现行政责任的途径[M]. 张秀琴,译. 北京:中国人民大学出版社,2001.
[106]滕珺,屈廖健. 反思高等教育排名 重塑世界学术格局:联合国教科文组织《高等教育排名与问责:善用与滥用》评述[J]. 比较教育研究,2014(7).
[107]田宝军,齐子玉. 教育行政问责的发展趋势与当前高校行政问责制度完善的对策[J]. 河北大学学报(哲学社会科学版),2013(5).
[108]涂又光. 文明本土化与大学[J]. 高等教育研究,1998(6).
[109]谢林. 承诺的策略[M]. 王永钦,薛峰,译. 上海:上海世纪出版集团,2009.
[110]王建华. 走向第三部门的高等教育[J]. 比较教育研究,2004(6).
[111]王建华. 对高等教育中问责与绩效评价的反思[J]. 现代教育管理,2020(7).
[112]王连森. 利益相关者与大学的责任、制度和资源[J]. 宁波大学学报(教育科学版),2006(6).
[113]王若磊. 问责的概念与模式[J]. 理论界,2012(7).
[114]王世权,刘桂秋. 大学社会责任的本原性质、履约机理与治理要义[J]. 教育研究,2014(4).
[115]王淑娟. 美国公立院校的州问责制[M]. 北京:知识产权出版社,2010.
[116]王向华. 论大学的道德责任[J]. 教育研究,2018(1).
[117]王瑜,马小婷. 论我国义务教育问责制实施困境及其破解思路[J]. 教育科学研究,2019(9).
[118]温恒福. 学校效能的基本理论问题研究[J]. 教育研究,2007(2).
[119]温恒福,温宏宇. 教育效能的本质、特征与改进方法论[J]. 教育学报,2020(2).
[120]邬大光. 高校贷款的理性思考和解决方略[J]. 教育研究,2007(4).
[121]巫锐. 德国高等教育治理新模式:进程与特征——以“柏林州高校目标合约”为中心[J]. 比较教育研究,2014(7).
[122]巫锐,帕斯特纳克. 德国高等教育“合约管理”模式的经验与启示:

基于柏林洪堡大学七版目标协定文本的比较分析[J]. 清华大学教育研究，2020(1).
[123]吴彤. 多维融贯：系统分析与哲学思维方法[M]. 昆明：云南人民出版社，2005.
[124]伍洪杏. 行政问责的伦理研究[M]. 北京：中国社会科学出版社，2016.
[125]夏欢欢. 高校信息公开：现代大学制度建设的法理依据与现实路径[J]. 重庆高教研究，2015，3(5).
[126]辛涛. 我国教育问责制建立的几个关键问题[J]. 国内高等教育教学动态研究，2013(15).
[127]徐丹，徐娟. 公共问责与市场竞争：大学排名难以承受之重[J]. 清华大学教育研究，2010(6).
[128]徐辉，袁潇. 美国高等教育"问责制三角形"研究[J]. 西南大学学报(社会科学版)，2015(3).
[129]徐昭恒，王琪. 走进世界名校：德国[M]. 上海：上海交通大学出版社，2014.
[130]徐眣荃. 高校问责制与责任追究制的比较分析[J]. 纺织教育，2009(1).
[131]许杰. 政府分权与大学自主[D]. 北京：北京师范大学，2005.
[132]许杰. 对西方国家加强高等教育质量监控的政策分析：新公共管理理论的研究视角[J]. 教育科学，2007(3).
[133]许杰. 论治理视野中高等教育问责制的完善[J]. 教育研究，2009(10).
[134]弗莱克斯纳. 现代大学论：美英德大学研究[M]. 徐辉，陈晓菲，译. 杭州：浙江教育出版社，2001.
[135]严萍. 高等教育第三方评估机构的基本特征与建设路径[J]. 高教探索，2019(10).
[136]阎光才. 西方大学自治与学术自由的悖论及其当下境况[J]. 教育研究，2016(6).
[137]杨道波. 公益性社会组织约束机制研究[M]. 北京：中国社会科学出版社，2011.

[138]叶托,隆晓兰.市场问责机制的局限性及超越:政府购买公共服务的多元问责框架[J].中国社会科学院研究生院学报,2016(11).
[139]虞华君,武娟.基于委托-代理理论视角的大学治理问题研究[J].学术探索,2015(12).
[140]虞维华.发达国家非营利组织公共责任的概念转型研究[J].学会,2008(7).
[141]袁潇.美国公立高等院校内部问责制研究[D].重庆:西南大学,2013.
[142]郁建兴,关爽.从社会管控到社会治理:当代中国国家与社会关系的新进展[J].探索与争鸣,2014(12).
[143]布鲁贝克.高等教育哲学[M].王承绪,郑继伟,张维平,等译.杭州:浙江教育出版社,2001.
[144]张康之.试分析信赖、相信与承诺[J].天津行政学院学报,2008(1).
[145]张康之.在历史的坐标中看信任:论信任的三种历史类型[J].社会科学研究,2005(1).
[146]张明广.自愿问责:我国公立高校推行问责制的新路径[J].山东高等教育,2018(1).
[147]张男星,王春春,姜朝晖.高校绩效评价:实践探索的理论思考[J].教育研究,2015(6).
[148]张新科.教育评估:德国高等教育界推崇的监督模式[J].外国教育研究,2004(7).
[149]赵敬丹.构建服务型政府进程中的第三部门发展研究[D].长春:吉林大学,2009.
[150]郑也夫.代价论:一个社会学的新视角[M].北京:生活·读书·新知三联书店,1995.
[151]中国教育与人力资源问题报告课题组.从人口大国迈向人力资源强国[M].北京:高等教育出版社,2003.
[152]周光礼.学术自由与社会干预:大学学术自由的制度分析[M].武汉:华中科技大学出版社,2003.
[153]周湘林.从政府问责到社会问责:中国高校问责制的内涵、类型与变革[J].新华文摘,2010(1).

[154]周湘林.从管理到治理:中国高校问责制范式转型[J].华中师范大学学报(人文社会科学版),2011(3).

[155]周亚越.行政问责制的内涵及其意义[J].理论与改革,2004(7).

[156]周亚越.论中国问责文化的缺失与建构[J].宁波大学学报(人文科学版),2008(3).

[157]周志忍,陈庆云.自律与他律:第三部门监督机制个案研究[M].杭州:浙江人民出版社,1999.

[158]朱贺玲,袁本涛.新公共管理及其对大学治理的影响:德、英、美三国的经验[J].中国高教研究,2018(3).

二、英文文献

[1]Abbas T P,Asha S. A Web-based Public Accountability System for India Higher Education[J]. International Journal of Information Technology and Knowledge Management,2010.

[2]Agarwal P. Higher Education in India:The Need for Change[R]. Delhi:ICRIER,2006.

[3]Alexander F K. The Changing Face of Accountability:Monitoring and Assessing Institutional Performance in Higher Education[J]. The Journal of Higher Education,2000,71(4).

[4]Altbach P G. International Higher Education:An Encyclopedia[C]. New York:Garland Publi-shing Inc,1991.

[5] Altbach P G, Berdehl R O, Cumport P J. American Higher Education in the Twenty-first Century: Social, Political and Economic Challenges[M]. Baltimore: Johns Hopkins University Press,1999.

[6]Baird J. Accountability of University Governing Bodies in Australia: Issues for Proponents of Corporate Models[J]. Tertiary Education and Management,1997(3).

[7]Barberis P. The New Public Management and a New Accountability [J]. Public Administration,1998(3).

[8]Barnett R. Improving Higher Education: Total Quality Care[M]. London: The Society for Research into Higher Education and the

Open University,1992.

[9] Berdal R. Academic Freedom, Autonomy and Accountability in British Universities[J]. Studies in Higher Education,1990(15).

[10] Boatright J R. Contractors as Stakeholders: Reconciling Stakeholder Theory with the Nexus of Contracts Film[J]. Journal of Banking and Finance,2002(26).

[11]Bovens M. Analysing and Assessing Accountability: A Conceptual Framework[J]. European Law Journal,2007,13(4).

[12]Burke J C. The New Accountability for Public Higher Education: From Regulation to Results[J]. New Directions for Institutional Research,2002(116).

[13] Burke J C. Achieving Accountability in Higher Education: Balancing Public, Academic and Market Demands[M]. San Francisco: Jossey-Bass,2005.

[14] Burrows J. Going beyond Labels: A Framework for Profiling Institutional Stakeholders[J]. Contemporary Education,1999,70(4).

[15] Carey K. Truth without Action: The Myth of High-education Accountability[J]. Change the Magazine of Higher Learning,2007(9-10).

[16] Carnoy M, Dossani R. The Changing Governance of Higher Education in India[M]. Stanford University,2011.

[17] Chandler R C, Plano J C. The Public Administration Dictionary [M]. Santa Barbara: ABC-Clio,1988.

[18]Cnaan R. Commentary[J]. Nonprofit Management and Leadership, 1996,7(2).

[19] Currie J, Angelis R D. Globalizing Practices and University Responses: European and Anglo-American Differences [M]. London: Paper Publishers,2003.

[20] Dahna B S. Accessibility, Excellence, and Accountability in the Indian Higher Education[J]. University of Hertfordshire,2016,76(12).

[21] Das T K, Teng B S. Between Trust and Control: Developing Confidence in Partner Cooperate Ion in Alliances[J]. Academy of Management Review, 1998(23).
[22] Donaldson T, Preston L. The Stakeholder Theory of the Modern Corporation: Concepts, Evidence and Implications[J]. Academy of Management Review, 1995(20).
[23] Dubnick M J. Accountability as Cultural Keyword[N]. Paper for Research Colloquium on Good Governance, Vrije University Amsterdam, 2012 - 05 - 09.
[24] Dubnick M. Accountability and Ethics: Reconsidering the Relationships[J]. International Journal of Organization Theory and Behavior, 2003(3).
[25] Ebrahim A. Accountability Myopia: Losing Sight of Organizational Learning[J]. Nonprofit and Voluntary Sector Quarterly, 2005(1).
[26] Ebrahim A, Weisband E. Global Accountabilities: Participation, Pluralism and Public Ethics [M]. Cambridge: Cambridge University Press, 2007.
[27] Epstein M, Birchard B. Counting What Counts: Turning Corporate Accountability to Competitive Advantage[M]. Massachusetts: Perseus Books, 1999.
[28] Ewell P, Jones D. State-level Accountability for Higher Education: On the Edge of a Transformation[J]. New Directions for Higher Education, 2006(135).
[29] Federation of Indian Chambers of Commerce and Industry, Ernst & Young. Higher education in India: Vision 2030[R]. FICCI Higher Education Summit 2013, 2013.
[30] Felter M E. Carrot or Stick? How Do School Performance Reports Work[J]. Educational Policy Analysis Archives, 1994(10).
[31] Fielie L, Lynne C. The Oxford Handbook of Public Management [M]. Oxford: Oxford University Press, 2005.
[32] Freeman R. Strategic Management: A Stakeholder Approach[M].

Boston:Ballinger,1984.

[33]Goetz A M,Jenkins R. Voice,Accountability and Human Development: The Emergence of a New Agenda,Background Paper for the Human Development Report 2002 [R]. New York: United Nations Development Programme,2003.

[34]Green D. What Is Quality in Higher Education? [M]. Buckingham: Open University Press,1994.

[35]Grimmelikhuijsen G S. Transparency of Public Decision-making: Towards Trust in Local Government? [J]. Policy & Internet, 2010(1).

[36]Hannan M T,Freeman J. Organizational Ecology[M]. Cambridge, MA and London:Harvard University,1989.

[37]Harlow C, Rawlings R. Promoting Accountability in Multi-level Governance: A Network Approach [M]. European Governance Papers,2006.

[38]Hood C. The"New"Public Management in the 1980s:Variations on a Theme[J]. Accounting,Organization and Society,1995,20(3).

[39]Hughes O. Public Management and Administration: An Introduction [M]. Macmillan Press,St Martin's Press,Inc. ,1998.

[40]Jawahar I M,McLaughlin G L. Toward a Descriptive Stakeholder Theory:An Organizational Life Cycle Approach[J]. Academy of Management Review,2001,26(3).

[41]Milliken J,Colohan G. Quality or Control? Management in Higher Education [J]. Journal of Higher Education Policy and Management,2004,26(3).

[42]Karlsson M. Rituals of Transparency[J]. Journalism Studies,2010, 11(4).

[43]Kearns K P. The Strategic Management of Accountability in Nonprofit Organization[J]. Public Administration Review,1994(2).

[44]Kearns K P. Institutional Accountability in Higher Education: A Strategic Approach [J]. Public Productivity & Management

Review,1998(2).

[45]Kehm B M. Higher Education in Germany:Developments,Problems, and Perspectives[R]. Institute for Higher Education Research, UNESCO European Centre for Higher Education,1999.

[46]Kelchen R. Higher Education Accountability[M]. Baltimore:Johns Hopkins University Press,2018.

[47]Koppell J. Pathologies of Accountability:ICANN and the Challenge of"Multiple Accountability Disorder"[J]. Public Administration Review,2005(1).

[48]Simey M. Democracy Rediscovered[M]. London:Pluto Press, 1988.

[49]Joseph L W C. Enriching Stakeholder Theory:Student Identity of Higher Education[J]. American Journal of Industrial and Business Management,2014(4).

[50]Layzell D T. Linking Performance to Funding Outcomes for Public Institutions of Higher Education:The U. S.[J]. European Journal of Education,1998(33).

[51]Levin H M. A Conceptual Framework for Accountability in Education[J]. The School Review,1974(3).

[52]Leveille D E. Accountability in Higher Education:A Public Agenda for Trust and Cultural Change[R]. Berkeley:Center for Studies in Higher Education,2006.

[53]Marcus L. Restructuring State Higher Education Governance Patterns[J]. Review of Higher Education,1997(20).

[54]MacMillan′s English Dictionary for the Advanced Learner[M]. Beijing:Foreign Language Teaching and Research Press,2003.

[55]Macpherson R S. Educative Accountability:Theory,Practice,Policy and Research in Educational Administration[M]. Oxford: Pergamon,1996.

[56]Malik G. Governance and Management of Higher Education Institution in India[R]. New Delhi:National University of

Educational Planning and Administration,2017.

[57]Mannap M P. Education Governance for the Twenty-first Century [R]. Washington D. C. :Brookings Institution Press,2011.

[58]March J G,Olsen J. Ambiguity and Choice in Organization[M]. Bergen:Universitetsforlaget,1976.

[59]Martin T. Trust,Markets and Accountability in Higher Education: A Comparative Perspective[J]. Higher Education Policy,1996(9).

[60]Marope P T M,Wells P J,Hazelkorn E. Rankings and Accountability in Higher Education: Uses and Misuses[R]. Paris: UNESCO, 2013.

[61] Metcalfe L, Richards S. Improving Public Management [M]. London:Sage,1991.

[62]Ministry of Human Resource Development. Annual Report 2014—2015[R]. New Delhi:Government of India,2015.

[63]Ministry of Human Resource Development. National Institutional Ranking Framework[R]. New Delhi:Government of India,2017.

[64]Ministry of Law and Justice. Right to Information Act[R]. New Delhi:Government of India,2005.

[65]Bolblingard M,Fazal R,Sandra T. Working with Against Globalization in Education[J]. Journal of Education Policy,1999,14(1).

[66] Mitchell R K, Agle B R, Wood D J. Toward a Theory of Stakeholder Identification and Salience: Defining the Principle of Who and What Really Counts [J]. Academy of Management Review,1997,22(4).

[67]Mulgan R. "Accountability": An Ever-Expanding Concept? [J]. Public Administration,2000,78(3).

[68]National Assessment and Accreditation Council. NAAC Brochure [R]. Bangalore,2016.

[69]National Assessment and Accreditation Council. Mandatory Submission of Annual Quality Assurance Report (AQAR) by Internal Quality Assurance Cell(IQAC)[R]. Bangalore,2016.

[70]National Assessment and Accreditation Council. Revised Accreditation Framework-Student Satisfaction Survey[R]. Bangalore,2017.

[71]National Assessment and Accreditation Council. Revised Assessment and Accreditation Framework[R]. Bangalore,2017.

[72]National Assessment and Accreditation Council. Review of Academic Staff Colleges[R]. Bangalore,2017.

[73]National Center for Education Statistics. Digest of Education Statistics[R]. U. S. Department of Education,1997.

[74]National Committee of Inquiry into Higher Education. Higher Education in the Learning Society[M]. Norwich, England: HMSO,1997.

[75]Neave G. The Evaluative State Revisited[J]. European Journal of Education,1998,33(3).

[76]OECD. On the Edge: Securing a Sustainable Future for Higher Education[R]. Paris:OECD Publishing,2007.

[77]Olson A V,Richardson J A. Accountability:Curricular Applications[M]. Scranton:IEP,1972.

[78]Roland P J. Responsiveness,Responsibility,and Majority Rule[J]. American Political Science Welfare,1952,46(3).

[79]Planning Commission. Twelfth Five Year Plan (2012—2017) Social Sectors Volume Ⅲ[R]. New Delhi:Government of India,2013.

[80]Romzek B S. Dynamics of Public Sector Accountability in an Era of Reform[J]. International Review of Administrative Sciences, 2000,66(1).

[81]Ranson S. Public Accountability in the Age of Neo-liberal Governance[J]. Journal of Education Policy,2003,18(5).

[82]Raza R. Examining Autonomy and Accountability in Public and Private Tertiary Institutions[R]. World Bank,2009.

[83]Roessler I,Roman J J. What Happened? What Remains? What's to Come? 15 Years of Ranking Experience[R]. Gütersloh: CHE,2009.

[84]Rousseau D M, Sitkin S B, Burt R S, et al. Not So Different after All: A Cross-discipline View of Trust[J]. Academy of Review, 1998(23).

[85]Salmi J. The Growing Accountability Agenda: Progress or Mixed Blessing? [J]. Higher Education Management and Policy, 2009, 21 (1).

[86]Scanlon T M. What We Owe to Each Other[M]. Cambridge MA/ London: Belknap, 1998.

[87] Schiene C, Schimank U. Research Evaluation as Organizational Development—The Changing Governance of the Sciences [M]. Berlin: Springer, 2007.

[88] SEC. There′s More to Enterprise than You Think: A Guide to Social Enterprise[M]. London: Social Enterprise Coalition, 2003.

[89] Selvakumar D S. Education in India—Accountability, Duty and Responsibility of Law Makers, Teachers and Students [J]. International Journal of Applied Environmental Science, 2016 (11).

[90]Shafritz J M. The Facts on File Dictionary of Public Administration [M]. New York: Facts on File Publication, 1985.

[91] Shafritz J M. The Harper Collins Dictionary of American Government and Politics[M]. New York: Harper Collins, 1992.

[92]Sierra J J, Heiser R S, McQuitty S. Exploring Determinants and Effects of Shared Responsibility in Service Exchanges[J]. Journal of Marketing Theory and Practice, 2009.

[93] Shah A. Performance Accountability and Combating Corruption [M]. Washington D. C. : World Bank, 2007.

[94] Spence M, Zechhauser R. Insurance, Information and Individual Action[J]. American Economic Review, 1971, 61(2).

[95] Starling G. Managing the Public Sector [M]. Chicago: Dorsey, 1986.

[96]Stensaker B, Harvey L. Accountability in Higher Education: Global

Perspectives on Trust and Power[M]. London:Routledge,2011.

[97]Steward J. The Rebuilding of Public Accountability[M]. London: European Policy Forum,1992.

[98] Sztompka P. Trust: A Sociological Theory [M]. Cambridge: Cambridge University Press,1999.

[99] Thatcher M. The Downing Street Years [M]. London: Harper Collins,1995.

[100]Schelling T C. Strategies of Commitment and Other Essays[M]. Boston:Harvard University Press,2006.

[101]Van Thiel S,Leeuw F L. The Performance Paradox in the Public Sector[J]. Public Performance and Management Review,2002,25(3).

[102]Volkov A,Melnyk D. University Autonomy and Accountability in Russian Higher Education[J]. International Higher Education, 2018(94).

[103]Wagner R. Accountability in Education: A Philosophical Inquiry [M]. New York:Routledge,Chapman & Hall Inc. ,1989.

[104] Wellman J V. Accountability for the Public Trust [J]. New Directions for Higher Education,2006(12).

[105]Williamson O E. The Economic Institution of Capitalism:Firms, Markets, Relational Contracting [M]. New York: Free Press,1985.

[106]World Bank. The World Bank Group: Learning from the Past, Embracing the Future[R]. World Bank,1994.

[107] Žalec B. Trust, Accountability, and Higher Education [J]. Synthesis Philosophica,2013(1).

后 记

自20世纪80年代以来，问责制逐渐成为世界范围内现代高等学校管理科学化的一种趋势。在西方一些国家，规模宏大的“问责运动”在高等教育领域轰轰烈烈展开，公立高等教育问责成为政策制定者和学者关注的热点问题。我国《国家中长期教育改革与发展规划纲要（2010—2020年）》明确提出了“完善督导制度和监督问责机制”。然而，当前我国的高等教育问责制和督导制度仍在理论研究、政策规范和实践探索的起步阶段，不仅高等教育实践中面临着一些问题，而且系统的研究成果也相对缺少，这与建构和完善公立高等教育问责制的需求之间，形成强烈的反差。我国高等教育的理论和实践都呼唤尽快建立具有中国特色的高等教育问责制度。

从2015年起，在研究大学治理的基础上，我开始关注高等教育问责问题。2017年成功申请到国家社会科学基金管理学一般项目“公立高等教育问责运行机制研究”，这为我和我的学生们深入开展这一领域的研究提供了良好的契机。四年多来，我们一直在此领域深入钻研，孜孜以求。本书研究分为“历史研究”“现状研究”“理论演绎”“国际比较”“专题研究”“理论应用”六个部分。从历史研究中，获得历史规律，并回答世界为什么会有今天高等学校问责的问题；从现状研究中，梳理当前我国高等学校问责建构过程中遇到的问题；从理论演绎中，获得高等学校问责运行机制的内涵、应然特征、构成要素与内在联系，构建分析解释框架；从国际比较中，获得主要国家在不同文化语境下高等教育问责运行的共性和个性特征；通过专题研究，从不同侧面探讨高等学校问责运行的内在逻辑和不同维度；最后从理论应用的角度归纳得出我国建构和完善高等教育问责运行机制的行动策略。

本书由我和我的研究生们共同完成。其中，她们合作完成第 3 章，即国际比较部分。第一节（德国公立高等教育问责）、第二节（法国公立高等教育问责）、第三节（印度公立高等教育问责）分别是由精通德语、法语、英语的郭荣梅、李默妍、陈雪纯撰写而成。其余章节由我执笔撰写完成。在研究撰写过程中，我们参阅了大量的中外文献，受益良多。研究生朱思晓、刘庆、卢可、冯晓婷参与了文献的搜集和整理工作。

对于公立高等教育问责运行机制的研究让我们获益匪浅，使我们对高等教育很多“元问题”有了新的认识。在研究过程中，我们陆续发表中期研究成果，即学术论文 11 篇，包括国内 CSSCI 期刊论文 9 篇、国外 SSCI 期刊论文 2 篇。

西安交通大学出版社责任编辑赵怀瀛老师为本书的编辑出版尽职尽责，不遗余力，在此谨表诚挚的谢意。

由于是跨方向研究，同时囿于时间限制，书中难免存在欠缺和疏漏，敬请广大读者对拙著提出宝贵的批评意见。

刘淑华
于浙江大学教育学院